신주 사마천 사기 25

진승상세가

강후주발세가

양효왕세가

오종세가

삼왕세가

이 책은 롯데장학재단의 지원을 받아 번역, 출간되었습니다.

신주 사마천 사기 25 / 진승상세가·강후주발세가·양효왕세가· 오종세가·삼왕세가

초판 1쇄 인쇄 2022년 6월 15일
초판 1쇄 발행 2022년 6월 30일

지은이　　　(본문) 사마천
　　　　　　　(삼가주석) 배인·사마정·장수절
번역 및 신주　한가람역사문화연구소 사기연구실

펴낸이　　　이덕일
펴낸곳　　　한가람역사문화연구소

등록번호　　제2019-000147호
주소　　　　서울특별시 종로구 김상옥로17 대호빌딩 신관 305호
전화　　　　02) 711-1379
팩스　　　　02) 704-1390
이메일　　　hgr4012@naver.com

ISBN　　　 979-11-90777-35 3　94910

세계 최초
**삼가주석
완역**

신주 사마천 사기

25

진승상세가 | 강후주발세가
양효왕세가 | 오종세가
삼왕세가

지은이
본문_ 사마천
삼가주석_ 배인·사마정·장수절
번역 및 신주
한가람역사문화연구소 사기연구실

한가람역사문화연구소

차례

사기 제57권 史記卷五十七
강후주발세가 絳侯周勃世家

사기 제58권 史記卷五十八
양효왕세가 梁孝王世家

차례

사기 제59권 史記卷五十九
오종세가 五宗世家

사기 제60권 史記卷六十
삼왕세가 三王世家

新註史記

원 사료는 중화서국中華書局 발행의 《사기》와 영인본 《백납본사기百衲本史記》를 기본으로 삼고, 인터넷 사료로는 대만 중앙연구원 역사어언연구소 歷史語言硏究所에서 제공하는 한적전자문헌자료고 漢籍電子文獻資料庫의 《사기》를 참조했다.

일러두기

❶ 네모 상자 안의 글은 사기 본문 및 삼가주석 서문의 글이다.
❷ 한글 번역문 바로 아래 한문 원문을 실어 쉽게 대조할 수 있게 했다.
❸ 삼가주석 아래 신주를 실어 우리 연구진의 새로운 해석을 달았다.
❹ 사기 분문뿐만 아니라 삼가주석도 필요할 경우 신주를 달았다.
❺ 직역을 원칙으로 삼고 의역은 최대한 피했다.
❻ 한문 원문의 ( )는 빠져야 할 글자를, [ ]는 추가해야 할 글자를 나타낸다.

《사기》 〈세가〉에 관하여

1. 〈세가〉의 여섯 유형

《사기》 〈본기本紀〉가 제왕들의 사적이라면 〈세가世家〉는 제후들의 사적이다. 〈본기〉가 모두 12편으로 1년의 열두 달을 상징한다면 〈세가〉는 모두 30편으로 한 달을 상징한다. 훗날 북송北宋의 구양수歐陽修 (1007~1072)가 《신오대사新五代史》를 편찬하면서 〈열국세가列國世家〉 10편을 저술했지만 반고班固는 《한서漢書》를 편찬할 때 〈열전〉만 저술하고 〈세가〉는 두지 않았다. 반고는 천하의 군주는 황제 1인이라고 다른 왕들의 존재를 인정하지 않았지만, 사마천은 〈세가〉를 설정해 각 지역의 제후도 독자적 영역을 가진 군주로 인정했다. 따라서 〈세가〉는 사마천이 역사를 바라보는 독특한 시각이 담긴 체제이다. 물론 《사기》의 중심은 〈본기〉로 제왕들이 중심이자 축이지만 그 중심이자 축은 혼자서는 기능하지 못하고 다른 기구들의 보좌가 있어야 제 역할을 할 수 있는데, 그중에서 제후로서 보좌한 인물들의 사적이 〈세가〉이다.

사마천이 〈세가〉를 편찬할 수 있었던 제도의 뿌리는 주나라의 봉건제라고 할 수 있다. 주나라는 제후들을 분봉할 때 공작, 후작, 백작, 자작, 남작의 다섯 작위를 주었는데 이들이 기본적으로 〈세가〉에 분류될 수 있는 제후들이다. 그러나 사마천은 주나라 이래의 수많은 제후 중에서 일부를 추려 30편의 〈세가〉를 저술했다. 〈세가〉는 대략 여섯 유형으로 나눌 수 있다.

〈세가〉의 유형별 분류

유형	목록	편수	내용
1	오태백吳太伯, 제태공齊太公, 노주공魯周公, 연소공燕召公, 관채管蔡, 진기陳杞, 위강숙衛康叔, 송미자宋微子, 진晉, 초楚, 월왕구천越王句踐, 정鄭	12	주나라 초기 분봉 제후
2	조趙, 위魏, 한韓, 전경중완田敬仲完	4	춘추전국 시기 제후가 된 인물들
3	공자孔子	1	유학의 종주
4	진섭陳涉	1	진秦 멸망 봉기의 단초
5	외척外戚, 초원왕楚元王, 형연荊燕, 제도혜왕齊悼惠王, 양효왕梁孝王, 오종五宗, 삼왕三王	7	한나라 외척 및 종친
6	소상국蕭相國, 조상국曹相國, 유후留侯, 진승상陳丞相, 강후주발絳侯周勃	5	한나라 초 개국공신

2. 〈세가〉의 대부분은 동이족 혈통

여섯 유형 중 가장 중요한 것은 제1유형으로 모두 열두 편이다. 주로 주나라 초기에 분봉된 제후들의 사적인데, 제1유형을 특징하는 가장 중요한 요소는 혈통이다. 사마천은 열두 편의 〈세가〉를 모두 오제의 후손으로 설정했다. 사마천이 《사기》를 지은 가장 중요한 목적은 황제黃帝를 시작으로 삼는 한족漢族의 천하사를 서술하려는 것이었는데, 이 목적을 더욱 세밀하게 이루려는 이유로 〈세가〉를 서술한 것이다. 사마천은 《사기》에서 동이족의 역사를 한족의 역사로 대체하고자 했는데, 〈세가〉도 이 목적 내에서 벗어나서는 안 되었다.

이런 의도에서 사마천은 〈세가〉의 대부분을 주나라 왕실의 후예로 설정했다. 상商(은)나라는 동이족 국가임이 명확했기에 상나라를 꺾고 중원을 차지한 주나라를 한족의 역사를 만든 최초의 나라로 간주하고 대부분의 〈세가〉를 주나라 왕실의 후예로 설정한 것이다. 이것은 비단 사마천의 의도뿐만 아니라 주나라 자체에도 이런 성격이 있었다. 주나라는 상나라를 꺾고 중원을 차지한 후 자국의 수도를 천하의 중심이라고 인식하기 시작했다. 여기에서 하락河洛이란 개념이 나온다. 낙양 북쪽으로 흐르는 황하黃河에서 하河 자를 따고 수도 낙양洛陽에서 낙洛 자를 딴 것이 '하락河洛'인데, 이곳이 주나라의 중심부였고 이 지역을 주족周族들이 중국中國이라고 부른 것이 중국의 탄생이었다.

그러나 〈세가〉의 시조 대부분을 주나라 왕실의 후예로 만들어 한족漢族의 역사를 서술하려는 사마천의 의도가 성공을 거두기는 쉽지 않았다. 해석이 사실을 너무 뛰어넘었기 때문이다. 역사의 사실을 바꾸는 것은 쉽지 않은 일이어서 사마천이 서술한 〈세가〉의 이면을 연구하면 각 나라의 시조들이 사실은 한족이 아니라 동이족임을 간파할 수 있다.

특히 주나라의 시조 후직后稷도 한족이 아닌 동이족이라는 점에서 사마천의 의도가 성공을 거두기는 쉽지 않은 일이었다. 후직에 대해 《사기》〈주본기〉에서는 후직의 어머니 강원姜原이 제곡帝嚳의 원비元妃라고 말하고 있는데, 오제의 세 번째 제왕인 제곡은 동이족 소호少昊 김천씨의 손자로 동이족임이 명확하다. 그러므로 그 후예인 주나라 왕실은 동이족의 후예인 것이다. 그러니 사마천이 〈세가〉의 대부분을 주 왕실의 후예로 설정해 한족의 역사를 만들려고 했던 의도는 처음부터 빗나갈 수밖에 없었다. 사마천의 이런 의도를 간파하는 역사학자가 나타난다면 말이다.

주나라 시조 후직이 동이족이라면 사마천이 주왕실의 후예로 설정한 〈세가〉의 주요 인물들인 오태백, 노주공, 연소공, 관채(관숙 선, 채숙 도) 위강숙, 진강숙, 정환공 등도 모두 동이족의 후예일 수밖에 없다.

이는 실제의 혈통을 바꾸는 것이 얼마나 어려운 것인가를 말해주는 것이다. 〈세가〉의 두 번째 주인공인 제태공 여상이 동이족이라는 점이 이를 말해준다. 여상이 살았다는 '동해 위쪽[東海上]'에 대해서 배인裵駰이 《집해》에서 "《여씨춘추呂氏春秋》에는 '동이東夷의 땅이다.'라고 했다."고 쓴 것처럼 제태공은 명백한 동이족이자 상나라의 후예였다. 또한 진기(진陳나라와 기杞나라)는 맹자가 동이족이라고 말했던 순임금의 후예이고, 송미자는 동이족 국가였던 은나라 왕족이니 동이족일 수밖에 없다. 사마천은 초나라의 시조를 전욱 고양의 후손으로 설정했다. 전욱은 황제黃帝의 손자이자 창의昌意의 아들인데, 창의는 어머니와 아버지가 같은 형 소호의 동생이므로 역시 동이족이다. 월왕 구천은 우禹임금의 후예로 설정했는데, 남조南朝 유송劉宋의 유의경劉義慶이 5세기에 편찬한 《세설신어世說新語》에서 "우禹는 동이족이고 주나라 문왕은 서강西羌족이다."라는 구절이 있는 것처럼 하夏, 상商, 주周는 모두 이족夷族의 국가였다. 이는 중국의 삼대, 즉 하, 상, 주의 역사가 동이족의 역사임을 말해준다.

〈세가〉의 가장 중요한 제1유형에 속하는 열두 편의 주인공들은 모두 동이족의 후예였다. 사마천은 주나라부터는 한족이 역사의 주인공인 것처럼 서술했지만 서주西周가 멸망하는 서기전 771년의 사건에 대해 〈정세가〉에서 "견융犬戎이 유왕幽王을 여산驪山 아래에서 살해하고 아울러 정환공도 살해했다."라고 말하는 것처럼 이족夷族들은 제후국뿐만 아니라 주나라 왕실의 운명을 좌우할 정도로 주나라 왕실 깊숙이 뒤섞여 살았다. 동이족의 역사를 배제하면 〈세가〉를 이해할 수 없고, 〈세가〉가 존재할 수도 없다.

3. 유학적 관점의 〈세가〉 배열과 〈공자세가〉

사마천은 제후가 아니었던 공자를 세가 반열에 포함시킬 정도로 유학을 높였다. 비록 〈화식貨殖열전〉 등을 《사기》에 편찬해 의義보다 이利를 앞세웠다는 비판도 받았지만 사마천과 아버지 사마담司馬談은 기본적으로 유학자였다. 이런 사마천의 의도는 〈세가〉를 오태백부터 시작한 것에서도 드러난다. 유학에서 최고의 가치로 여겼던 선양禪讓을 높이기 위해서 주周나라 고공단보의 장남이지만 후사를 동생 계력에게 양보한 오태백을 〈세가〉의 첫 번째로 설정한 것이다.

그러나 〈세가〉는 각국의 시조를 모두 오제나 주나라 왕실의 후예로 설정한 모순이 드러난다. 태백과 동생 중옹이 도주한 형만은 지금의 강소성江蘇省 소주蘇州로 비정하는데, 태백과 중옹이 주나라 강역이 아니었던 남방 오나라의 군주가 되었다는 서술은 많은 검증이 필요하다. 마찬가지로 월나라에 대해 "월왕 구천은 그 선조가 우禹임금의 먼 자손으로 하후夏后 제소강帝少康의 서자庶子이다."라고 말하고 있는데 하나라 강역이 아니었던 월나라의 시조를 하나라 시조의 후손으로 설정한 것도 많은 검증이 필요하다.

4. 흥망성쇠의 역사

〈세가〉는 사실 《사기》의 어느 부분보다 역동적이다. 사마천은 비록 제왕은 아니었지만 한 나라를 세우거나 다스렸던 군주들의 흥망성쇠를 현장감 있게 전해주었다. 한 제후국이 어떻게 흥하고 망하는지는 지금도 많은 교훈과 생각거리를 준다. 진晉나라가 일개 호족들이었던 위魏, 한韓, 조趙씨의 삼진三晉에 의해 멸망하는 것이나, 제나라를 세운 태공망 여씨呂氏의 후손들이 전씨田氏들에 의해 멸망하고 선조들의 제사마저 폐해지는 장면 등은 내부를 장악하지 못한 왕실의 비극적 종말을 보여준다.

또한 같은 동이족이자 영성嬴姓이었던 진秦과 조趙의 양측 100만여 군사가 전사하는 장평지전長平之戰은 때로는 같은 혈통이 다른 혈통보다 더 적대적임을 말해주는 사례이다. 이 장평지전으로 진나라와 1대 1로 맞서는 국가가 사라졌고, 결국 진秦나라가 중원을 통일했다. 만약 장평지전이 없었다면 중원은 현재의 유럽처럼 여러 나라가 공존하는 대륙으로 남을 수 있지 않았을까라는 의문이 든다.

이렇게 중원을 통일한 진나라가 일개 농민이었던 진섭陳涉의 봉기로 무너지는 것은 한 필부匹夫의 한이 역사를 바꾼 사례라는 점에서 동시고금의 위정자들이 새겨야 할 교훈이 아닐 수 없다.

〈세가〉는 한나라 왕실 사람들도 그리 행복한 인생은 아니었다는 사실을 잘 말해주고 있다. 황후들의 운명 또한 그리 행복하지 않았다는 사실을

〈외척세가〉는 잘 보여주고 있다. 특히 한문제가 훗날 소제의 생모 구익부인을 죽이는 장면은 미래의 황제를 낳은 것이 행복의 시작이 아니라 개인적 불행의 정점이라는 점에서 역사의 냉혹함을 느끼게 한다.

효경제孝景帝의 다섯 명의 비妃에게서 난 열세 명의 아들에 대해 서술한 〈오종세가五宗世家〉 역시 황제의 아들이라는 신분이 때로는 축복이 아니라 저주일 수도 있다는 사실을 잘 말해준다. 무제의 세 아들 유굉劉閎, 유단劉旦, 유서劉胥에 대해 서술한 〈삼왕세가三王世家〉도 마찬가지이다. 〈삼왕세가〉는 청나라 양옥승梁玉繩이 《사기지의》에서 저소손褚少孫이 끼워 넣은 것이라고 비판했지만, 이와는 별도로 세 아들은 모두 풍요로운 땅에 봉해졌지만 나라가 없어지거나 자살해야 했으니 이 또한 고귀한 혈통일수록 겸손하고 자제해야 한다는 역사의 교훈을 말해주고 있다.

〈세가〉에서 서술한 각국, 각 제후 명칭과 연도는 그간 숱한 논쟁의 대상이 되어 왔다. 학자들에 따라서 1~2년 정도씩 차이가 나는 경우가 적지 않았다. 우리 해역진은 현재 중국 학계에서 인정하는 연표를 기본으로 서술했다. 그러나 이런 연표들이 다른 사료와 비교 검증했을 때 실제 연도와 다른 경우도 적지 않았다. 이 경우 〈수정 연표〉를 따로 제시했다. 〈수정 연표〉 작성은 이 분야를 오래 연구한 이시율 해역자가 주로 작성했고, 다른 해역자들의 검증도 거쳤음을 밝힌다.

사기 제56권 史記卷五十六

진승상세가 陳丞相世家

사기 제56권 진승상세가 제26

史記卷五十六 陳丞相世家第二十六

신주 승상 진평陳平(?~서기전 179)은 지금의 하남성 원양시 동남쪽에 있던 양무陽武 호유향戶牖鄕 출신이다. 어릴 적부터 독서를 좋아했는데, 진 2세 원년(서기전 209) 진승陳勝과 오광吳廣이 봉기하자 위왕魏王 구咎를 섬겼다가 항우 군중에 들어갔다. 그 후 다시 유방 진중에 들어가서 도위 都尉, 참승驂乘, 호군護軍 등이 되었다.

진승은 유방의 모사謀士로 크게 활약했는데, 유방이 형양에서 포위되 었을 때 금 수만 근을 내어 항우의 신하들에게 이간책을 써서 항우 군중 을 분열시켰다. 항우의 모사 범증范增을 울분으로 병사하게 했고, 이후 고조 6년(서기전 201)에 유방이 이성제후異姓諸侯를 제거할 때 유인책을 써 서 한신韓信을 체포했다. 이듬해 유방이 흉노 정벌에 나섰다가 지금의 산 서성 대동시 북부의 평성平城에서 포위되었을 때도 흉노 선우單于(황제)의 황후 연지閼氏를 움직여 포위를 풀게 만들었다.

이런 공 덕분에 진평은 호유후戶牖侯와 곡역후曲逆侯가 되었다. 고조 사후 여후에 의해서 낭중령郎中令이 되어 혜제를 보좌했고, 왕릉王陵과 함께 좌, 우승상右丞相이 되었다가 왕릉이 면직된 후 우승상이 되었다. 그러나 여후는 여씨들을 대거 제후로 책봉하면서 진평의 실권을 빼앗았는데, 여후가 세상을 떠난 후 태위太尉 주발周勃과 함께 여씨들을 제거하고 대왕代王을 문제文帝로 옹립했다. 문제 때 주발에게 승상 자리를 양보했다가 주발이 실각한 후 승상이 되었다. 효문제 2년 세상을 떠났는데 시호는 헌후獻侯였다.

유방을 주인으로 택하다

승상 진평陳平은 양무陽武 호유향戶牖鄕[①] 사람이다. 어렸을 때 집
안이 가난했으나 독서를 좋아했다. 집안에 경전耕田이 30무畝(묘라
고도 함) 있었는데, 그의 형 진백陳伯과 함께 살았다. 진백은 늘 농사
를 지었는데 동생 진평에게는 유학游學을 권했다. 진평은 사람됨이
장대하고 얼굴이 아름다웠다. 어떤 사람이 진평에게 말했다.

"집안은 가난한데 무엇을 먹고 이처럼 살이 쪘는가?"

그의 형수는 진평이 집안의 생업을 돌보지 않는 것을 미워해서
말했다.

"역시 싸라기[②]나 먹을 뿐이오. 시숙이 있지만 이와 같으니, 없느
니만 못하지요."

진백이 이 말을 듣고 그의 부인을 내쫓아버렸다.

陳丞相不者 陽武戶牖鄕[①]人也 少時家貧 好讀書 有田三十畝 獨與兄伯
居 伯常耕田 縱平使游學 平爲人長[大]美色 人或謂陳平曰 貧何食而肥
若是 其嫂嫉平之不視家生産曰 亦食穅覈[②]耳 有叔如此 不如無有 伯聞
之 逐其婦而棄之

① 陽武戶牖鄕양무호유향

집해 서광이 말했다. "양무는 위魏 땅에 속한다. 호유는 지금 동혼현이고 진류군에 속한다."

徐廣曰 陽武屬魏地 戶牖 今爲東昏縣 屬陳留

색은 서광이 말했다. "양무는 위魏에 속한다."〈지리지〉에서는 하남군에 속한다고 했는데, 아마 뒤에 양무가 나누어 양국梁國에 속하게 했을 것이다. 서광이 또 말했다. "호유는 지금 동혼현이고 진류군에 속한다."《한서》〈지리지〉와 같다. 살펴보니 이는 진秦나라 때 호유향은 양무에 속했는데 한漢나라에 이르러 호유를 동혼현으로 삼았기 때문에 진류군에 속하게 된 것이다.

徐廣云陽武屬魏 而地理志屬河南郡 蓋後陽武分屬梁國耳 徐又云戶牖 今爲東昏縣 屬陳留 與漢書地理志同 按 是秦時戶牖鄕屬陽武 至漢以戶牖爲東昏縣 隷陳留郡也

정의 《진류풍속전》에서 말한다. "동혼현은 위衛나라 땅이고 옛 양무陽武의 호유향이다."《괄지지》에서 말한다. "동혼東昏 고성은 변주 진류현 동북쪽 90리에 있다."

陳留風俗傳云 東昏縣 衛地 故陽武之戶牖鄕也 括地志云 東昏故城在汴州陳留縣東北九十里

신주 양무는 전한前漢(서한) 때의 하남군 동단현으로, 동쪽 진류군과 접경하고 있다. 항우와 유방이 경계로 삼았던 홍구鴻溝를 끼고 있다. 양무현 동쪽 호유향 일대는 훗날 하남군에서 분리되어 진류군 동혼현에 속했을 것으로 보인다.

② 穬覈강핵

서광이 말했다. "覈의 발음은 '핵核'이다." 살펴보니 맹강이 말했다. "보릿겨 속이 부서지지 않은 것이다." 진작이 말했다. "覈의 발음은 '흘紇'이고, 경사京師에서는 거친 가루를 흘두紇頭라고 한다."

徐廣曰 覈音核 駰案 孟康曰麥穖中不破者也 晉灼曰覈音紇 京師謂麤屑爲紇頭

진평이 장성해서 아내를 얻어야 했지만 부잣집에서는 딸을 기꺼이 줄 이가 없었고, 진평도 가난을 부끄럽게 여겼다. 오랜 시간이 흘러 호유 땅에 부자 장부張負^①라는 사람이 있었다. 장부에게는 손녀딸이 있었고 다섯 번 시집을 갔었는데 그때마다 남편이 죽었기 때문에 사람들은 감히 그녀에게 장가들려고 하지 않았다. 진평은 그녀에게 장가들고 싶어 했다. 이때 그 고을에 상사喪事가 있었는데 진평은 집안이 가난했기에 상례를 맡아, 먼저 가서 끝날 때까지 도왔다.

장부는 이미 상가喪家에서 그를 보고 오직 진평을 걸출한 인물로 보았다. 진평도 이 때문에 (장부가 떠난) 뒤에야 떠나곤 했다. 장부가 진평을 따라서 집에 이르렀는데, 진평의 집은 성곽을 등진^② 후미진 골목에 있었고 해어진 돗자리로 문을 만들었지만, 문밖에는 장자長者가 탄 수레바퀴 자국이 많이 남아 있었다.^③

及平長 可娶妻 富人莫肯與者 貧者平亦恥之 久之 戶牖富人有張負^① 張負女孫五嫁而夫輒死 人莫敢娶 平欲得之 邑中有喪 平貧 侍喪 以先往後罷爲助 張負旣見之喪所 獨視偉平 平亦以故後去 負隨平至其家 家乃負郭^②窮巷 以獘席爲門 然門外多有長者車轍^③

① 張負장부

색은 살펴보니 부負는 곧 부인婦人이 나이를 먹어 경험이 많은 이를 일컫는 것으로서 '무부武負'의 종류와 같다. 그러나 여기 장부張負는 이미 부자로 일컬어졌으니, 혹시 이는 장부丈夫를 일컫는 말일 뿐이다.

按 負是婦人老宿之稱 猶武負之類也 然此張負既稱富人 或恐是丈夫爾

② 負郭부곽

색은 고유가 《전국책》 주석에서 말했다. "성곽을 등지고 거처하는 것이다."

高誘注戰國策云 負背郭居也

③ 有長者車轍유장자거철

색은 다른 판본에는 '궤軌'로 되어 있다. 살펴보니 장자長者가 타는 안거安車를 말한다. 태워서 실어 보내 주는 수레인데 바퀴 자국이 간혹 구별된다.

一作軌 按 言長者所乘安車 與載運之車軌轍或別

신주 국어사전에서는 장자長者를 '덕망이 뛰어나고 경험이 많아 세상일에 익숙한 어른'이라고 말한다. 진평의 집 앞에 안거安車가 멈추었던 수레바퀴 자국은 뛰어난 사람들이 진평을 보기 위해 집을 찾은 흔적이다. 따라서 진평의 인물됨을 장부에게 알게 해준 것이다.

장부는 집으로 돌아가 그의 아들 중仲에게 말했다.

"나는 손녀를 진평에게 주고자 한다."

장중이 말했다.

"진평은 가난한데도 일에 종사하지 않아 온 고을에서 모두 그가 하는 것을 비웃지 않는 사람이 없는데, 유독 제 딸을 주려는 것은 무엇 때문입니까?"

장부가 말했다.

"사람은 진실로 타고난 아름다움이 있는데 진평 같은 자가 오래 도록 빈천하겠느냐?"

장중은 마침내 딸을 주겠다고 했다. 진평은 가난했기 때문에 재물을 빌려주어 빙례를 시키고 술과 고기를 살 비용을 주어서 아내로 들여보냈다. 장부가 그의 손녀딸에게 타일렀다.

"가난하다고 하여 사람을 섬기는 데 삼가지 않으면 안 된다. 시아주버니 진백陳伯을 아버지 섬기듯 섬기고 큰동서[1]를 어머니같이 섬겨라."

진평이 장씨 딸에게 장가들고 나서는 쓰는 것이 더욱 풍요로워지니 교유하는 길도 날로 넓어졌다.

張負歸 謂其子仲曰 吾欲以女孫予陳平 張仲曰 平貧不事事 一縣中盡笑其所爲 獨奈何予女乎 負曰 人固有好美如陳平而長貧賤者乎 卒與女 爲平貧 乃假貸幣以聘 予酒肉之資以內婦 負誡其孫曰 毋以貧故 事人不謹 事兄伯如事父 事嫂[1]如母 平旣娶張氏女 齎用益饒 游道日廣

① 事嫂사수

형인 진백이 이미 그의 아내를 쫓아냈으니 여기서 형수(嫂)라고 한 것은 아마 뒤에 다시 장가를 든 것이다.

兄伯已逐其婦 此嫂疑後娶也

마을 제사(사제社祭)^①에 진평이 재宰가 되었는데, 제사 지낸 고기를 나누어 먹이는 일을 아주 공평하게 했다.^② 마을의 노인이 말했다.

"잘한다! 진씨陳氏의 젊은 아들이 재宰의 역할을."

진평이 말했다.

"아! 나에게 천하의 재宰가 되게 한다면 또한 이 고기를 나누는 것 같이 잘할 텐데……"

里中社^① 平爲宰 分肉食甚均^② 父老曰 善 陳孺子之爲宰 平曰 嗟乎 使平得宰天下 亦如是肉矣

① 里中社이중사

그 마을 이름은 고상리庫上里이다. 알아보건대 채옹의 〈진류동혼고상리사비〉에서 "이 고리庫里는 옛 양무 유향牖鄉이다."라고 했다. 진평은 이곳 사재社宰였기 때문에 마침내 고조高祖를 돕게 되었다.

其里名庫上里 知者 據蔡邕陳留東昏庫上里社碑云惟斯庫里 古陽武之牖鄉 陳平由此社宰 遂相高祖也

② 分肉食甚均분육식심균

진평은 후일에 탁월한 책략가이며 정치가가 되는데, 그의 정치

철학이 무엇인지를 알 수 있게 한다. 오늘날까지 "진평이 재로서 고기를 똑같이 나누었다."라는 '진평재육陳平宰肉'이란 고사성어를 낳게 했다. "공평하게 다스려 태평하게 한다."라는 뜻이다.

진섭陳涉이 일어나 진陳에서 왕이 되어서 주불周市을 시켜 위魏 땅을 빼앗아 평정하게 하고 위구魏咎를 위왕魏王으로 삼았는데,① 진秦나라 군대와 임제臨濟②에서 서로 공격했다.

진평은 이미 앞서 그의 형 진백에게 몇 번씩 이별 인사를 하고③ 젊은이들을 따라가서 위왕 구를 임제에서 섬겼다. 위왕은 진평을 태복太僕④으로 삼았다. 진평은 위왕을 설득했지만 듣지 않았고 사람들이 그를 참소하자 진평은 도망쳤다.

陳涉起而王陳 使周市略定魏地 立魏咎爲魏王① 與秦軍相攻於臨濟②
陳平固已前謝其兄伯③ 從少年往事魏王咎於臨濟 魏王以爲太僕④ 說
魏王不聽 人或讒之 陳平亡去

---

① 立魏咎爲魏王입위구위위왕

신주 〈진초지제월표〉에서는 위구가 위왕이 된 것은 2세 황제 원년 9월이지만, 아직 진陳에 있었다. 위나라로 돌아간 것은 다음해 12월이니, 3개월만이다. 이때는 정월이 10월이다. 주불은 진섭의 부하다.

② 臨濟임제

신주 황하에서 갈라져 제수濟水가 시작되는 홍구鴻溝 동쪽 진류군 개봉

開封 일대이며, 진평의 고향 호유향 동남쪽에 있다.

③ 謝其兄伯사기형백

집해 《한서음의》에서 말한다. "그의 형에게 이별의 말을 하고 위나라를 섬기러 간 것이다."

漢書音義曰 謝語其兄往事魏

④ 太僕태복

신주 태복은 왕명을 출납하는 직책으로 수레와 의복 등을 준비한다.

한참 지나서 항우가 땅을 빼앗아 하수에 이르자 진평은 가서 귀의했다. 항우를 따라 관중으로 들어가 진秦나라를 무너뜨리자, 진평에게 경卿①의 작위를 하사했다. 항우는 동쪽으로 가서 팽성彭城에서 왕이 되었다. 한왕漢王이 돌아와 삼진三秦을 평정하고 동진하자 은왕殷王은 초나라를 배반했다.②

항우는 진평을 신무군信武君으로 삼아서 위왕 구의 객 중 초나라에 있는 자들을 거느리고 가게 했는데, 은왕을 쳐서 항복시키고 돌아왔다.③ 항왕項王은 항한項悍을 보내 진평을 도위都尉로 삼고 황금 20일鎰을 하시했다.

久之 項羽略地至河上 陳平往歸之 從入破秦 賜平爵卿① 項羽之東王彭城也 漢王還定三秦而東 殷土反楚② 項羽乃以平爲信武君 將魏王咎客在楚者以往 擊降殷王而還③ 項王使項悍拜平爲都尉 賜金二十溢

① 卿경

장안이 말했다. "예우는 녹봉이 경卿과 같으나 사무를 처리하지 않는 직이다."

張晏曰 禮秩如卿 不治事

② 殷王反楚은왕반초

신주 〈진초지제월표〉에서 초한 쟁패기의 은나라 왕은 사마앙司馬卬이 며, 옛 조나라 장수이고 항우가 임명했다. 은나라는 위나라 동쪽인 황하 북쪽을 나누어 설치하고 도읍을 조가朝歌에 두었다.

③ 擊降殷王而還격항은왕이환

신주 〈진초지제월표〉나 〈항우본기〉 등에 나오지 않아 언제인지 특정 할 수 없지만, 한나라가 은왕 사마앙을 폐위한 것은 고조 2년 3월이니 그 이전의 사건일 것이다.

얼마 지나지 않아 한왕漢王이 은나라를 공격해서 함락했다. 항왕 은 화가 나서 은殷을 점령한 장수와 관리 들을 처단하려고 했다. 진평은 죽임을 당할까 봐 두려워 곧 항왕이 봉한 금金과 인수를 사신을 통해 항왕에게 돌려보내고, 진평은 단신으로 칼을 지팡이 삼아 샛길로 도망쳤다.

하수를 건너는데[①] 뱃사공은 그가 미장부인데 혼자 다니는 것을 보고 그를 도망치는 장수로 의심했다. 허리 속에는 마땅히 금옥

金玉이나 보배로운 기물이 있을 것으로 여겨 눈독을 들이며 진평을 죽이려고 했다. 진평은 두려워서 이에 옷을 벗어젖히고 노 젓는 일을 도왔다. 뱃사공은 그가 가진 것이 없음을 알고 그만두었다.

居無何 漢王攻下殷(王) 項王怒 將誅定殷者將吏 陳平懼誅 乃封其金與印 使使歸項王 而平身間行杖劍亡 渡河^① 船人見其美丈夫獨行 疑其亡將 要中當有金玉寶器 目之 欲殺平 平恐 乃解衣躶而佐刺船 船人知其無有 乃止

① 渡河도하

신주 이때 항우는 돌아선 제나라를 원정 중이었고, 유방은 아직 위나라와 은나라를 평정하느라 하수를 건너 남쪽으로 오지 못했다. 그래서 진평은 황하를 건널 수 있었다. 이때 역시 고조 2년 3월 이전이다.

진평은 드디어 수무修武에 이르러 한나라에 항복하고^① 위무지魏無知^②를 통해서 한왕에게 만나길 청하자 한왕이 불러들였다. 이때 만석군萬石君 석분石奮^③이 한왕의 중연中涓^④이었는데, 진평의 알현 요청을 받고 진평에게 들어가 만나라고 했다. 진평 등 7명이 함께 한왕 앞에 나아가자 음식을 내리며 왕이 말했다.

"끝나거든 관사로 가시오."

진평이 말했다.

"신은 왕을 섬기기 위해서 왔습니다. 말씀드릴 것이 있는데 오늘을 넘길 수가 없습니다."

平遂至修武降漢^① 因魏無知^②求見漢王 漢王召入 是時萬石君奮^③爲漢
王中涓^④ 受平謁 入見平 平等七人俱進 賜食 王曰 罷 就舍矣 平曰 臣爲
事來 所言不可以過今日

① 修武降漢수무항한

집해 서광이 말했다. "한나라 2년이다."

徐廣曰 漢二年

신주 고조 2년 3월 무렵이다. 《한서》〈고조본기〉 기록도 그러하다.

② 魏無知위무지

색은 《한서》의 장창張敞과 주읍朱邑의 글에 이르기를 "진평은 위천
魏倩을 기다린 뒤에 나아갔다."라고 했다. 맹강은 "곧 그가 무지無知를 가
리킨다."라고 했다.

漢書張敞與朱邑書云陳平須魏倩而後進 孟康云即無知也

③ 萬石君奮만석군분

신주 석분石奮은 본인과 네 아들이 각각 2000석 벼슬을 했는데, 합치
면 만석이므로 경제가 만석군萬石君이라고 불렀다. 〈만석군열전〉에 자세
히 나온다.

④ 中涓중연

집해 서광이 말했다. "또한 연인涓人이라고 한다."

徐廣曰 亦曰涓人

신주 시중을 들고 손님을 접대하는 직책이다. '사인舍人'과 같으며, 심부름꾼이다.

이에 한왕이 진평과 더불어 말을 나누고 달갑게 여기면서 물었다.

"그대는 초나라에서 어떤 관직에 있었소?"

진평이 말했다.

"도위都尉를 지냈습니다."

이날 진평을 도위에 제수해 참승參乘하게 하고 호군을 맡도록 했다. 장수들이 다 시끄럽게 떠들었다.[1]

"대왕께서는 하루 만에 초나라의 도망친 졸병을 손에 넣고, 그 지위의 고하도 알지 못하면서 곧바로 같은 수레에 태우고 도리어 호군護軍으로 삼아서 노장들을 감독하게 하려 하십니까?"

한왕이 이를 듣고 진평을 더욱더 총애했다. 드디어 함께 동쪽으로 항왕을 공격했으나 팽성에서 초나라에 패배했다. 패잔병들을 이끌고 돌아와 흩어진 군사들을 수습해서 형양에 이르렀다. 진평을 아장亞將으로 삼아 한왕韓王 신信에게 소속시켜 광무廣武에 주둔케 했다.

於是漢王與語而說之 問曰 子之居楚何官曰 爲都尉 是日乃拜平爲都尉 使爲參乘 典護軍 諸將盡讙[1]曰 大王一日得楚之亡卒 未知其高下 而即與同載 反使監護軍長者 漢王聞之 愈益幸平 遂與東伐項王 至彭城 爲楚所敗 引而還 收散兵至滎陽 以平爲亞將 屬於韓王信 軍廣武

① 讙讻

색은 讙讻은 화讙(시끄러움)이다. 발음은 '환懽' 또는 '훤喧'이다.《한서》
에는 '개원皆怨'으로 되어 있다.

讙 讙也 音懽 又音喧 漢書作皆怨

강후絳侯(주발)와 관영 등이 모두 진평을 참소하였다.

"진평이 비록 미장부라고는 하지만 겉으로만 관옥 같을 뿐 그
속은 믿을 만한 것이 없습니다.[①] 신이 듣건대 진평은 집에 있을 때
그의 형수를 도둑질했고,[②] 위왕魏王을 섬겼으나 (그의 의견을) 받아
들이지 않자 도망쳐 초나라로 갔습니다. 초나라로 가서 알맞게 쓰
이지 못하자 또 도망쳐 한나라로 왔습니다. 그런데 지금 대왕께서
는 관직을 높여서 호군護軍에 임명했습니다. 신이 듣건대 진평은
여러 장수에게 금품을 받고 금품을 많이 바친 자에게는 좋은 곳
을 주고 금품이 적은 자에게는 나쁜 자리를 얻게 했다고 합니다.
진평은 배반을 반복하는 난신亂臣입니다. 원컨대 대왕께서는 살펴
보십시오."

한왕이 의심하고 위무지를 불러서 꾸짖었다.

絳侯灌嬰等咸讒陳平曰 平雖美丈夫 如冠玉耳 其中未必有也[①] 臣聞平
居家時 盜其嫂[②] 事魏不容 亡歸楚 歸楚不中 又亡歸漢 今日大王尊官
之 令護軍 臣聞平受諸將金 金多者得善處 金少者得惡處 平 反覆亂臣
也 願王察之 漢王疑之 召讓魏無知

① 如冠玉耳 其中未必有也여관옥이 기중미필유야

집해 《한서음의》에서 말한다. "관을 옥으로 꾸며서 겉으로 보기에 광채가 좋아 보이지만 속은 가진 것이 없다는 말이다."

漢書音義曰 飾冠以玉 光好外見 中非所有

② 盜其嫂도기수

신주 도盜의 뜻은 '간통하다'이다. 따라서 진평이 형수와 사통하고 있다는 의미이다. 그러나 진평의 형수가 쫓겨난 것은 밖에 나가 그를 비방했기 때문이지 사통으로 인한 것이 아니다. 이는 거짓으로 죄가 있는 것처럼 꾸며 일러바친 것이다.

위무지가 말했다.

"신이 말한 바는 능력입니다. 폐하께서 묻는 바는 행실입니다. 지금 미생尾生①과 효기孝己②의 행실이 있다고 하더라도 승부의 술수에는 보탬이 되지 않는다면 폐하께서는 어느 겨를에 그런 사람을 쓰시겠습니까. 초나라와 한나라가 서로 대치하고 있기에 신은 기이한 계책이 있는 인사를 추천한 것입니다. 그의 계책이 진실로 나라를 이롭게 하기에 족한지를 돌아보아야 할 뿐입니다. 또한 형수를 도둑질하고 금품을 받았다고 한들 또 어찌 의심하기에 충분하겠습니까."

한왕이 진평을 불러 꾸짖어 말했다.

"선생은 위魏나라를 섬기다 쓰이지 못했고 마침내 초나라를 섬기다

떠났소. 지금 또 나를 좇아 어슬렁거리니 신의가 있는 자라면 진실로 마음이 여럿일 수 있겠는가."

無知曰 臣所言者 能也 陛下所問者 行也 今有尾生^①孝己^②之行 而無益處於勝負之數 陛下何暇用之乎 楚漢相距 臣進奇謀之士 顧其計誠足以利國家不耳 且盜嫂受金又何足疑乎 漢王召讓平曰 先生事魏不中遂事楚而去 今又從吾游 信者固多心乎

① 尾生미생

신주 춘추시대 노나라 미생을 뜻한다. 미생이 한 여인과 다리 밑에서 만나기로 약속하고 나갔으나 장대비가 쏟아져 물이 불어나는데도 피하지 않다가 익사하고 말았다. 그래서 '미생지신尾生之信'이란 고사성어가 나왔는데 약속을 굳게 지키거나 또는 그런 사람을 가리킬 때를 비유한다. 《장자》〈도척〉에 나온다.

② 孝己효기

집해 여순이 말했다. "효기는 (은나라) 고종高宗의 아들이고 효행이 있었다."

如淳曰 孝己 高宗之子 有孝行

진평이 대답했다.

"신이 위왕魏王을 섬겼는데 위왕은 신이 설득한 것을 쓸 능력이 없기에 떠나서 항왕을 섬겼습니다. 항왕은 사람을 믿을 능력이 없어서 그가 맡기고 총애하는 것은 항씨들이 아니면 그 아내의 형제들뿐이었습니다. 비록 기이한 재주를 가진 인사가 있더라도 쓸 능력이 없기에 저는 곧 초나라를 떠났습니다. 한왕께서는 사람을 쓰시는 능력이 있다고 들었기에 대왕께 귀의한 것입니다. 신은 맨몸으로 왔으니 금품을 받지 않으면 자산이 없습니다. 진실로 신의 계획 중 채용할 만한 것이 있으면 대왕께서 쓰시기를 원합니다. 만약 채용할 만한 것이 없다면 금품을 그대로 구비하고 있으니 봉해서 관청으로 실어가기를 청하며, 사임하고 고향으로 돌아가게 해주시길 원합니다①."

한왕은 이에 사과하며 후한 물품을 내리고 호군중위護軍中尉로 삼아서 장수들을 모두 감독하게 하니, 장수들은 감히 다시 말하지 못했다.

平曰 臣事魏王 魏王不能用臣說 故去事項王 項王不能信人 其所任愛非諸項即妻之昆弟 雖有奇士不能用 平乃去楚 聞漢王之能用人 故歸大王 臣躶身來 不受金無以爲資 誠臣計畫有可采者 (顧)[願]大王用之 使無可用者 金具在 請封輸官 得請骸骨① 漢王乃謝 厚賜 拜爲護軍中尉 盡護諸將 諸將乃不敢復言

① 得請骸骨득청해골

신주 원걸해골願乞骸骨과 같은 의미다. 즉 벼슬을 사직하고 고향으로 돌아가겠다는 것을 군주에게 청하는 것을 말한다.

한신을 잡은 기책

그 뒤 초나라는 급하게 공격해서 한나라의 용도甬道를 끊고 한왕을 형양성滎陽城에서 포위했다. 얼마 후 한왕이 이를 근심하고 형양 서쪽을 나누는 것으로 화해를 요청했다. 항왕은 듣지 않았다. 한왕이 진평에게 말했다.

"천하가 어지럽고 어지럽다. 어느 때 안정되겠는가?"

진평이 말했다.

"항왕은 사람됨이 사람들을 공경하며 아끼니 사인士人들 중 청렴하고 절개가 있고 예를 좋아하는 자들이 많이 따릅니다. 그러나 공을 평가해서 작위와 식읍을 주는 것이 굼떠서 사인들은 또 이 때문에 붙지 않습니다. 지금 대왕께서는 오만하고 예의가 부족해서 사인 중 청렴하고 절개가 있는 자가 오지 않았습니다. 그러나 대왕께서는 사람들에게 작위와 식읍을 주는 것이 후하니, 사인 중 고루하고 둔하며① 이익을 탐하고 염치가 없는 자들이 한나라에 많이 귀의했습니다. 진실로 각각 양자의 단점을 버리고 양자의 장점을 계승한다면 천하는 손만 휘저어도 안정될 것입니다. 그런데 대왕께서는 내키는 대로 사람을 모욕하니 청렴하고 절개 있는 사인들을 얻지 못하는 것입니다.

돌아보건대 초나라를 어지럽힐 수 있는 계략이 있습니다. 저 항왕의 강직剛直한 신하는 아보亞父와 종리매鍾離眜와 용저龍且와 주은周殷의 무리로 몇 사람뿐입니다. 대왕께서 진실로 수만 근의 금을 내어 반간계反間計로 그 군신 사이의 틈을 벌려서 그 마음을 의심하게 한다면, 항왕의 사람됨이 시기심을 품고 헐뜯는 말을 믿으니, 반드시 안에서 서로 죽일 것입니다. 그 기회에 한나라에서 군사를 들어 공격하면 초나라를 반드시 무너뜨릴 수 있습니다."

한왕은 그렇다고 여기고 이에 황금 4만 근을 내어 진평에게 주고 마음대로 사용하라고 했는데, 그 들어오고 나가는 것을 묻지 않았다.

其後 楚急攻 絶漢甬道 圍漢王於滎陽城 久之 漢王患之 請割滎陽以西 以和 項王不聽 漢王謂陳平曰 天下紛紛 何時定乎 陳平曰 項王爲人 恭敬愛人 士之廉節好禮者多歸之 至於行功爵邑 重之 士亦以此不附 今 大王慢而少禮 士廉節者不來 然大王能饒人以爵邑 士之頑鈍[①]嗜利無恥者亦多歸漢 誠各去其兩短 襲其兩長 天下指麾則定矣 然大王恣侮人 不能得廉節之士 顧楚有可亂者 彼項王骨鯁之臣亞父鍾離眜龍且周殷之屬 不過數人耳 大王誠能出捐數萬斤金 行反間 間其君臣 以疑其心 項王爲人意忌信讒 必內相誅 漢因擧兵而攻之 破楚必矣 漢王以爲然 乃出黃金四萬斤 與陳平 恣所爲 不問其出入

① 士之頑鈍사지완둔

집해 여순이 말했다. "청렴한 구석이 없는 것과 같다."

如淳曰 猶無廉隅

진평은 이미 금품으로 초군楚軍에게 반간反間을 풀어 놓은 것이 많았다. "장수들이나 종리매 등은 항왕의 장군이 되어 공이 많지만, 끝내 땅을 갈라서 왕이 되지 못하였기에 한나라와 더불어 하나가 되고자 하며, 항씨를 멸하고 그 땅을 나누어 왕이 되려고 한다."라고 떠들게 했다.

항우는 끝내 마음으로 종리매 등을 믿지 않았다. 항왕이 이미 의심하고 있었는데, 사신을 보내 한나라에 이르렀다. 한왕이 태뢰太牢의 예를 갖추고 받들어 올렸다. 초나라 사신을 만나보고 곧 거짓으로 놀라는 척하며 말했다.

"나는 아보亞父의 사신으로 여겼는데 항왕의 사신이구려!"
다시 태뢰를 거두어 가고 볼품없는 푸성귀①로 바꾸어 초나라 사신에게 올렸다.

초나라 사신이 돌아와 항왕에게 갖추어 보고하니, 항왕은 과연 아보亞父(범증)를 크게 의심했다. 아보가 급박하게 형양성을 공격해 함락하려 했지만 항왕은 믿지 않고 들으려 하지도 않았다. 아보는 항왕이 자신을 의심한다는 소식을 듣고 화가 나서 말했다.

"천하의 일은 크게 정해졌으니 군왕께서는 스스로 하십시오. 원컨대 해골이나마 고향으로 돌아가기를 청합니다."
범증은 돌아가다가 팽성彭城에 이르지 못하고 등창이 나서 죽었다. 진평이 곧 밤에 여자 2,000여 명을 형양성 동문으로 내보내자 초나라는 그 틈에 공격했다. 진평이 이에 한왕과 함께 형양성의 서문을 따라 밤에 탈출했다. 마침내 관중關中으로 들어가 흩어진 군사들을 수습하고 다시 동쪽으로 향했다.

陳平旣多以金縱反間於楚軍 宣言諸將鍾離眛等爲項王將 功多矣 然而
終不得裂地而王 欲與漢爲一 以滅項氏而分王其地 項羽果意不信鍾離
眛等 項王旣疑之 使使至漢 漢王爲太牢具 舉進 見楚使 即詳驚曰 吾以
爲亞父使 乃項王使 復持去 更以惡草具[1]進楚使 楚使歸 具以報項王
項王果大疑亞父 亞父欲急攻下滎陽城 項王不信 不肯聽 亞父聞項王
疑之 乃怒曰 天下事大定矣 君王自爲之 願請骸骨歸 歸未至彭城 疽發
背而死 陳平乃夜出女子二千人滎陽城東門 楚因擊之 陳平乃與漢王從
城西門夜出去 遂入關 收散兵復東

① 惡草具악초구

집해 《한서음의》에서 말한다. "초草는 거친 것이다."

漢書音義曰 草 粗也

색은 《전국책》에서 말한다. "풍훤에게 음식을 주는데 푸성귀로 했다."
여순은 말했다. "짚과 풀로 거칠고 볼품없게 갖춘 것이다."

戰國策云食馮煖以草具 如淳云藁草麤惡之具也

신주 〈제책〉에 나온 내용으로, 맹상군의 식객이 된 풍훤馮諼에게 음식
을 주면서 푸성귀만으로 차려 주었다는 말이다. '난煖'은 잘못 쓰인 글자
이다.

그 이듬해 회음후(한신)는 제나라를 쳐부수고 스스로 제왕齊王이
되어 사신을 파견하여 한왕에게 말하게 했다. 한왕이 크게 노하여

꾸짖자 진평은 한왕의 발을 밟았다.[①] 한왕도 깨닫고 곧 제나라 사신을 후하게 대우하고 장자방을 사신으로 보내 마침내 한신을 제왕으로 삼았다.

진평을 호유향戶牖鄉에 봉했다. 그의 기발한 계책을 써서 마침내 초나라를 멸했다. 늘 호군중위로서 고조를 따라 연왕燕王 장도臧荼를 평정했다.

其明年 淮陰侯破齊 自立爲齊王 使使言之漢王 漢王大怒而罵 陳平躡漢王[①] 漢王亦悟 乃厚遇齊使 使張子房卒立信爲齊王 封平以戶牖鄉 用其奇計策 卒滅楚 常以護軍中尉從定燕王臧荼

① 陳平躡漢王진평섭한왕

집해 《한서음의》에서 말한다. "섭躡은 한왕의 발을 밟은 것을 이른다."

漢書音義曰 躡謂躡漢王足

한나라 6년, 어떤 사람이 글을 올려서 초왕楚王 한신이 반역했다고 고했다. 고제高帝가 장수들에게 묻자 장수들이 말했다.

"빨리 군사를 일으켜 그 어린아이를 파묻어야 할 따름입니다."

고제는 묵묵히 있다가 진평에게 물었다. 진평이 굳이 사양하다가 말했다.

"장수들은 뭐라 합니까?"

주상이 내용을 구체적으로 말했다. 진평이 물었다.

"사람 중에 한신이 배반했다는 글이 올라온 것을 아는 자가 있습니까?"

주상이 말했다.

"있지 않소."

진평이 물었다.

"한신은 알고 있습니까?"

주상이 말했다.

"알지 못하오."

진평이 말했다.

"폐하의 정예병과 초나라는 누가 낫습니까?"

주상이 말했다.

"그들보다 뛰어나지 못하오."

진평이 말했다.

"폐하께서 장차 군사를 운용하신다면 한신을 능가할 수 있겠습니까?"

주상이 말했다.

"그에게 미치지 못하오."

진평이 말했다.

"지금 군사는 초나라 정예병만 못하고 장수도 그에 미치지 못하는데, 군사를 일으켜 공격하면 이는 전쟁을 재촉하는 것입니다. 제 생각에는 폐하께서 위태로워질 것입니다."

주상이 말했다.

"어떻게 해야 하겠소?"

진평이 말했다.

"옛날에 천자가 사냥을 나가면 제후들이 모였습니다. 남쪽에 운몽雲夢①이 있으니 폐하께서는 단지② 나가서 거짓으로 운몽을 유람하는 거라고 하시고 제후들을 진陳에 모이게 하십시오. 진陳은 초나라 서쪽 영역이니③ 한신이 들으면 천자께서 나가서 유람하는 것을 좋아한다고 여기고 그 기세로 반드시 아무 일 없을 거라고 생각하여 교외에서 맞이해 배알할 것입니다. 배알하면 폐하께서 한신을 사로잡을 수 있는데 이는 특별히 힘센 장사 한 사람으로 족할 뿐입니다."

고제는 그렇다고 여겨 사신을 보내서 제후들에게 진陳에 모이라고 알리게 하고 "나는 장차 남쪽 운몽을 유람하겠다."라고 했다. 주상은 이에 따라 행차했는데 행렬이 진陳에 이르지 않았는데 초왕楚王 한신이 과연 교외의 길 가운데서 영접했다. 고제는 미리 무사들을 준비시켰다가 한신이 이르는 것을 보고 곧 체포하고 묶어서 뒤 수레에 실었다. 한신이 부르짖었다.

"천하가 이미 안정되었으니 나는 진실로 삶아지게 되었구나!④"

고제가 돌아보면서 한신에게 말했다.

"너는 소리치지 마라! 반역한 것은 명백하다."

무사는 도리어 그를 꽁꽁 묶었다.⑤ 드디어 제후들은 진陳에 모였고, 초나라 땅을 모조리 평정했다. 돌아와 낙양에 이르러 한신을 사면하고 회음후로 삼았으며, 공신들과 함께 부符를 갈라 봉작을 정했다.

이에 진평에게도 부符를 쪼개서 대대로 단절되지 않게 하고, 호유후戶牖侯로 삼았다. 진평이 사양하며 말했다.

"이것은 신의 공로가 아닙니다."

주상이 말했다.

"내가 선생의 지략과 계책을 채용해 싸워서 적을 이겼으니 공로가 아니고 무엇인가."

진평이 말했다.

"위무지魏無知가 아니었다면 신이 어찌 추천되었겠습니까."

주상이 말했다.

"그대는 근본을 저버리지 않는다고 할 만하구나."

이에 다시 위무지에게 상을 내렸다.

漢六年 人有上書告楚王韓信反 高帝問諸將 諸將曰 亟發兵阬豎子耳 高帝默然 問陳平 平固辭謝 曰 諸將云何 上具告之 陳平曰 人之上書言信反 有知之者乎 曰 未有 曰 信知之乎 曰 不知 陳平曰 陛下精兵孰與楚 上曰 不能過 平曰 陛下將用兵有能過韓信者乎 上曰 莫及也 平曰 今兵不如楚精 而將不能及 而舉兵攻之 是趣之戰也 竊爲陛下危之 上曰 爲之奈何 平曰 古者天子巡狩 會諸侯 南方有雲夢① 陛下弟②出僞游雲夢 會諸侯於陳 陳楚之西界③ 信聞天子以好出游 其勢必無事而郊迎謁 謁 而陛下因禽之 此特一力士之事耳 高帝以爲然 乃發使告諸侯會陳 吾將南游雲夢 上因隨以行 行未至陳 楚王信果郊迎道中 高帝豫具武士 見信至 即執縛之 載後車 信呼曰 天下已定 我固當烹④ 高帝顧謂信曰 若毋聲 而反 明矣 武士反接之⑤ 遂會諸侯于陳 盡定楚地 還至雒陽 赦信以爲淮陰侯 而與功臣剖符定封 於是與平剖符 世世勿絶 爲戶牖侯 平辭曰 此非臣之功也 上曰 吾用先生謀計 戰勝剋敵 非功而何 平曰 非魏無知臣安得進 上曰 若子可謂不背本矣 乃復賞魏無知

① 雲夢운몽

신주 춘추전국시대 초나라 수도이다. 지금의 호북성 강릉시 동쪽 일대로 비정하는데 장강長江이 범람하는 거대한 늪지대이다.

② 弟제

색은 소림이 말했다. "제弟는 장차이다." 안사고가 말했다. "단지란 뜻이다."

蘇林云弟 且也 小顏云但也

③ 陳楚之西界진초지서계

정의 진陳은 지금의 진주이다. 한신은 팽성에 도읍하고 초왕이라고 호칭했다. 그러므로 진주는 초나라 서쪽 영역이다.

陳 今陳州也 韓信都彭城 號楚王 故陳州爲楚西界也

④ 我固當烹아고당팽

신주 '토사구팽兎死狗烹'이란 뜻이다. 〈월왕구천세가〉와 〈회음후전〉에도 보인다. 필요할 때 요긴하게 쓰이지만 필요가 없어지면 가혹하게 버림을 받는다는 뜻이다.

⑤ 反接之반접지

집해 《한서음의》에서 말한다. "반복해서 양손을 결박하는 것이다."

漢書音義曰 反縛兩手

그 이듬해 호군중위로 고조를 따라가서 배반한 한왕 신信을 대代에서 공격했다. 마침내 평성平城에 이르렀지만 흉노에게 포위를 당해 7일 동안 밥도 먹지 못했다.[1] 고제는 진평의 기발한 계책을 이용해 선우單于의 부인 연지關氏[2]에게 사신을 보냈고, 포위를 풀게 해서 나올 수 있었다. 고조는 탈출하고 나서 그의 계획을 비밀로 하고 세상에 소문나지 않도록 했다.[3]

其明年 以護軍中尉從攻反者韓王信於代 卒至平城 爲匈奴所圍 七日不得食[1]高帝用陳平奇計 使單于關氏[2]圍以得開 高帝既出 其計祕 世莫得聞[3]

① 爲匈奴所圍 七日不得食위흉노소위 칠일부득식

신주 유방이 묵특선우의 정병 40만 명에 의해 현재 산서성 대동시大同市 북쪽의 평성 동쪽 백등산에서 포위되었던 사건을 말한다.

② 關氏연지

집해 소림이 말했다. "연지關氏의 발음은 '언지焉支'이다. 한나라 황후와 같다."

蘇林曰 關氏音焉支 如漢皇后

③ 其計祕 世莫得聞기계비 세막득문

집해 환담의 《신론》에서 말한다. "어떤 사람이 말했다. '진평이 고제를 위해 평성平城의 포위를 풀게 했지만 그 일을 비밀로 하라고 말해 세상에서는 들은 적이 없었다. 이것은 교묘하고 뛰어나게 좋은 계획이므로, 숨겨져

전하지 않은 것이다. 그대는 이 일을 저울질해 알 수 있지 않겠소?'

나는 응대해 말했다. '이 계책은 도리어 얄팍하고 하찮으며 나쁜 것이므로 숨겨서 누설되지 않게 한 것이오. 고제가 7일간 포위를 당하자 진평은 가서 연지閼氏를 설득했고 연지가 선우에게 말해서 탈출할 수 있었기 때문에 그가 (연지를) 설득하는 데 이용한 일을 알 수 있소. 저 진평은 틀림없이 말하기를 「한나라에는 아름다운 미녀들이 있는데 그들의 용모는 천하에 없는 것입니다. 지금 곤란하고 급하니 말을 달려 돌아가게 해서 (미녀들을) 맞이하고 취해서 선우에게 바치려고 합니다. 선우께서 이 사람들을 보면 반드시 매우 좋아하고 사랑할 것인데, 그들을 사랑하면 연지께서는 날마다 멀어질 것이니 그들이 도착하지 않느니만 못하게 됩니다. 한나라가 탈출해서 떠나게 해야 합니다. 떠난다면 여자를 데려오지 않게 됩니다.」라고 했을 것이오. 연지는 부녀자로 시샘하는 성질이 있으니 반드시 증오해서 그들을 떠나보내는 일을 했을 것입니다. 이 설을 간단히 요약하면 그 계획을 사용하여 탈출했지만 신기하고 이상하게 여기게 하려고 숨겨서 누설되지 않게 한 것이오.' 유자준劉子駿은 나의 말을 듣고 가설을 세운 것이 훌륭하고 좋다고 했다."

살펴보니《한서음의》에서 응소가 이 사건의 큰 뜻을 설명한 것이 환담의《신론》과 대략 동일하다. 이것은 응소가 환담의《신론》에서 전체를 취했는지 혹은 별도로 들은 바가 있는지는 알지 못하겠다. 그러나 지금 환담의《신론》을 관찰해보니 본질은 같지만 (응소의) 설명은 없다.

桓譚新論 或云 陳平爲高帝解平城之圍 則言其事祕 世莫得而聞也 此以工妙蹄善 故藏隱不傳焉 子能權知斯事否 吾應之曰 此策乃反薄陋拙惡 故隱而不泄 高帝見圍七日 而陳平往說閼氏 閼氏言於單于而出之 以是知其所用說之事矣 彼陳平必言漢有好麗美女 爲道其容貌天下無有 今困急 已馳使歸迎取

欲進與單于 單于見此人必大好愛之 愛之則閼氏日以遠疏 不如及其未到 令漢得脫去 去 亦不持女來矣 閼氏婦女 有妒媢之性 必憎惡而事去之 此說簡而要 及得其用 則欲使神怪 故隱匿不泄也 劉子駿聞吾言 乃立稱善焉 按 漢書音義應劭說此事大旨與桓論略同 不知是應全取桓論 或別有所聞乎 今觀桓論似本無說

본 내용은 14편 〈술책述策〉에 나온다.

고제는 남쪽 곡역曲逆①을 지나면서 그 성에 올라 집들이 매우 큰 것을 바라보며 말했다.

"참으로 장대한 현이로구나! 내가 천하를 다녀보았지만 유독 낙양洛陽과 이곳에서 보았을 뿐이다!"

그러고는 어사御史를 돌아보며 물었다.

"곡역의 호구 수가 얼마나 되는가?"

어사가 대답했다.

"처음 진시황 때에는 3만여 호였지만 그사이 전쟁이 자주 일어나 도망쳐 숨은 자가 많아 지금은 5,000호만 볼 수 있습니다."

이에 어사에게 조서를 내려 다시 진평을 곡역후曲逆侯로 봉해서 현을 모두 식읍으로 삼게 하고 지난번 호유의 식읍을 없앴다.

그 뒤에도 늘 진평은 호군중위로서 고제를 따라 진희陳豨와 경포黥布를 공격했다. 모두 여섯 번이나 기발한 계책을 내어 그때마다 식읍을 더했고 모두 여섯 번을 더 봉했다. 기묘한 계책은 간혹 비밀에 부쳐 세상에 알려지지 않았다.

> 高帝南過曲逆[1] 上其城 望見其屋室甚大 曰 壯哉縣 吾行天下 獨見洛
> 陽與是耳 顧問御史曰 曲逆戶口幾何 對曰 始秦時三萬餘戶 間者兵數
> 起 多亡匿 今見五千戶 於是乃詔御史 更以陳平爲曲逆侯 盡食之 除前
> 所食戶牖 其後常以護軍中尉從攻陳豨及黥布 凡六出奇計 輒益邑 凡
> 六益封 奇計或頗祕 世莫能聞也

① 曲逆곡역

집해 〈지리지〉에 따르면 현은 중산군에 속한다.

地理志縣屬中山也

색은 후한 장제章帝가 그 이름을 나쁘다고 여기고 고쳐서 포음蒲陰이
라고 했다.

章帝醜其名 改云蒲陰也

신주 전국시대 때 중산국 땅이었다. 조趙나라가 중산국을 없애고 차지
했다. 그곳은 곡역수曲逆水를 끼고 위치하므로 곡역이라고 불렀다.

문제를 옹립하다

고제는 경포의 군대를 쳐부수고 돌아오다가 상처가 도져서 천천히 행군해 장안에 이르렀다. 연왕 노관盧綰이 반란을 일으키자 주상은 번쾌樊噲에게 상국相國 신분으로[①] 군사를 거느리고 공격하게 했다. 이미 행군을 시작했는데 사람 중에 번쾌를 싫어하여 헐뜯는 자가 있었다.[②] 고제가 노하여 말했다.

"번쾌는 내가 병든 것을 보고, 곧 내가 죽기를 바라는가!"

이에 진평의 계책을 채용해서 강후 주발을 불러 병상 아래에서 조서를 받게 하고 말했다.

"진평은 빨리 전마傳馬(역마)에 주발을 태우고 달려가 번쾌를 대신할 장수로 삼고, 진평은 군중軍中에 이르면 즉시 번쾌의 머리를 베라!"

두 사람(진평과 주발)이 이미 조서를 받고 전마를 타고 달려가다가 군중軍中에 이르기 진에 행할 계책을 말했다.

"번쾌는 황제의 친구이자 공로도 많고, 또 여후의 여동생 여수呂嬃의 남편입니다. 친척이면서 귀한 몸인데 황제께서 분노한 까닭에 목을 베라고 했으나 아마 곧 후회할 것입니다. 차라리 가두어 놓고 주상에게 이르게 해서 주상께서 스스로 죽이게 합시다."

군중에 이르기 전에 단壇을 만들고 절節로써 번쾌를 소환했다. 번쾌가 조서를 받자 즉시 꽁꽁 묶어서 함거檻車에 태우고 전마를 장안으로 나아가게 했다. 그리고 강후 주발에게 장수를 대신하게 하여 군사를 이끌고 모반한 연나라의 현을 평정하게 했다.

高帝從破布軍還 病創 徐行至長安 燕王盧綰反 上使樊噲以相國①將兵攻之 旣行 人有短惡噲者② 高帝怒曰 噲見吾病 乃冀我死也 用陳平謀而召絳侯周勃受詔牀下 曰 陳平亟馳傳載勃代噲將 平至軍中即斬噲頭 二人旣受詔 馳傳未至軍 行計之曰 樊噲 帝之故人也 功多 且又乃呂后弟呂嬃之夫 有親且貴 帝以忿怒故 欲斬之 則恐後悔 寧囚而致上 上自誅之 未至軍 爲壇 以節召樊噲 噲受詔 即反接載檻車 傳詣長安 而令絳侯勃代將 將兵定燕反縣

① 以相國이상국

신주 당시 상국은 소하蕭何였지만 번쾌가 임시로 상국의 절節을 가지고 노관을 토벌했다는 뜻이다. 〈고조공신후자연표〉에서 번쾌는 공신서열 5위로 당시 무양후舞陽侯였다.

② 人有短惡噲者인유단오쾌자

신주 번쾌의 부인 여씨는 여후의 동생인데 번쾌가 처가와 결탁해 고조가 총애하는 척부인과 그 소생 유여의를 죽이려 한다는 참소였다.

진평은 길을 가다가 고제가 붕어했다는 소식을 들었다. 진평은 여태후와 여수가 헐뜯고 화낼 것이 두려워, 곧 전마를 몰아 (번쾌의 함거보다) 앞서 떠났다. 가는 길에 사신을 만나 진평과 관영灌嬰은 형양에 주둔하라는 조서를 받았다. 진평은 조서를 받았으나 곧바로 달려가 궁에 이르렀으며, 매우 애처롭게 곡을 하고는 이 일을 고조의 상여 앞에서 아뢰었다. 여태후가 애처롭게 여기며 말했다.

"군君은 피로할 터이니 나가서 쉬라."

그러나 진평은 자신에 대한 참소가 이루어질까 봐 두려워 군이 궁에서 숙위할 수 있도록 청원했다. 태후가 이에 진평을 낭중령郎中令으로 삼고 말했다.

"효혜제를 스승으로서[1] 가르치라."

이 뒤에 여수가 참소했으나 행해지지 않았다. 번쾌가 이르자 사면하여 작위와 식읍을 복위시켰다.[2]

효혜제 6년, (이전 해) 상국 조참이 죽고 안국후安國侯 왕릉王陵[3]이 우승상이 되고 진평은 좌승상이 되었다.[4]

平行聞高帝崩 平恐呂太后及呂嬃讒怒 乃馳傳先去 逢使者詔平與灌嬰 屯於滎陽 平受詔 立復馳至宮 哭甚哀 因奏事喪前 呂太后哀之 曰 君勞 出休矣 平畏讒之就 因固請得宿衛中 太后乃以爲郎中令 曰 傅[1]教孝惠 是後呂嬃讒乃不得行 樊噲至 則赦復爵邑[2] 孝惠帝六年 相國曹參卒 以 安國侯王陵[3]爲右丞相 陳平爲左丞相[4]

① 傅부

<u>집해</u> 여순이 말했다. "부상의 스승이다."

如淳曰 傅相之傅也

② 赦復爵邑사복작읍

신주 〈고조공신후자연표〉와 〈번쾌전〉에 따르면 번쾌는 혜제 6년에
죽었다. 아들 항伉이 작위를 이었다가 고후(여후)가 죽은 다음에 어머니
여수와 함께 피살된다. 〈번쾌전〉에 따르면 번쾌의 아내 여수는 임광후
臨光侯로 봉해졌다가 여씨들 및 번항과 함께 제거된다. 뒤를 이은 문제
文帝는 번쾌의 다른 아들 시인市人을 후임으로 봉한다.

③ 安國侯王陵안국후왕릉

집해 서광이 말했다. "왕릉은 객客으로 고조를 따라 풍豊에서 일어나
구장廐將이 되어 별도로 풍을 수비했다. 주상이 동쪽으로 갈 때 따라가
서 싸웠으나 불리해지자 효혜孝惠와 노원공주를 받들어 수수睢水에서 빠
져나와 옹후雍侯로 봉해졌다. 고제 6년 안국安國에 식읍을 정했다. 21년
만에 죽었으며 시호는 무후武侯였다. 현손 때에 이르러 주금酎金(황제에게
제사용으로 바치는 금)에 걸려 봉국이 없어졌다."
徐廣曰 王陵以客從起豊 以廐將別守豊 上東 因從戰 不利 奉孝惠魯元出睢水
中 封爲雍侯 高帝(八)[六]年 定食安國 二十一年卒 諡武侯 至玄孫 坐酎金 國除

④ 王陵爲右丞相 陳平爲左丞相왕릉위우승상 진평위좌승상

신주 〈고조본기〉에 따르면 여후는 유방이 죽기 전에 소하 다음에 누구
를 쓸지 여쭈어본 적이 있다. 유방은 조참과 그다음에 왕릉과 진평을 거
론한다. 이렇듯 여후는 유방의 유지대로 왕릉과 진평을 좌승상과 우승
상으로 같이 임명했다.

왕릉王陵은 옛날 패沛 땅 사람이다. 처음에 패현의 호협豪俠이었는데, 고제가 미천할 때 왕릉을 형으로 섬겼다. 왕릉은 글재주는 적었으나 기개를 지녔고 직언하기를 좋아했다.

고제가 패 땅에서 봉기하여 관중으로 들어가 함양에 이르자 왕릉도 스스로 무리 수천 명을 모아 남양南陽에 자리를 잡았는데, 패공을 따르는 것을 옳게 여기지 않았다.[①] 한왕이 돌아와 항적을 공격할 때에야 왕릉은 군사를 한나라에 귀속했다.

王陵者 故沛人 始爲縣豪 高祖微時 兄事陵 陵少文 任氣 好直言 及高祖 起沛 入至咸陽 陵亦自聚黨數千人 居南陽 不肯從沛公[①] 及漢王之還攻 項籍 陵乃以兵屬漢

① 居南陽 不肯從沛公거남양 불긍종패공

신주 〈고조본기〉와 〈조상국세가〉에서 볼 수 있는 것처럼 유방은 남양을 거쳐 무관武關을 통해 관중으로 들어갔다. 당시 남양을 지나면서 군수 의齮를 항복시켜 은후殷侯로 봉했다. 《사기지의》에서는 《경사문답》의 의견이 좋다고 하면서 왕릉은 무리를 모아 남양을 평정하고 고조를 따라 관중 등으로 들어가지 않았으며 고제가 남겨두어 외부 응원군으로 삼았을 뿐이라고 한다. 그 설이 매우 타당하다. 왜냐하면 동쪽에서 장안으로 가려면 황하 북쪽으로는 하동군을 통해야 하고, 황하 남쪽으로는 하남군을 통해야 하며, 남쪽에서는 남양을 통해 무관으로 들어가야 한다. 이렇듯 남양은 장안 남쪽을 지키는 길목이며, 또 항우의 서남쪽 세력인 임강왕臨江王 공오共敖와 형산왕衡山王 오예吳芮를 견제하기 위해 꼭 필요했다. 이는 유방이 왕릉을 지극히 신뢰했음을 나타낸다.

항우는 왕릉의 어머니를 붙잡아 군중軍中에 두고 왕릉의 사신이 도착하면 동쪽을 향해 왕릉의 어머니를 앉혀 놓고 왕릉을 부르려고 했다. 왕릉의 어머니는 사자를 사사로이 보내면서 울며 말했다. "늙은 첩을 위해 왕릉에게 삼가 한왕을 섬기라고 말하시오. 한왕은 장자長者니까 늙은 첩 때문에 두 마음을 갖지 말라고 하시오. 첩은 죽음으로 사자를 보내오."

마침내 칼을 뽑아 자살했다. 항왕은 노하여 왕릉의 어머니를 삶았다. 왕릉은 마침내 한왕을 따라 천하를 평정했다. 옹치雍齒와 잘 지냈지만, 옹치는 고제의 원수였고 왕릉도 본래 고제를 따를 뜻이 없었다. 이런 까닭으로 늦게 봉해져서 안국후安國侯가 되었다.[1]

項羽取陵母置軍中 陵使至 則東鄉坐陵母 欲以招陵 陵母旣私送使者 泣曰 爲老妾語陵 謹事漢王 漢王 長者也 無以老妾故 持二心 妾以死送使者 遂伏劍而死 項王怒 烹陵母 陵卒從漢王定天下 以善雍齒 雍齒 高帝之仇 而陵本無意從高帝 以故晚封 爲安國侯[1]

[1] 陵本無意從高帝~爲安國侯능본무의종고제~위안국후

신주 왕릉은 남양군 땅에서 유방의 우익右翼이 되어 따랐다. 〈고조공신후자연표〉에서도 볼 수 있듯이 역시 이미 공을 세워 옹후雍侯에 봉해졌으며, 공신 순위도 비교적 상위인 12위이다. 공신들이 처음 대거 봉해진 고조 6년에 함께 봉해졌다. 고조 6년 이후로 봉해진 공신도 허다하다.

안국후가 우승상이 되고 나서 2년, 효혜제가 붕어했다. 고후高后 (여태후)는 여씨呂氏들을 왕으로 삼기 위해 왕릉에게 물었다. 왕릉이 대답했다.

"안 됩니다."

진평에게 물었다. 진평이 대답했다.

"됩니다.[1]"

여태후는 화가 났다. 그래서 거짓으로 왕릉을 황제의 태부太傅로 삼았으나 실제로는 등용하지 않았다. 왕릉은 화가 나서 병을 핑계로 그만두고는 문을 닫고 끝내 조회를 청하지 않았다. 그리고 7년 만에 죽었다.

安國侯旣爲右丞相 二歲 孝惠帝崩 高后欲立諸呂爲王 問王陵 王陵曰 不可 問陳平 陳平曰 可[1] 呂太后怒 乃詳遷陵爲帝太傅 實不用陵 陵怒 謝疾免 杜門竟不朝請 七年而卒

[1] 陳平曰 可진평왈 가

신주 〈여태후본기〉에 따르면 여후가 왕릉에게 물었다가 뒤에 주발과 진평에게 물었다고 한다. 그러자 왕릉이 주발과 진평을 꾸짖었다. 주발과 진평은 왕릉을 타일러 "사직을 안정시키려고 한다."라고 했다는데, 이는 진평의 말일 것이다. 임기응변에 능한 진평의 태도를 엿보게 하는 대목이다.

왕릉을 승상에서 면직하고 여태후는 곧 진평을 옮겨서 우승상으로 삼고, 벽양후辟陽侯 심이기審食其를 좌승상으로 삼았다. 좌승상은 (정사를) 다스리는 관서가 없이 늘 궁 안에서 일을 보았다.①
심이기도 패현 사람이다. 한왕이 팽성 서쪽에서 패배하자 초나라에서 고제의 아버지 태상황과 여후를 붙잡아 인질로 삼았을 때②
심이기는 사인舍人으로 여후를 모셨다. 그 뒤 한왕을 따라 항적을 무너뜨리고 제후가 되어 여태후에게 총애를 받았다. 좌승상이 되어 궁 안에 거처하자 백관들은 모두 그에게 물어 일을 결정했다.③

陵之免丞相 呂太后乃徙平爲右丞相 以辟陽侯審食其爲左丞相 左丞相不治 常給事於中① 食其亦沛人 漢王之敗彭城西 楚取太上皇呂后爲質② 食其以舍人侍呂后 其後從破項籍爲侯 幸於呂太后 及爲相 居中百官皆因決事③

① 給事於中급사어중

집해 맹강이 말했다. "다스리는 장소를 세우지 않고 궁 안에 머물게 한 것이다."

孟康曰 不立治處 使止宮中也

② 楚取太上皇呂后爲質초취태상황여후위질

신주 서기전 205년 4월, 한나라 연합군은 항우가 제나라를 치는 틈을 타서 초나라 도읍인 팽성彭城에 진입했으나, 돌아온 항우의 공격을 받았다. 유방은 도망가고 그 부친과 아내 여후는 초나라의 포로가 되었다. 초나라에서 부친과 여후를 돌려보낸 것은 서기전 203년 9월, 유방과 항우가 홍구鴻溝를 경계로 양분하는 조약을 맺은 다음이다.

③ 居中百官皆因決事거중백관개인결사

신주 심이기의 좌승상 임용은 순전히 여후의 뜻이었다. 외부 행정은 우승상 진평에게 맡기고, 제후왕 등의 통제나 궁중의 중요한 일은 심이기가 궁중에서 처리했다. 백관들은 중요한 일을 모두 심이기를 통해서 결정했다. 심이기의 뜻이 곧 여후의 뜻이었기 때문이다.

여수呂嬃는 지난날 진평이 늘 고제(고조)를 위한다면서 번쾌를 잡는 모의를 했기 때문에 자주 참소하였다.

"진평은 승상이 되어 정사를 돌보지 않고 날마다 진한 술을 마시며 부녀자를 희롱하고 있습니다."

진평이 들으니 날이 갈수록 심해지고 있었다. 여태후가 듣고 사사로이 혼자 기뻐하고는 여수와 진평을 대질시키고 말했다.

"속담에 '어린애와 부녀자의 말은 쓰지 않는다.'라고 했소. 돌아보면 그대와 내가 어떻게 하느냐에 달렸을 뿐이오. 여수의 참소를 두려워할 것이 없소."

呂嬃常以前陳平爲高帝謀執樊噲 數讒曰 陳平爲相非治事 日飮醇酒 戲婦女 陳平聞 日益甚 呂太后聞之 私獨喜 面質呂嬃於陳平曰 鄙語曰 兒婦人口不可用 顧君與我何如耳 無畏呂嬃之讒也

여태후가 여씨들을 세워 왕으로 삼자 진평이 거짓으로 들어주는 척했다. 여태후가 붕어하자 진평은 태위太尉 주발과 함께 모의해 마침내 여씨들을 처단하고 효문황제를 세웠으니 진평의 본래 계획이었다. 심이기①는 승상에서 면직되었다.

呂太后立諸呂爲王 陳平僞聽之 及呂太后崩 平與太尉勃合謀 卒誅諸呂 立孝文皇帝 陳平本謀也 審食其①免相

① 審食其심이기

집해 서광이 말했다. "심이기는 처음에 사인舍人으로 일어나 여후와 효혜제를 패沛에서 모셨고, 또 좇아서 초나라에 남았다. 봉한 지 25년, 문제 3년에 죽고 아들 심평審平이 대신했다. 22년을 대신하다가 경제 3년 모반에 연루되어 봉국이 없어졌다." 다른 판본에는 "심이기는 승상에서 면직된 3년째에 회남왕에게 죽임을 당했다고 했다. 문제는 그의 아들 평에게 후작을 계승하게 했다. 치천왕菑川王이 반역했는데 벽양은 치천에 가까워서 심평이 항복한 까닭에 국가가 없어졌다."라고 했다.

徐廣曰 審食其初以舍人起 侍呂后孝惠帝於沛 又從在楚 封二十五年 文帝三年 死 子平代 代二十二年 景帝三年 坐謀反 國除 一本云 食其免後三歲 爲淮南王 殺 文帝令其子平嗣侯 菑川王反 辟陽近菑川 平降之 國除

승상이 되어 마치다

효문제는 즉위한 후 태위 주발이 친히 군사를 이끌고 여씨들을
죽여서 공이 많다고 생각했다.[1] 진평은 주발에게 높은 지위를 양
보하고자 곧 병을 핑계로 물러났다. 효문제는 즉위 초에 진평의
병을 괴이하게 여기고 물었다. 진평이 말했다.

"고조 때 주발의 공은 신 진평과 같지 못했습니다. 여씨들을 주륙
하는 데는 신의 공이 주발만 못합니다. 원컨대 우승상을 주발에
게 양보하려 합니다."

이에 효문제는 강후 주발을 우승상으로 삼아 지위를 제1로 했으
며, 진평을 옮겨 좌승상으로 삼아 지위를 제2로 했다. 진평에게는
금 1,000근을 하사하고[2] 3,000호를 더 봉했다.

孝文帝立 以爲太尉勃親以兵誅呂氏 功多[1] 陳平欲讓勃尊位 乃謝病 孝
文帝初立 怪平病 問之 平曰 高祖時 勃功不如臣平 及誅諸呂 臣功亦不
如勃 願以右丞相讓勃 於是孝文帝乃以絳侯勃爲右丞相 位次第一 平
徙爲左丞相 位次第二 賜平金千斤[2] 益封三千戶

---

① 以爲太尉勃親以兵誅呂氏 功多이위태위발친이병주여씨 공다

주발은 여후가 사망하자 그 조카 여산呂産과 여록呂祿이 가지고 있던 군권을 장악하는 것이 관건이라고 여겼다. 여록의 군권은 그와 친한 역상酈商의 아들 역기酈寄를 이용해서 장악했고, 여산의 군권은 북문을 맡은 기통紀通과 합세해서 황명을 사칭하여 여산에게 인장을 넘겨받아 장악했다. 또한 병사들로부터 충성하겠다는 맹세를 받음으로써 마침내 여씨들을 척살할 수 있었다. 이로써 주발은 효문제를 황제로 옹립하는 데 주허후 유장과 함께 가장 큰 공을 세웠다. 〈여태후본기〉에 자세히 나온다.

② 賜平金千斤사평금천근

신주 《사기지의》에서 말한다. "《사기》와 《한서》의 〈효문본기〉에 모두 2,000근이라고 했다."

얼마가 지나자 효문황제는 더욱 밝게 국가의 일을 익히고는 조회 때 우승상 주발에게 물었다.

"천하에서 일 년 동안 옥사를 판결하는 것이 얼마나 되오?"

주발이 사죄하며 말했다.

"알지 못합니다."

또 문제가 물었다.

"천하에서 일 년 동안 돈과 곡식이 나가고 들어오는 것이 얼마나 되오?"

주발이 또 사죄하며 알지 못한다고 했다. 땀이 나서 등을 적시고 부끄러워 주상을 대면하지 못했다.

居頃之 孝文皇帝旣益明習國家事 朝而問右丞相勃曰 天下一歲決獄幾
何 勃謝曰 不知 問 天下一歲錢穀出入幾何 勃又謝不知 汗出沾背 愧不
能對

이에 주상은 좌승상 진평에게도 물었다. 진평이 대답했다.

"주관하는 자가 있습니다."

주상이 말했다.

"주관하는 자는 누구를 말하는 것이오?"

진평이 대답했다.

"폐하께서 방금 하문하신 옥사의 판결은 정위延尉[①]에서 맡고 있고, 돈과 곡식의 출입은 치속내사治粟內史[②]에서 맡고 있습니다."

주상이 말했다.

"진실로 각각 주관하는 자가 있다면 그대가 주관하는 것은 무슨 일이오?"

진평이 사죄하며 말했다.

"(폐하께서) 신臣을 주관하십니다.[③] 폐하께서는 곧 제가 노둔한 아랫사람임을 알지 못하고 재상으로 삼으셨으니 대죄待罪하려 합니다.[④] 재상은 위로는 천자를 보좌하고 음양을 다스려 네 계절을 순화하게 하고, 아래로는 만물이 알맞게 자라도록 합니다. 밖으로는 사방의 이민족과 제후들을 눌러 어루만지고, 안으로는 백성들이 친하게 여기고 따르도록 하며, 경대부로 하여금 각각 그 직무를 책임시게 해야 합니다."

효문제는 곧 훌륭하다고 칭찬했다.

① 廷尉정위

신주 구경九卿 중의 하나로 법치를 담당했다. 특히 주군州郡이나 현縣
에서 의심스러운 사건이 발생하면 황제의 명령에 근거하여 제후왕이나
대신들을 체포한 후에 일의 내막을 조사하여 직접 판결했다.

② 治粟內史치속내사

신주 구경 중의 하나이다. 진秦나라에서 한나라 문제 때까지 있었던
국가재정을 담당하는 관직이다. 경제 때에는 대농령大農令으로, 무제 때
에는 대사농大司農으로 그 명칭이 바뀌었다. 국가재정이 거의 농업경제
에 기반을 두고 있던 시대를 반영하는 이름이다.

③ 主臣주신

집해 장안이 말했다. "지금 사람이 사죄하며 '황공합니다.'라고 하는
것과 같다. 마융의《용호부》에서 '용감한 자나 겁쟁이가 보더라도 황공
하다고 하지 않을 수 없다.'라고 한다." 맹강이 말했다. "주신主臣은 모든
신하의 주인이니 지금의 인주人主를 말하는 것과 같다." 위소가 말했다.
"신하의 도를 주관해서 감히 속이지 못한다는 말이다."

張晏曰 若今人謝曰 惶恐也 馬融龍虎賦曰 勇怯見之 莫不主臣 孟康曰 主臣 主
群臣也 若今言人主也 韋昭曰 言主臣道 不敢欺也

색은 소림과 맹강의 견해는 같은데, 이미 옛사람이 결론 내지 못했기
때문에 (배인은) 나란히 양쪽의 견해를 남겨둔 것이다.
蘇林與孟康同 既古人所未了 故竝存兩解

④ 待罪대죄

신주 자신의 직책 수행을 겸손하게 나타내는 말이다. 《한어漢語》에는
"옛 관리가 직무상 실수로 인하여 죄를 받을까봐 죄를 기다리듯 겸손한
말로 대하는 것이다."라고 했다.

우승상은 심히 부끄러워 나가서 진평을 꾸짖었다.
"그대는 어찌 평소 나에게만 가르쳐주지 않았소?"
진평이 웃으면서 말했다.
"그대는 그 지위에 있으면서 그 임무를 알지 못하오? 또 폐하께서
곧 장안長安의 도적 숫자①를 물으시면 그대는 억지로 대답하려
고 했소?"
이에 강후는 스스로 자신의 능력이 진평의 원대함만 못하다는 것
을 깨달았다. 얼마 지난 후 강후는 병을 핑계 삼아 재상을 면직해
줄 것을 청했고, 진평은 유일한 승상이 되어 업무를 전담했다.
효문제 2년, 승상 진평이 죽었다. 시호를 헌후獻侯라고 했다. 아들
공후共侯 매買가 후를 계승했다. 2년 후에 죽고 아들 간후簡侯

회恢가 후를 계승했다. 23년에 죽고 아들 하何가 후를 계승했다.[②]
23년, 하何는 남의 아내를 빼앗은 일에 연루되어 기시棄市를 당하
고 봉국은 없어졌다.[③]

右丞相大慚 出而讓陳平曰 君獨不素教我對 陳平笑曰 君居其位 不知
其任邪 且陛下即問長安中盜賊數[①] 君欲彊對邪 於是絳侯自知其能不
如平遠矣 居頃之 絳侯謝病請免相 陳平專爲一丞相 孝文帝二年 丞相
陳平卒 謚爲獻侯 子共侯買代侯 二年卒 子簡侯恢代侯 二十三年卒 子
何代侯[②] 二十三年 何坐略人妻 棄市 國除[③]

① 盜賊數도적수

집해 《한서음의》에서 말한다. "(도적의) 머릿수이다."

漢書音義曰 頭數也

신주 장안을 담당하는 것은 경조윤京兆尹이고, 그 아래서 치안을 담당
하는 것은 위尉이다. 진평은 주발에게 경조위가 하는 일까지 승상이 챙
기겠느냐고 반문하여 무안을 준 것이다.

② 子何代侯자하대후

신주 〈고조공신후자연표〉에서는 경제 3년(서기전 152)이라고 한다.

③ 棄市 國除기시 국제

신주 〈고조공신후자연표〉에서는 무제 원광 5년(서기전 130)이라고 한다.

처음에 진평이 말했다.

"나는 음모陰謀를 많이 꾸몄는데, 이는 도가道家에서는 금하는 것이다. 나의 후세가 폐해지면 또한 끝날 뿐이고, 끝내 다시 일으킬 수 없을 것이다. 내가 꾸민 음모의 재앙이 너무 많았기 때문이다."

그래서 그의 후예 증손 진장陳掌[1]은 위씨가 친한 외척이 되어서 귀해지자, 진씨陳氏의 봉작을 잇기를 청원했으나 끝내 얻지 못했다.

始陳平曰 我多陰謀 是道家之所禁 吾世即廢 亦已矣 終不能復起 以吾多陰禍也 然其後曾孫陳掌[1]以衛氏親貴戚 願得續封陳氏 然終不得

① 陳掌진장

집해 서광이 말했다. "진장은 위청衛靑의 동서(매부)이다."

徐廣曰 陳掌者 衞靑之子壻

신주 진평의 증손 진장陳掌은 무제의 황후가 된 위자부의 언니인 위소아衛小兒와 사통하고 있었기 때문에 나중에 귀하게 되었다. 위자부는 위청의 누이가 된다. 〈위청전〉에 나온다.

태사공은 말한다.

승상 진평은 젊어서부터 본래 황제黃帝와 노자의 술법을 좋아했다. 바야흐로 제사 고기를 도마 위에서 나눌 때에는 그 뜻이 군건했고 원대했다. 시끄럽고 어지러웠던 초楚와 위魏 사이에서 기울었다가 마침내 고제에게 귀의했다. 항상 기발한 계책을 내어 어지러워진

난국을 구제하고 나라의 근심을 떨쳐냈다. 여후 때에 이르러 변고가 많았으나, 진평은 마침내 스스로 벗어나 종묘를 안정시키고 영예로운 이름으로 끝마쳐 어진 재상이라고 칭송되었다. 어찌 시작도 좋고 끝마침도 좋았다고 하지 않겠는가. 지혜와 계책이 아니었다면 누가 이를 담당했겠는가.

太史公曰 陳丞相平少時 本好黃帝老子之術 方其割肉俎上之時 其意固已遠矣 傾側擾攘楚魏之間 卒歸高帝 常出奇計 救紛糾之難 振國家之患 及呂后時 事多故矣 然平竟自脫 定宗廟 以榮名終 稱賢相 豈不善始善終哉 非知謀孰能當此者乎

색은술찬　사마정이 펼쳐서 밝히다.

곡역후가 살던 후미진 골목 문밖에는 장자의 수레바퀴 자국이 많았다. 사재社宰로 제사 고기를 먼저 골고루 나누고 상례를 도와 뒤에 끝마쳤다. 위나라와 초나라에서 번갈아 기용되었으나 마음 깊이 가탁(거짓 평계를 댐)하기 어려웠다. 인장을 버리고 금을 봉하여 맨몸으로 배의 노를 저었다. 샛길로 한나라에 귀의하여 대장기 아래 몸을 맡겼다. 형양을 계책으로 보전하고 평성에서 포위를 풀게 했다. 왕릉을 밀어주고 주발에게 양보하며 다수의 의견을 모아 부족함을 채웠다. 변란에 대응하고 권도權道에 부합해서 끝내 종묘사직을 안정시켰구나!

曲逆窮巷 門多長者 宰肉先均 佐喪後罷 魏楚更用 腹心難假 棄印封金 刺船露躶 間行歸漢 委質麾下 滎陽計全 平城圍解 推陵讓勃 裒多益寡 應變合權 克定宗社

[지도 1] 진승상세가

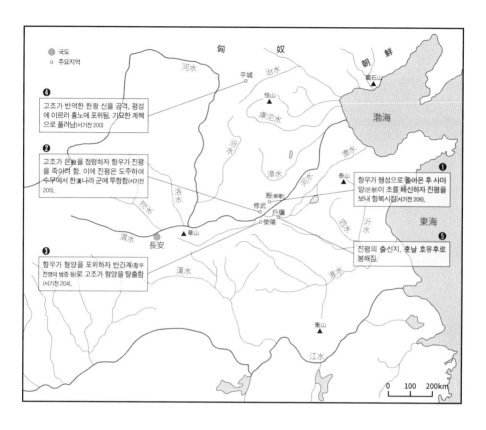

◎ 국도
○ 주요지역

匈　　奴

朝鮮

河水

平城

沽水

碣石山

恒山

渤海

滹沱水

汾水

漳水

泰山

河水

渭水

沂水

東海

❹ 고조가 반역한 한왕 신을 공격, 평성에 이르러 흉노에 포위됨. 기묘한 계책으로 풀려남(서기전 200)

❷ 고조가 은殷을 점령하자 항우가 진평을 죽이려 함. 이에 진평은 도주하여 수무에서 한漢나라 군에 투항함(서기전 205).

洛水

殷(朝歌)

修武

戶牖

滎陽

❶ 항우가 팽성으로 돌아온 후 사마앙(은왕)이 초를 배신하자 진평을 보내 항복시킴(서기전 206).

渭水

華山

長安

❺ 진평의 출신지. 훗날 호유후로 봉해짐.

❸ 항우가 형양을 포위하자 반간계(항우 진영의 범증 등)로 고조가 형양을 탈출함(서기전 204).

漢水

淮水

衡山

江水

0　100　200km

사기 제57권 史記卷五十七

강후주발세가 絳侯周勃世家

사기 제57권 강후주발세가 제27
史記卷五十七 絳侯周勃世家第二十七

신주 강후 주발周勃(?~서기전 169)은 패현沛縣 출신으로 진秦 2세 원년
(서기전 209) 패공 유방을 따라 거병했다. 초한전쟁楚漢戰爭 때 진秦의 대장
인 조비趙賁를 공격하고, 진의 명장이었던 장함章邯의 동생인 장평長平을
대파하고, 장함을 포위하는 등 여러 번 전공을 쌓았다. 서기전 205년 서초
패왕 항우와 한왕 유방이 지금의 하남성 형양시 사수진汜水鎭 성고成皐
에서 맞붙었을 때 관중關中을 지키고 있다가 성고로 돌진해 곡역曲逆을
취하고, 사수泗水, 동해東海 두 군과 22개 현을 손에 넣었다. 이런 공으로
고조 6년(서기전 201) 강후絳侯로 책봉되었다. 이후에도 한신韓信, 진희陳豨,
노관盧綰 등이 고조 유방에게 반기를 들었을 때 진압하여 태위太尉가 되
었다. 유방은 죽기 전에 "유씨의 천하를 안정시킬 자는 반드시 주발일 것
이다."라는 말을 남겼다.

여후가 죽은 후 진평과 연합해 여록呂祿의 군권을 빼앗고 여씨들을 주
륙하고 문제를 즉위시켰다. 문제 11년(서기전 169) 세상을 떠났는데 시호는
무후武侯였다. 명장 주아부周亞夫의 부친이다.

유방을 따라 사방을 평정하다

강후 주발은 패沛 땅 사람이다. 그의 선조는 권卷 땅[1] 출신이었
는데 패현으로 이사했다. 주발은 누에를 치는 채반을 짜는 일로
생활했는데[2] 늘 남을 위해 퉁소를 잘 불어 초상집의 일에도 도
움이 되었다.[3] 무관武官이 되어서는 강한 활을 당기는 재능이 있
었다.[4]

絳侯周勃者 沛人也 其先卷人[1] 徙沛 勃以織薄曲爲生[2] 常爲人吹簫給
喪事[3] 材官引彊[4]

① 卷권

[집해] 서광이 말했다. "권현은 형양군에 있다."

徐廣曰 卷縣在滎陽

[색은] 위소가 말했다. "하남군에 속한다." 〈지리지〉에도 그러하다. 그러
즉 뒤에 형양군을 설치하여 권현을 예속시킨 것이다. 卷의 발음은 '견
[丘玄反]'이다. 《자림》에서는 발음을 '권[丘權反]'이라고 했다.

韋昭云屬河南 地理志亦然 然則後置滎陽郡 而卷隸焉 音丘玄反 字林音丘權反

[정의] 《괄지지》에서 말한다. "옛 권성은 정주 원무현 서북쪽 7리에 있다."

《이아》〈석례〉 지명편에서 말한다. "권현의 치소는 원옹성이다."

括地志云 故卷城在鄭州原武縣西北七里 釋例地名云 卷縣所理垣雍城也

② 織薄曲爲生 직박곡위생

[집해] 소림이 말했다. "박薄은 다른 이름으로 곡曲이라고 한다. 《월령》
에서는 곡曲과 식植을 갖춘다고 했다."

蘇林曰 薄 一名曲 月令曰 具曲植

[색은] 주발은 본래 누에를 치는 채반을 짜서 생업으로 삼았다는 것을
이른다. 위소가 말했다. "북방에서는 채반을 곡曲이라고 한다." 허신은
《회남자》에 주석하여 말했다. "곡曲은 갈대로 짠 채반이다." 곽박은《방
언》에 주석하여 말했다. "식植은 곡주曲柱를 매단 것이다." 植의 발음은
'지[直吏反]'이다.

謂勃本以織蠶薄爲生業也 韋昭云北方謂薄爲曲 許愼注淮南云曲 葦薄也 郭璞
注方言云植 懸曲柱也 音直吏反

③ 吹簫給喪事 취소급상사

[집해] 여순이 말했다. "상가喪家를 즐겁게 하는 배우와 같다." 신찬이
말했다. "퉁소를 불어 상가의 빈객을 즐겁게 하는 악인樂人과 같다."

如淳曰 以樂喪家 若俳優 瓚曰 吹簫以樂喪賓 若樂人也

[색은] 《좌전》에서는 '가우빈歌虞殯'이라고 한다. 지금의 만가挽歌 종류
와 같은 것이다. 가歌는 혹은 소簫와 관管이 있다고 했다.

左傳歌虞殯 猶今挽歌類也 歌者或有簫管

④ 材官引彊 재관인강

집해 《한서음의》에서 말한다. "강한 활을 잘 당기는 무관으로 마치 지금의 강한 것을 당기는 사마司馬와 같다."

漢書音義曰 能引彊弓官 如今挽彊司馬也

색은 진작이 말했다. "신도가申屠嘉는 쇠뇌를 발로 밟고 당기는 무관이 되었다."

晉灼云申屠嘉爲材官蹶張

신주 신도가는 고조의 공신으로 봉국이 없는 관내후가 되었다가 문제 후2년 승상이 되고, 문제 후3년 탁군 고안故安에 봉해져 고안후가 되었다. 〈혜경간후자연표〉와 〈한흥이래장상명신표〉에 나온다. 열전도 있다.

고조가 패공이 되어 비로소 군사를 일으켰을 때 주발은 중연中涓① 이 되어서 고조를 따라 호릉胡陵을 공격하고 방여方與를 함락했다. 방여에서 반란이 일어나자 더불어 싸워서 적을 물리쳤다. 풍豊을 공격하고 진秦나라 군대를 탕碭 동쪽에서 공격했다. 돌아와 유留 와 소蕭에 주둔했다. 다시 탕을 공격해 처부수고 하읍下邑을 함락 하고는 먼저 성에 올랐다. 오대부五大夫②의 작위를 하사받았다.

高祖之爲沛公初起 勃以中涓① 從攻胡陵 下方與 方與反 與戰 卻適 攻豊 擊秦軍碭東 還軍留及蕭 復攻碭 破之 下下邑 先登 賜爵五大夫②

① 中涓중연

신주 군주의 심부름꾼으로 중알자中謁子라고도 한다. 급사給事 혹은 사인舍人도 같은 의미이다.

② 五大夫오대부

신주 〈조상국세가〉에서도 볼 수 있듯이 진秦나라 때 시행한 20등작 중 9등작에 해당한다. 여기 지명들은 모두 패沛 땅 주변에 있다.

몽蒙과 우虞①를 공격해 빼앗았다. 장함章邯의 전차와 기병을 공격해서 전殿의 공이 있었다.② 위魏나라 땅을 평정했다. 원척爰戚과 동민東緡③을 공격하고 가서 율栗 땅④에 이르러 그것을 빼앗았다.

攻蒙虞① 取之 擊章邯車騎 殿② 定魏地 攻爰戚東緡③ 以往至栗④ 取之

---

① 蒙虞몽우

색은 두 현의 이름이다. 〈지리지〉에서 양국梁國에 속한다고 했다.

二縣名 地理志屬梁國

신주 양국은 진秦나라 때 탕군으로, 옛 송나라를 중심으로 설치된 군이다. 기자箕子의 무덤이 있는 곳이기도 하다. 평양의 기자묘는 14세기 무렵에 만들어진 허구의 무덤이다.

② 殿전

집해 복건이 말했다. "공략해서 전개된 병력을 잡는 것이다." 여순이 말했다. "전殿은 나아가지 않는 것이다." 신찬이 말했다. "군내 뒤에 있는 것을 전이라고 한다." 손검이 말했다. "일설에는 상위 공을 최最, 하위 공을 전殿, 전공戰功을 다多라고 한다. 주발의 일은 이 3품品 가운데 있는데, 장수들과 함께 공을 계산하면 전최殿最이고 홀로 이긴 것은 다라고 했다.

다의 뜻은 《주례》에 보인다. 그러므로 이곳에 이르기를 '장함의 거기車騎
(전차와 기병)를 쳤으니 전'이라 했고, 또 이르기를 '먼저 성에 이르러 함락
했으니 다'라고 했고, 또 이르기를 '괴리와 호치를 공격했으니 최'라고 한
것이 이것이다."

服虔曰 略得殿兵也 如淳曰 殿 不進也 瓚曰 在軍後曰殿 孫檢曰 一說上功曰最
下功曰殿 戰功曰多 周勃事中有此三品 與諸將俱計功則曰殿最 獨捷則曰多
多義見周禮 故此云 擊章邯車騎 殿 又云 先至城下爲多 又云 攻槐里好時 最
是也

색은 손검의 설명이 옳다.

孫檢說是

③ 東緡동민

집해 서광이 말했다. "산양군에 속한다."

徐廣曰 屬山陽

색은 안사고는 緡을 '혼昏'으로 발음하는 것은 잘못이라고 했다. 〈지리
지〉에는 산양군에 동민현이 있다. 緡의 발음은 '민旻'이다. 그러나 호유
戶牖의 동민東緡이라고 할 때는 緡을 '혼'이라 발음하는 것이 옳다. 진류
군에 속하는 것은 '혼'으로 발음하고, 산양군에 속하는 것은 '민'으로
발음한다.

小顔音昏 非也 地理志山陽有東緡縣 音旻 然則戶牖之爲東緡 音昏是 屬陳留
者音昏 屬山陽者音旻也

정의 緡의 발음은 '민[眉貧反]'이다. 《괄지지》에서 말한다. "동민 고성은
한나라의 현이고, 연주 금향현 경내에 있다."

緡 眉貧反 括地志云 東緡故城 漢縣也 在兗州金鄕縣界

④ 栗율

정의 《괄지지》에서 말한다. "패군에 속한다."

括地志云屬沛郡也

신주 여기 원척과 동민과 율은 춘추시대 노나라 일대이며, 모두 패沛 땅 북쪽에 있다.

설상齧桑①을 공격하고 먼저 성에 올랐다. 진秦나라 군대를 아성② 아래에서 공격해 쳐부수었다. 뒤쫓아서 복양에 이르러 견성을 함락 했다. 도관都關③과 정도定陶를 공격하고 기습해서 완구宛朐④를 빼앗았으며 선보單父⑤ 현령을 포로로 잡았다.

攻齧桑① 先登 擊秦軍阿②下 破之 追至濮陽 下甄城 攻都關③定陶 襲取 宛朐④ 得單父⑤令

---

① 齧桑설상

색은 서광이 말했다. "양梁과 팽성 사이에 있다."

徐氏云 在梁 彭城間

신주 〈하거서〉에도 나온다. 고대사에 자주 언급되는 지명이다.

② 阿아

색은 동아東阿의 아래에 있다.

謂東阿之下也

③ 都關도관

색은 〈지리지〉에 따르면 현 이름이고 산양군에 속한다.

地理志縣名 屬山陽

④ 宛朐완구

정의 '완구宛朐'와 '원구冤朐' 두 발음이 있다. 지금 조주의 현이고, 주 서쪽 47리에 있다.

冤朐二音 今曹州縣 在州西四十七里

⑤ 單父선보

정의 '단보單父'와 '선보善甫' 두 발음이 있다. 송주의 현이다.

善甫二音 宋州縣也

신주 여기 지명들은 춘추시대 송宋과 위衛와 조曹 일대이며, 패沛 서쪽 에 있다.

밤에 습격해서 임제를 빼앗고 장張을 공격할 때① 가장 앞장서 권卷 땅에 이르러 쳐부수었다. 이유李由②의 군대를 옹구 아래에서 공격 했다. 개봉을 공격할 때 먼저 성 아래에 이르는 전공③이 있었다. 뒤에 장함이 항량項梁을 쳐부수고 살해하자 패공은 항우와 함께 군사를 이끌고 동진하여 탕碭 땅으로 갔다. 처음 패沛 땅에서 일 어나 다시 돌아와 탕 땅에 이르니 1년 2개월이나.④

夜襲取臨濟 攻張① 以前至卷 破之 擊李由②軍雍丘下 攻開封 先至城下

① 攻張공장

집해 《한서음의》에서 말한다. "수장을 공격했다."

漢書音義曰 攻壽張

색은 〈지리지〉에 따르면 동군 수량현을 광무제가 고쳐서 수장壽張이라고 했다.

地理志東郡壽良縣 光武改曰壽張

신주 《사기지의》에서는 《방여기요》를 인용하여 수장현 남쪽 장성張城이라고 했다.

② 李由이유

신주 진시황제 때 승상 이사李斯의 아들이다.

③ 多다

집해 문영이 말했다. "주발의 사졸 중 이른 자가 많았다." 여순이 말했다. "《주례》에서는 전공을 다多라고 한다."

文穎曰 勃士卒至者多 如淳曰 周禮戰功曰多

④ 一歲二月일세이월

색은 처음에 패 땅에서 일어나 돌아와 탕碭 땅에 이른 것이 1년 하고 또다시 2개월이 되었다는 것을 이른다.

謂初起沛及還至碭 得一歲又更二月也

초회왕楚懷王①은 패공을 봉해서 안무후安武侯라고 칭하고 탕군의 장長으로 삼았다. 패공은 주발을 호분령虎賁令②에 제수했다. 호분령으로서 패공을 따라 위魏나라 땅을 평정했다. 동군위東郡尉를 성무에서 공격해 무너뜨렸다. 왕리王離③ 군대를 쳐서 무너뜨렸다. 장사를 공격할 때 선봉에 섰다. 영양潁陽과 구지緱氏④를 공격하고 하수의 나루터를 끊었다.⑤ 조비趙賁의 군대를 시尸 북쪽⑥에서 공격했다.

남쪽에서 남양군수 의齮를 공격하고 무관과 요관을 무너뜨렸다. 진秦나라 군대를 남전에서 무너뜨리고 함양에 이르러 진나라를 멸했다.

楚懷王①封沛公號安武侯 爲碭郡長 沛公拜勃爲虎賁令② 以令從沛公定魏地 攻東郡尉於城武 破之 擊王離③軍 破之 攻長社 先登 攻潁陽緱氏④ 絶河津⑤ 擊趙賁軍尸北⑥ 南攻南陽守齮 破武關嶢關 破秦軍於藍田 至咸陽 滅秦

① 楚懷王초회왕

신주 전국시대 초나라 회왕 웅괴熊槐의 손자 웅심熊心인데 항량이 옹립하여, 역시 회왕이라 불렀다. 나중에 의제義帝가 되지만, 결국 항우에게 살해된다.

② 虎賁令호분령

집해 서광이 말했다. "다른 판본에서는 '구순령句盾令'이라고 한다."

徐廣曰 一云 句盾令

색은 《한서》에서는 '양비령襄賁令'으로 되어 있다. 賁의 발음은 '비肥'인데. 현 이름이며 동해군에 속한다. 서광이 또 '구순령'이라고 말한 것은 살핀 판본이 각각 다르기 때문이다.

漢書云襄賁令 賁音肥 縣名 屬東海 徐廣又云句盾令 所見本各別也

신주 호분령은 호위총책이고 구순령도 같은 종류이지만 양비령은 현령이다.

③ 王離왕리

신주 왕리는 진秦나라 장수 왕전王剪의 손자이고 왕분王賁의 아들이다. 전공을 많이 세워 무성후武城侯에 봉해졌다.

④ 緱氏구지

정의 緱의 발음은 '구勾'이다. 낙주의 현이다.

緱音勾 洛州縣

⑤ 絶河津절하진

정의 곧 옛 평음진平陰津이다. 낙주 낙양현 동북쪽 50리에 있다.

即古平陰津 在洛州洛陽縣東北五十里

신주 황하의 나루터를 끊은 것은 항우의 별동부대를 막으려는 유방의 계책이었다.

⑥ 趙賁軍尸北조비군시북

색은 賁의 발음은 '비肥'이다. 사람의 성명이다. 시尸는 즉 시향尸鄕이며, 지금의 언사偃師이다. 북北은 시향의 북쪽을 말한다.

賁音肥 人姓名也 尸卽尸鄕 今偃師也 北謂尸鄕之北

항우가 이르러서 패공을 한왕으로 삼았다. 한왕이 주발에게 작위를 하사하여 위무후威武侯①가 되었다. 한왕을 따라 한중漢中으로 들어가자 장군으로 임명했다. 관중으로 돌아와 삼진三秦을 평정하고 진秦에 이르러 식읍으로 회덕懷德②을 하사받았다. 괴리槐里와 호치好時③를 공격해 최고의 공로④를 세웠다.

項羽至 以沛公爲漢王 漢王賜勃爵爲威武侯① 從入漢中 拜爲將軍 還定三秦 至秦 賜食邑懷德② 攻槐里好時③ 最④

---

① 威武侯위무후

색은 어떤 이는 호칭으로 봉한 것이지 반드시 현의 이름이 아니라고 했다.

或是封號 未必縣名也

② 懷德회덕

정의 《괄지지》에서 말한다. "회덕 고성은 동주 조읍현 서남쪽 43리에 있다."

括地志云 懷德故城在同州朝邑縣西南四十三里

③ 槐里好時 괴리호치

색은 〈지리지〉에 따르면 두 현은 우부풍에 속한다.

地理志二縣屬右扶風

④ 最 최

집해 여순이 말했다. "장수 중에서 공이 가장 많은 것이 최最이다."

如淳曰 於將率之中功爲最

조비와 내사內史 보保를 함양에서 공격해 최고의 공을 세웠다. 북
쪽의 칠漆[①]을 공격했다. 장평章平과 요앙姚卬[②]의 군대를 공격했
다. 서진해서 견汧[③]을 평정하고 돌아와 미郿와 빈양頻陽을 함락
했다.[④]

擊趙賁內史保於咸陽 最 北攻漆[①] 擊章平姚卬[②]軍 西定汧[③] 還下郿
頻陽[④]

① 漆 칠

색은 〈지리지〉에 따르면 칠현은 우부풍에 있다.

地理志漆縣在右扶風

정의 지금의 빈주 신평현이 옛 칠현이다.

今豳州新平縣 古漆縣也

② 章平姚卬 장평요앙

卬의 발음은 '앙[五郎反]'이다. 장평章平은 낮은 직위의 장수이다.

卬音五郎反 平下將

③ 汧견

汧의 발음은 '견[口肩反]'이다. 지금의 농주 견원현은 본래 한나라 견현 땅이다.

口肩反 今隴州汧源縣 本漢汧縣地也

④ 下郿頻陽하미빈양

〈지리지〉에 따르면 미郿는 우부풍에 속하고 빈양頻陽은 좌풍익에 속한다.

地理志郿屬右扶風 頻陽屬左馮翊也

郿의 발음은 '미眉'이다. 《괄지지》에서 말한다. "미현 고성은 기주 미현 동북쪽 15리에 있고, 빈양 고성은 의주 토문현 남쪽 3리에 있다." 지금 토문현은 나란히 동관현으로 들어가는데 옹주에 속한다. 의주는 폐지되었다.

郿音眉 括地志云 郿縣故城在岐州郿縣東北十五里 頻陽故城在宜州土門縣南三里 今土門縣并入同官縣 屬雍州 宜州廢也

장함을 폐구廢丘[①]에서 포위하고 서西[②]의 승丞을 무찔렀으며 도파盜巴의 군대[③]를 공격해 무너뜨렸다. 상규上邽[④]를 공격하고 동쪽으로 가서 요관을 지키다가 군사를 돌려 항적項籍을 공격했다.

곡역曲逆을 공격해⑤ 최고의 공을 세웠다. 돌아와서 오창敖倉⑥을 지키면서 항적을 추격했다.

圍章邯廢丘① 破西②丞 擊盜巴軍③ 破之 攻上邽④ 東守嶢關 轉擊項籍 攻曲逆⑤ 最 還守敖倉⑥ 追項籍

① 廢丘폐구

색은 〈지리지〉에서 말한다. "괴리槐里는 주나라에서 견구犬丘라고 했으며, 의왕懿王이 도읍했다. 진秦나라에서 이름을 고쳐 폐구라고 했고 고조 3년에 이름을 고쳐 괴리라고 했다." 여기서 괴리라고 한 것은 후대의 것을 의거해서 썼기 때문이다. 또 폐구라고 한 것은 장함이 본래 폐구에 도읍했다가 망했으므로 옛것에 의거해서 썼기 때문이다.

地理志槐里 周曰犬丘 懿王都之 秦更名廢丘 高祖三年更名槐里 而此云槐里者 據後而書之 又云廢丘者 以章邯本都廢丘而亡 亦據舊書之

② 西서

집해 서광이 말했다. "천수군에 서현이 있다."

徐廣曰 天水有西縣

정의 《괄지지》에서 말한다. "서현 고성은 진주 상규현 서남쪽 90리에 있는데, 본래 한나라 서현 땅이다." 서현의 승丞을 무너뜨린 것이다.

括地志云 西縣故城在秦州上邽縣西南九十里 本漢西縣地 破西縣丞

③ 盜巴軍도파군

집해 여순이 말했다. "장함의 장군이다."

如淳曰 章邯將

신주 《사기지의》에서 말한다. "도파를 《한서》〈주발전〉에서는 '익이 益已'라고 하는데, 여순은 장함의 장군이라고 한다. 《한서평림》에서는 '두 글자는 필획이 서로 비슷해서 어느 것이 옳은지 판단할 수 없다.'라고 했다."

④ 上邽상규

정의 邽의 발음은 '규圭'이다. 진주의 현이다.

音圭秦州縣也

신주 주발은 장안 서쪽에 위치한 우부풍과 천수와 농서 일대를 평정한 것이다.

⑤ 攻曲逆공곡역

신주 《사기지의》에서 말한다. "곡역이라고 한 것은 잘못이다. 《한서》에서 '곡우曲遇'라고 한 것이 옳다. 곡우는 하남군 중모현에 있다. 그러므로 아래 문장에서 '돌아와 오창을 지켰다.'라고 했다. 곡역은 중산군에 있기 때문에 서로 맞지 않다." 곡역은 〈진승상세가〉에 나온 대로 훨씬 북쪽에 있다.

⑥ 敖倉오창

신주 양곡을 저장하던 곳이다. 오산敖山의 정상에 있기 때문에 '오창' 이라고 불렀다.

항적이 죽자 그 기회에 동쪽으로 초나라 땅 사수泗水와 동해군을
평정하고 모두 22개 현을 손에 넣었다. 돌아와서 낙양과 역양을
수비했다. 영음후穎陰侯 관영과 함께 종리鍾離를 식읍으로^① 하사
받았다. 장군으로서 고조를 따랐는데 반란이 일어나자 연왕 장도
臧荼를 공격해 역易 아래에서 무너뜨렸다.^② 병사들을 거느리고
치도馳道^③를 담당하여 공을 세웠다. 열후列侯의 작위를 하사받
고 부절符節을 쪼개 받아 (후작이) 대대로 끊이지 않게 했다. 강絳
땅^④의 8,180호를 식읍으로 받고 강후絳侯라고 불렸다.

籍已死 因東定楚地泗(川)[水]東海郡 凡得二十二縣 還守雒陽櫟陽 賜
與潁(陽)[陰]侯共食鍾離^① 以將軍從高帝反者燕王臧荼 破之易下^② 所
將卒當馳道^③爲多 賜爵列侯 剖符世世勿絕 食絳^④八千一百八十戶號
絳侯

① 潁陰侯共食鍾離영음후공식종리

색은 〈지리지〉에 따르면 현 이름이고 구강군에 속한다. 옛날 종리자국
鍾離子國이라고 한다.

地理志縣名 屬九江 古鍾離子國

정의 《괄지지》에서 말한다. "영음 고성은 진주 남돈현 서북쪽에 있다.
종리 고성은 호주 종리현 동북쪽 5리에 있다."

括地志云 潁陰故城在陳州南頓縣西北 鍾離故城在濠州鍾離縣東北五里

② 燕王臧荼 破之易下연왕장도 파지역하

색은 荼도는 가장 통상적인 발음으로 읽는다. 易역은 강 이름이다. 그

이름에 따라 현이 되었으며, 탁군에 있다. 장도의 군대를 역수(이수) 아래에서 쳐부수었다고 이른 것은 강에서 가까웠다는 말이다.

荼 如字讀 易 水名 因以爲縣 在涿郡 謂破荼軍於易水之下 言近水也

정의 《괄지지》에서 말한다. "역현 고성은 유주 귀의현 동남쪽 15리에 있다. 연나라 환후桓侯가 임역으로 도읍을 옮긴 곳이 이곳이다."

括地志云 易縣故城在幽州歸義縣東南十五里 燕桓侯所徙都臨易是也

신주 조나라 혜문왕은 서기전 294년경 연나라에 막과 역을 주었다. 그 이전의 서기전 334년에 소진이 연문후에게 유세할 때 "연의 남쪽에는 호타하와 역수가 있다."라고 말했다. 연나라는 남쪽에 있다가 후대에 북쪽으로 이동했는데, 이 남연과 북연을 구분하지 못하면 고대사의 지리를 살피는 데에 크게 헷갈리게 된다.

③ 馳道치도

색은 안사고는 마땅히 고조가 행차한 길이라고 했다. 어떤 이는 치도馳道를 진秦의 치도馳道로 여겼다. 그러므로 《한서》〈가산전〉에서는 "진秦에서 치도를 만들었는데 동쪽의 연燕과 제齊에서 끝났다."라고 했다.

小顏以當高祖所行之道 或以馳道爲秦之馳道 故賈山傳云秦爲馳道 東窮燕齊也

④ 絳강

정의 《괄지지》에서 말한다. "강읍성絳邑城은 한나라 강현이다. 강주 곡옥현 남쪽 2리에 있다. 어떤 이는 진秦나라의 옛 치도馳道라고 여겼다."

括地志云 絳邑城 漢絳縣 在絳州曲沃縣南二里 或以爲秦之舊馳道也

신주 絳강은 춘추시대 진晉나라 수도였으며, 하동군에 있다. 치도는 진시황이 행차할 때 행선지를 감추려고 만든 특별도로이다.

여씨를 없애고 문제를 옹립하다

장군 신분으로 고조를 따라가서 반역한 한왕韓王 신信을 대代에서 공격하고 곽인霍人[1]의 항복을 받았다. 무천武泉[2]에 가장 먼저 이르러 호胡(흉노)의 기병을 공격해서 무천 북쪽에서 격파했다. 군대를 돌려 한왕 신의 군대를 동제銅鞮[3]에서 공격하여 격파하고, 돌아와 태원太原의 여섯 성을 항복시켰다.[4]

以將軍從高帝擊反韓王信於代 降下霍人[1] 以前至武泉[2] 擊胡騎 破之 武泉北 轉攻韓信軍銅鞮[3] 破之 還 降太原六城[4]

① 霍人곽인

색은 소해가 말했다. "《좌전》에서 '핍양의 자작이 돌아와 여러 곽인을 들였다.'라고 했는데, 두예는 진晉나라 읍이라고 했다. 곽霍이 다른 판본에는 '확霍'으로 되어 있다."

蕭該云 左傳 以偪陽子歸納諸霍人 杜預云晉邑也 字或作霍

정의 霍의 발음은 '쇄瑣'이다. 또 '쇄[蘇寡反]'로도 발음한다. 안사고는 '쇄[山寡反]'로 발음한다고 했다. 살펴보니 '곽霍'은 '사篗'가 되어야 한다.

〈지리지〉에서 말한다. "사인𫠆人은 현이고 태원군에 속한다."《괄지지》
에서 말한다. "사인의 옛 성은 대주 번치현 경내에 있고, 한나라 사인현
이다." 살펴보니 〈번쾌열전〉에는 '확인𪘚人'으로 되어 있는데 그 발음도
같다.

𫠆音瑣 又音蘇寡反 顔師古云 音山寡反 按 𫠆字當作𫠆 地理志云𫠆人 縣 屬太
原郡 括地志云 𫠆人故城在代州繁時縣界 漢𫠆人縣也 按 樊噲列傳作𪘚人 其
音亦同

② 武泉무천

집해 서광이 말했다. "운중군에 속한다."

徐廣曰 屬雲中

정의 《괄지지》에서 말한다. "무천 고성은 삭주 북쪽 220리에 있다."

括地志云 武泉故城在朔州北二百二十里

③ 銅鞮동제

정의 《괄지지》에서 말한다. "동제 고성은 노주 동제현 동쪽 15리, 노주
서쪽 65리에 있다. 병주 동남쪽에 있다."

括地志云 銅鞮故城在潞州銅鞮縣東十五里 州西六十五里 在幷州東南也

④ 太原六城태원육성

정의 병주의 현이다. 동제에서 병주로 돌아와 6개 성을 항복시켰다.

幷州縣 從銅鞮還幷 降六城也

한왕 신과 호胡의 기병들을 진양晉陽① 아래에서 격파하고 진양을
함락했다. 뒤에 한왕 신의 군대를 사석②에서 격파하고 북쪽으로
80리를 추격했다. 돌아와 누번樓煩③ 3개 성을 공격하고 이어서
호胡의 기병을 평성平城④ 아래에서 격파했다. 군졸들을 거느리고
치도馳道를 담당하여 공이 있었다. 주발은 승진하여 태위太尉가
되었다.

擊韓信胡騎晉陽①下 破之 下晉陽 後擊韓信軍於硰石② 破之 追北八十
里 還攻樓煩③三城 因擊胡騎平城④下 所將卒當馳道爲多 勃遷爲太尉

① 晉陽진양

신주 　전국시대 조趙나라 초기 수도였으며, 나중에 조나라 서쪽의 요충
지가 되었다. 지금의 산서성 성도省都인 태원시이다. 한왕 신은 황하 남
쪽 영천군 양적陽翟에 있다가 고조 6년에 태원에 수도를 정하여 옮겼다.
그리고 다시 마읍馬邑으로 수도를 옮기고 흉노에 투항한다.

② 硰石사석

집해 　응소가 말했다. "硰의 발음은 '사沙'이다. 혹은 지명이라고 했다."

應劭曰 硰音沙 或曰地名

색은 　진작이 말했다. "발음은 '좌[赤座反]'이다."

晉灼 音赤座反

정의 　살펴보니 누번현 서북쪽에 있다.

按 在樓煩縣西北

③ 樓煩누번

정의 〈지리지〉에서 말한다. "안문군에 있다." 《괄지지》에서 말한다. "병주 곽현의 경내에 있다."

地理志云在鴈門郡 括地志云在并州崞縣界

④ 平城평성

정의 〈지리지〉에서 말한다. "안문군에 있다." 《괄지지》에서 말한다. "삭주 정양定襄인데 본래 한나라 평성현이다."

地理志云在鴈門郡 括地志云朔州定襄 本漢平城縣

신주 대략 태원군 북쪽이 안문군이다. 당나라 때 삭주인데, 전한前漢 때는 안문군 동쪽이 대군代郡이다.

(고조 10년) 진희陳豨를 쳐서 마읍馬邑①을 도륙했는데 장졸들이 진희의 장군 승마치乘馬絺②를 참수했다. 한왕 신과 진희와 조리趙利의 군대를 누번에서 공격해서 격파했다. 진희의 장군 송최宋最와 안문군수 흔圂③을 사로잡았다. 이를 기회로 방향을 바꿔 운중군수 속遬④과 승상 기사箕肆와 장군 훈勳⑤을 공격해서 사로잡았다. 안문군 17개 현과 운중군 12개 현을 평정했다.

이를 계기로 다시 영구靈丘⑥에서 진희를 공격해서 무너뜨리고 진희의 목을 베었으며, 진희의 승상 정종程縱과 장군 진무陳武와 도위 고사高肆를 사로잡았다. 대군代郡 9개 현을 평정했다.

擊陳豨 屠馬邑[1] 所將卒斬豨將軍乘馬絺[2] 擊韓信陳豨趙利軍於樓煩
破之 得豨將宋最鴈門守圂[3] 因轉攻得雲中守遫[4] 丞相箕肆將勳[5] 定鴈
門郡十七縣 雲中郡十二縣 因復擊豨靈丘[6] 破之 斬豨 得豨丞相程縱將
軍陳武都尉高肆 定代郡九縣

① 馬邑마읍

신주 당시 안문군 서쪽으로, 지금의 산서성 삭주시朔州市 일대이다.
한왕 신이 도읍했던 곳으로 흉노 땅에 가깝다.

② 乘馬絺승마치

집해 서광이 말했다. "성姓이 승마이다."

徐廣曰 姓乘馬

색은 치絺는 이름이다. 乘의 발음은 '승[始證反]'이다.

絺 名也 乘音始證反

신주 《사기지의》에 따르면 《한서》 〈주발전〉에서는 이름을 강강降이라
했다고 한다.

③ 圂혼

색은 혼圂은 태수의 이름이며 발음은 '혼[胡困反]'이다.

圂 守之名 音胡困反

④ 遫속

색은 발음은 '속速'이다.

音速

정의 《괄지지》에서 말한다. "운중 고성은 승주 유림현 동북쪽 40리에 있으며, 진秦나라 운중군이다."

括地志云 雲中故城在勝州榆林縣東北四十里 秦雲中郡

신주 대략 안문군 서쪽이다.

⑤ 箕肆將勳기사장훈

집해 서광이 말했다. "기箕는 다른 판본에는 '욱薁'으로 되어 있다. 훈勳은 다른 판본에서는 '전專' 또는 '전轉'으로 되어 있다."

徐廣曰 箕 一作薁 勳 一作專 一作轉

색은 유씨는 '사肆는 가장 통상적인 발음으로 읽는다.'라고 했고 포개는 발음이 '아[以四反]'라고 했다. 《한서》에서 훈勳은 또한 '박博'으로 되어 있는데, 아울러 잘못되었을 뿐이다.

劉氏肆音如字 包愷音以四反 漢書勳 亦作博字 竝誤耳

⑥ 靈丘영구

색은 〈지리지〉에 따르면 현 이름이고 대군에 속한다.

地理志縣名 屬代郡

정의 《괄지지》에서 말한다. "영구 고성은 울주 영구현 동쪽 10리에 있는데 한나라 현이다."

括地志云 靈丘故城在蔚州靈丘縣東十里 漢縣也

> 연왕 노관盧綰이 배반하자 주발은 상국相國 신분으로 번쾌를 대
> 신해 장수가 되어[1] 계薊를 공격해 함락하고, 노관의 대장 지抵와
> 승상 언偃과 태수 형陘[2]과 태위 약弱과 어사대부 시施를 사로잡
> 았고 혼도渾都를 도륙했다.[3] 노관의 군사를 상란上蘭[4]에서 쳐부
> 수고 다시 노관의 군대를 저양沮陽[5]에서 격파했다.
>
> 燕王盧綰反 勃以相國代樊噲將[1] 擊下薊 得綰大將抵丞相偃守陘[2]太
> 尉弱御史大夫施 屠渾都[3] 破綰軍上蘭[4] 復擊破綰軍沮陽[5]

① 勃以相國代樊噲將발이상국대번쾌장

신주 주발이 번쾌를 대신한 것은 〈진승상세가〉와 〈번쾌등관열전〉에
나온다. 여기서 상국은 절節을 지닌 임시 상국으로, 번쾌에게 맡겨 연나
라를 정벌하도록 출정시켰다. 그러나 번쾌가 고조를 비방한다는 참소에
따라 고조는 진평과 주발에게 번쾌를 죽이게 하고 주발에게 대신 연나
라를 공격하게 한다. 이때의 상국은 소하蕭何였다. 번쾌는 장안으로 잡혀
가고 주발이 상국의 신분으로 연나라를 쳤다.

② 守陘수형

집해 장안이 말했다. "(형은) 노관의 군수이고 형陘은 그의 이름이다."
張晏曰 盧綰郡守 陘其名

신주 연나라 수도 계薊가 속한 광양군이다.

③ 施 屠渾都시 도혼도

집해 서광이 말했다. "상곡군에 있다."

徐廣曰 在上谷

색은 시施는 이름이다. 도屠는 없애는 것이다. 〈지리지〉에서 혼도현은
상곡군에 속한다. 일설에는 "어사대부의 성이 시도施屠이고, 이름이 혼도
渾都이다."라고 했다.

施 名也 屠 滅之也 地理志渾都縣屬上谷 一云 御史大夫姓施屠 名渾都

정의 《괄지지》에서 말한다. "유주 창평현은 본래 한나라 혼도현이다."

括地志云 幽州昌平縣 本漢渾都縣

신주 《한서》〈지리지〉와 《후한서》〈군국지〉에서는 혼도가 아니라 군도
軍都라고 나온다. 《사기지의》에서도 '군도현'이라고 한다.

④ 上蘭상란

정의 《괄지지》에서 "규주 회융현 동북쪽에 마란계수馬蘭谿水가 있다."
라고 하는데 아마 이곳일 것이다.

括地志云嬀州懷戎縣東北有馬蘭谿水 恐是也

⑤ 沮陽저양

집해 서광이 말했다. "상곡군에 있다." 살펴보니 복건은 沮의 발음은
'조阻'라고 했다.

徐廣曰 在上谷 駰案 服虔曰沮音阻

색은 살펴보니 〈지리지〉에서 "저양현은 상곡군에 속한다."라고 하였다.

按 地理志沮陽縣屬上谷

정의 《괄지지》에서 말한다. "상곡군 고성은 규주 회융현 동북쪽 120리
에 있다. 연나라 상곡군이었는데 진秦이 그대로 두고 고치지 않았다. 한
漢나라에서 저양현으로 만들었다."

括地志云 上谷郡故城在嬀州懷戎縣東北百二十里 燕上谷 秦因不改 漢爲沮陽縣

신주 전국시대 연나라의 강역은 제齊나라나 조趙나라에 비해 상당히 작았다. 진秦나라 천하통일 이후 그 연나라에 많은 군郡을 설치한 것은 연나라에 두었던 7개 군(광양, 탁, 상곡, 어양, 우북평, 요서, 요동)을 그대로 인수하여 고치지 않았기 때문이다. 당연히 고대의 요수는 난하灤河일 수밖에 없으며, 요서와 요동은 그 하류 좌우에 있었다. 고대의 요동과 현대의 요동은 지리적 위치가 다르다. 〈조선열전〉에서 연왕 노관이 흉노로 들어가자 그 수하의 위만이 동쪽으로 가서 조선에 투항하는 것으로 나온다. 주발이 공격하는 지역이 대부분 지금의 북경 부근이라는 점에서 위만이 투항한 조선은 북경에서 동쪽으로 그리 멀지 않은 곳에 있었을 것이다. 지금의 평안남도 평양이라는 기존의 견해는 정치적·지리적으로 전혀 타당성이 없다.

(연나라 군대를) 추격해 장성[1]에 이르러 상곡군 12개 현을 평정하고 우북평 16개 현과 요서, 요동의 29개 현과 어양의 22개 현을 평정했다.

무릇 고제高帝(고조)를 따라서[2] 상국 1인, 승상 2인, 장군과 2,000석에 해당하는 자 3인을 사로잡았다. (고제와) 별도로 2개 군대를 격파하고 3개 성을 함락했으며, 5군과 79개 현을 평정했다. 승상과 대장을 각 1명씩 사로잡았다.

追至長城[1] 定上谷十二縣 右北平十六縣 遼西遼東二十九縣 漁陽

二十二縣 最從高帝^②得相國一人 丞相二人 將軍二千石各三人 別破軍
二 下城三 定郡五 縣七十九 得丞相大將各一人

① 長城장성

정의 곧 마읍馬邑의 장성을 또한 연燕의 장성이라고도 부른다. 규주 북
쪽에 있는 것이 지금의 이곳이다.

即馬邑長城 亦名燕長城 在嬀州北 今是

신주 현재 장성의 동쪽 끝은 하북성 진황도시 산해관山海關인데 명나
라 때 쌓은 것이다. 그 이전의 장성은 산해관까지도 오지 못했으니 진나
라 만리장성이 지금의 황해도 수안이나 평양까지 왔다는 견해들이 얼마
나 실제 역사 및 사료에 어긋나는지 쉽게 알 수 있다.

본문의 내용처럼 주발이 노관의 연나라를 공격하면서 요서와 요동의
29개 현을 평정했다고 한다. 그 위치는《대명일통지大明一統志》〈영평부
永平府〉'명환한조名宦漢條'에 "주발이 상국으로서 장수가 되어 노관의 군
사를 추격하여 격파하고 장성에 이르러 우북평 16개 현, 요동 29개 현을
평정했다."라고 한다. 명나라 때 영평부는 그 치소가 현재의 하북성 노
룡현盧龍縣이었고, 그 강역은 지금의 당산시 일부와 진황도시 전체였다.
이는 한나라 초의 요동과 요서는 난하유역에 있었음을 나타내고 있고,
요동까지 쌓았다는 진 장성도 이 지역에 있었음을 말해주고 있다.

② 最從高帝최종고제

색은 최最는 '모두'라는 뜻이다. 고조를 따라 공격하고 싸우고 승리하
고 포로를 사로잡은 수치를 통틀어 말한 것이다.

最 都凡也 謂總擧其從高祖攻戰克獲之數也

> 주발은 사람됨이 나무처럼 강직하면서도 돈후해서 고제는 큰일
> 을 맡길 만하다고 여겼다. 주발은 문학을 좋아하지 않았고 매번
> 여러 유생儒生과 유세하는 인사를 불러서는 동면東面하고 앉아
> 서① "나를 위해 빨리 의견을 내시오."라고 재촉했다. 그가 질박
> 하고 문장이 적은 것이 이와 같았다.②
> 勃爲人木彊敦厚 高帝以爲可屬大事 勃不好文學 每召諸生說士 東鄉
> 坐而責之① 趣爲我語 其椎少文如此②

① 東鄉坐而責之동향좌이책지

집해 여순이 말했다. "주발은 스스로 동쪽으로 향하고 앉아서 유생들
과 유세객을 재촉해 손님과 주인의 예로써 하지 않았다."
如淳曰 勃自東鄉坐 責諸生說士 不以賓主之禮

② 其椎少文如此기추소문여차

집해 신찬이 말했다. "직언直言만 하게 하고 경서經書를 일컫지 말라고
한 것이다." 위소가 말했다. "쇠몽치는 구부려 휘지 못하는 것으로, 주발
은 곧은 것이 쇠몽치 같았다."
瓚曰 令直言 勿稱經書也 韋昭曰 椎不橈曲 直至如椎

색은 대안大顔이 말했다. "세속에서는 어리석은 것을 둔추鈍椎라고 한다.
椎의 발음은 '주[直追反]'이다." 지금 살펴보니 추椎는 가장 통상적인 발음

으로 읽는다. 주발은 유세하는 인사들을 불러 동쪽을 향해 앉고 재촉해 "빨리 나를 위해 의견을 내시오."라고 했다. 이는 그의 성품이 질박하며, 이로 미루어 그의 문장이 적은 것이 모두 이와 같다고 한 것이다.

大顔云 俗謂愚爲鈍椎 音直追反 今按 椎如字讀之 謂勃召說士東向而坐 責之 云趣爲我語 其質樸之性 以斯推之 其少文皆如此

신주 대안은 안사고顔師古의 숙부 안유진顔遊秦을 가리킨다. 소안小顔 은 안사고를 가리킨다. 안사고의 증손자뻘이 안진경顔眞卿이다.

주발이 연나라를 평정하고 돌아오니 고조는 이미 붕어한 뒤였다. 열후 신분으로 효혜제를 섬겼다.

효혜제 6년, 태위太尉의 관직을 설치하고[①] 주발을 태위로 삼았다. 10년 만에 고후高后가 붕어했다. 여록呂祿은 조왕趙王으로서 한나 라 상장군이 되고, 여산呂産은 여왕呂王으로 한나라 상국相國이 되어 한나라의 권력을 잡고 유씨劉氏들을 위태롭게 하고자 했다. 주발은 태위가 되었지만 군문軍門으로 들어갈 수 없었고[②] 진평 陳平은 승상이 되었지만 정사를 맡지 못했다. 이에 주발은 진평과 모의해서 마침내 여씨들을 주벌하고 효문황제를 세웠다. 그 이야 기는 〈여태후본기〉와 〈효문본기〉의 사적事跡 안에 있다.

勃旣定燕而歸 高祖已崩矣 以列侯事孝惠帝 孝惠帝六年 置太尉官[①] 以 勃爲太尉 十歲 高后崩 呂祿以趙王爲漢上將軍 呂産以呂王爲漢相國 秉漢權 欲危劉氏 勃爲太尉 不得入軍門[②] 陳平爲丞相 不得任事 於是 勃與平謀 卒誅諸呂而立孝文皇帝 其語在呂后孝文事中

① 置太尉官치태위관

[집해] 서광이 말했다. "〈고조공신후자연표〉와 〈한흥이래장상명신표〉에 는 모두 고후 4년에 비로소 태위를 설치했다."고 되어 있다.

徐廣曰 功臣表及將相表皆高后四年始置太尉

[정의] 아래에는 "주발이 태위가 되고 10년 만에 고후가 붕어했다."라고 했다. 살펴보니 효혜제 6년부터 고후 8년에 붕어하기까지가 10년일 따 름이다. (서광은) 〈고조공신후자연표〉와 〈한흥이래장상명신표〉에는 고후 4년에 태위의 관직을 설치했다고 했는데, 자세하지 못하다.

下云以勃爲太尉 十歲高后崩 按 孝惠六年[至]高后八年崩 是十年耳 而功臣表 及將相表云高后四年置太尉官 未詳

[신주] 현재 중화서국본 〈고조공신후자연표〉에는 서광의 말처럼 되어 있지만 〈한흥이래장상명신연표〉에 고후 4년에 태위를 처음 설치했다는 말은 없다.

② 勃爲太尉 不得入軍門발위태위 부득입군문

[신주] 주발은 태위太尉(군사를 관장하는 최고위직)에 임명되었지만 여록과 여산이 군권을 장악하고 있어 군문軍門에 출입할 수 없었음을 나타낸 다. 태위라도 군령권軍令權이 있어야 군사를 움직일 수 있다. 태위는 평 소에 군무권軍務權을 가질 뿐이다. 다만 이때는 한나라 초기여서 아직 제대로 업무분장이 되어 있지 않아서 태위 역시 군령권을 가졌다고 보 인다.

문제는 즉위하고 나서 주발을 우승상으로 삼아[1] 황금 5,000근과 식읍 1만 호를 주었다. 한 달 남짓 되어[2] 어떤 사람이 주발을 설득했다.

"군君께서 여러 여씨를 주륙하고 대왕代王을 세워 위세가 천하를 떨게 했고, 군께서 후한 상을 받고 높은 지위에 처하는 총애를 입었지만 오래가면 곧 재앙이 그대 몸에 이를 것이오.[3]"

주발이 두려워하고 또한 스스로 위태롭다고 여겼다. 이에 승상 인수를 돌려보내고 사직하기를 청하니 주상이 허락했다. 한 해 남짓 되어[4] 승상 진평이 죽자 주상이 다시 주발을 승상으로 삼았다. 10여 개월이 지났을 때 주상이 말했다.

"지난날 내가 열후들에게 조서를 내려 봉국으로 가라고 했는데도 혹 가지 않은 자도 있소. 승상은 내가 소중히 여기는 사람이니 솔선해 주시오."

이에 주발은 승상의 직분을 내놓고 봉국으로 나아갔다.

文帝既立 以勃爲右丞相[1] 賜金五千斤 食邑萬戶 居月餘[2] 人或說勃曰 君旣誅諸呂 立代王 威震天下 而君受厚賞 處尊位 以寵 久之卽禍及身矣[3] 勃懼 亦自危 乃謝請歸相印 上許之 歲餘[4] 丞相平卒 上復以勃爲丞相 十餘月 上曰 前日吾詔列侯就國 或未能行 丞相吾所重 其率先之 乃免相就國

① 以勃爲右丞相이발위우승상

신주 〈진승상세가〉에서는 진평이 주발의 공을 더 앞세워 우승상右丞相을 양보한 것으로 나온다.

② 居月餘거월여

신주 《사기지의》에서 말한다. "〈문제기〉와 《한서》〈백관표〉에서 주발이 승상이 된 것은 문제 원년 10월이고 면직된 것은 8월이니 앞뒤로 총 11개월인데, 어찌 '월여月餘'라 하는가? 《한서》〈주발전〉에서 '거십일월居十一月'이라고 한 것이 옳다." 이때는 정월이 10월이니, 10월부터 8월까지는 11개월이 된다.

③ 久之即禍及身矣구지즉화급신의

신주 이 말은 도가道家 사상으로 한나라 초기에 도가 사상이 유행했음을 보여준다. 한편 〈진승상세가〉에서는 주발이 진평보다 못함을 깨우치고 스스로 그만두었다고 하였다.

④ 歲餘세여

신주 《사기지의》에서 말한다. "주발은 문제 원년 8월에 승상에서 면직되고, 진평은 2년 10월에 죽었다. 그러므로 그 사이는 한 달 벌어지는데, 어찌 '세여歲餘'라 하는가? 당연히 '월여月餘'라 할 것을 착오한 것이다."

한 해 남짓 매번 하동河東의 군수와 군위가 현을 순행하다가 강絳에 이르렀다. 강후 주발은 스스로 죽임을 당할까 봐 두려워 늘 갑옷을 입고 있었고, 가인家人들에게도 무기를 휴대하고 그를 만나게 했다.

그 뒤 주발이 반란을 일으키고자 한다고 글을 올려 고하는[1] 사람이 있었다. 그 사건이 정위廷尉에게 내려졌다. 정위는 그 일을 장안의 (옥리에게) 하달하고 주발을 체포해 다스리게 했다. 주발은 두려워서 변론하는 것을 알지 못했다. 옥리는 점점 더 그에게 모욕을 주었다. 주발이 1,000금을 옥리에게 주자, 옥리는 곧 문서 뒷면에 써서 보여주며[2] "공주를 증인으로 삼으시오."라고 했다.

공주는 효문제의 딸로, 주발의 태자 승지勝之가 공주에게 장가들었다.[3] 그러므로 옥리가 증인으로 삼게 가르쳐 이끈 것이다.

歲餘 每河東守尉行縣至絳 絳侯勃自畏恐誅 常被甲 令家人持兵以見之 其後人有上書告勃欲反[1] 下廷尉 廷尉下其事長安 逮捕勃治之 勃恐不知置辭 吏稍侵辱之 勃以千金與獄吏 獄吏乃書牘背示之[2] 曰以公主爲證 公主者 孝文帝女也 勃太子勝之尚之[3] 故獄吏教引爲證

① 上書告勃欲反상서고발욕반

집해 서광이 말했다. "문제 4년 때다."

徐廣曰 文帝四年時

② 獄吏乃書牘背示之옥리내서독배시지

집해 이기가 말했다. "옥리가 장부를 가진 것이다." 위소가 말했다. "독판牘版(문서의 판)이다."

李奇曰 吏所執簿 韋昭曰 牘版

색은 부부簿는 곧 문서이다. 그러므로 《삼국지》〈위지〉에서 "진복秦宓이

문서로 뺨을 치다."라고 했는데 곧 또한 간독簡牘의 종류이다.

簿即牘也 故魏志秦宓以簿擊頰 則亦簡牘之類也

신주 주석에 인용한 진복의 일화는 《삼국지》〈촉지 진복〉에 나온다.

③ 尙之상지

집해 위소가 말했다. "상尙은 받드는 것이다. (공주이므로) 감히 처로 삼는다고 말하지 못한 것이다."

韋昭曰 尙 奉也 不敢言娶

주발은 봉함을 받을 때 하사받은 물건들에 더해서 모두 박소薄昭①에게 주었다. 옥사가 급박하게 되자 박소는 박태후薄太后에게 말했다. 태후도 반역할 일이 없다고 여겼다. 문제가 조회하자 태후는 모서冒絮(두건)를 문제에게 던지며② 말했다.

"강후가 황제의 옥새를 가지고③ 북군北軍에서 병사를 인솔했지만 이때도 반역하지 않았는데 지금 하나의 작은 현에 살면서 반역하고자 생각했겠소?"

문제는 이미 강후를 취조한 문서를 보았으므로 이에 사죄했다.

"옥리가 마침 증거로 삼아 보낸 것입니다."

이에 사신에게 지절을 들려 보내 강후를 사면시키고 작위와 봉읍을 되돌려 주었다. 강후가 나오고 나서 말했다.

"내가 일찍이 100만의 군사를 거느려봤으나 어찌 옥리가 귀하다는 것을 알았겠는가."

勃之益封受賜 盡以予薄昭^① 及繫急 薄昭爲言薄太后 太后亦以爲無反
事 文帝朝 太后以冒絮提文帝^② 曰 絳侯綰皇帝璽^③ 將兵於北軍 不以此
時反 今居一小縣 顧欲反邪 文帝旣見絳侯獄辭 乃謝曰 吏(事)方驗而出
之 於是使使持節赦絳侯 復爵邑 絳侯旣出 曰 吾嘗將百萬軍 然安知獄
吏之貴乎

① 薄昭박소

신주 문제의 어머니 박태후의 동생이다.

② 以冒絮提文帝이모서제문제

집해 서광이 말했다. "提의 발음은 '제弟'이다." 살펴보니 응소가 말했다.
"이마에 쓰는 두건(맥안서陌額絮)이다." 여순이 말했다. "태후가 화가 나서
손에 잡히는 좌우의 물건을 집어서 던진 것이다." 진작이 말했다. 《파촉
이물지》에서 '머리 위에 쓰는 두건(두상건頭上巾)을 모서라고 한다.'라고 이
른다."

徐廣曰 提音弟 駰案 應劭曰陌額絮也 如淳曰太后恚怒 遭得左右物提之也 晉
灼曰巴蜀異物志謂頭上巾爲冒絮

색은 복건은 "윤서綸絮(두건)이다. 提의 발음은 '제弟' 또는 '제啼'이다."
라고 했는데, 그릇된 것이다. 소해는 발음을 '저底'라고 했다. 제提는 던진
다는 뜻이다. 그래서 소해가 주장한 발음이 뜻을 얻었다. 에恚는 성내다,
조遭는 만나다는 뜻이다. 태후가 성을 내고 곧 모서冒絮가 손에 잡혀서
이를 문제에게 던진 것이다. 陌의 발음은 만맥蠻貊의 '맥貊'이다. 《방언》
에서 말한다. "몽건幪巾(머리에 쓰는 두건)을 남쪽 초나라 땅 사이에서는 맥액

陌額이라고 한다.”

服虔云緜 絮也 提音弟 又音啼 非也 蕭該音底 提者 擲也 蕭音爲得 恚者 嗔也
遭者 逢也 謂太后嗔 乃逢冒絮 因以提帝 陌音蠻貊 之貊 方言云幰巾 南楚之間
云 陌額也

③ 絳侯綰皇帝璽강후관황제새

집해 응소가 말했다. “주발은 여씨들을 주륙하고 소제少帝를 폐하였으며 손수 옥새를 가졌을 때도 오히려 반역하지 않았는데 하물며 지금 다시 다른 마음이 있겠느냐는 말이다.”

應劭曰 言勃誅諸呂 廢少帝 手貫璽時尚不反 況今更有異乎

강후는 다시 봉국으로 나아갔다.

효문제 11년에 죽었는데 시호를 무후武侯라고 했다. 아들 승지勝之가 후를 이었다.

6년, 공주에게 장가들었으나 서로 뜻이 맞지 않았고,① 살인 사건에 연루되어 봉국이 없어졌다. 1세 만에 단절되자 문제는 강후 주발의 아들 중에 현명한 하내군수 주아부周亞夫를 선택해 조후條侯②로 봉해 강후의 뒤를 계승하게 했다.

絳侯復就國 孝文帝十一年卒 謚爲武侯 子勝之代侯 六歲 尙公主 不相中① 坐殺人 國除 絶一歲 文帝乃擇絳侯勃子賢者河内守亞夫 封爲條侯② 續絳侯後

① 不相中불상중

집해 여순이 말했다. "서로 합당하지 않다는 말과 같다."

如淳曰 猶言不相合當

신주 주승지가 장가든 공주는 문제의 차녀이다. 장녀는 당읍후堂邑侯 진오陳午에게 시집가서 '당읍장공주'라고 불린다. 주승지는 문제 후원년에 작위를 잃었다.

② 條侯조후

집해 서광이 말했다. "《한서》〈제후표〉에는 모두 '修脩'로 되어 있다." 살펴보니, 복건이 말했다. "脩의 발음은 '조條'이다."

徐廣曰 表皆作脩字 駰案 服虔曰脩音條

색은 〈지리지〉에 따르면 조현은 발해군에 속한다.

地理志條縣屬渤海郡

정의 《괄지지》에서 말한다. "옛 조성篠城을 세속에서는 남조성南條城이라고 하는데, 덕주 조현 남쪽 12리에 있다. 한나라 현이다."

括地志云 故篠城俗名南條城 在德州篠縣南十二里 漢縣

신주 주아부가 조후에 봉해진 시기를, 《사기》〈고조공신후자연표〉에서는 문제 후 2년이라 하고, 《한서》〈공신표〉에서는 후 3년이라고 하여, 1년 차이가 난다. 또 《한서》〈공신표〉에서는 주아부가 18년에 봉국을 잃었다고 하니, 계산하면 경제 중 6년이다.

주아부의 성공과 실패

조후條侯 주아부는 제후가 되지 못하고 하내군수가 되었을 때, 허
부許負가 관상을 보며[①] 말했다.

"군君께서는 3년 뒤에는 제후가 될 것이오. 제후가 되고 8년 뒤에
는 장상將相이 되어 국가의 권력을 쥐고[②] 귀하게 되어 인신人臣으
로는 둘이 없을 것이오. 그 후 9년에 군은 굶주려 죽을 것이오."

條侯亞夫自未侯爲河內守時 許負相之[①] 曰 君後三歲而侯 侯八歲爲將
相 持國秉[②] 貴重矣 於人臣無兩 其後九歲而君餓死

① 許負相之허부상지

색은 응소가 말했다. "허부는 하내군 온溫 사람이고 늙은 여인이다."
요씨가 살펴보니 《초한춘추》에서는 고조가 허부를 명자정후鳴雌亭侯로
봉했다고 했는데, 이것으로 부인婦人이 또한 봉읍이 있었다는 것을 알
수 있다.

應劭云 負 河內溫人 老嫗也 姚氏按 楚漢春秋高祖封負爲鳴雌亭侯 是知婦人
亦有封邑

신주 〈외척세가〉에 나온 박태후의 관상을 본 그 허부일 것이다.

② 秉병

색은 秉의 발음은 '병柄'이다.

音柄

주아부가 웃으며 말했다.

"신臣의 형이 이미 아버지의 후작을 계승했소. 만약 형이 죽는다면 그의 자식이 당연히 계승할 텐데 내가 어찌 후작이 된다고 말하시오? 그러나 이미 내가 할머니의 말처럼 귀하다면 또 어찌 굶주려 죽는다고 말하는 것이오. 나에게 가르쳐 주시오."

허부가 주아부의 입을 가리키며 말했다.

"세로 주름이 입안으로 들어갔으니① 이것은 굶어 죽는 상법相法이라오."

태수로 있은 지 3년, 그의 형 강후 주승지가 죄가 있어서 효문제는 강후 주발의 아들 가운데 어진 자를 택하게 했는데 모두 주아부를 추천했다. 이에 주아부를 조후條侯로 봉해서 강후의 뒤를 계승하게 했다.

亞夫笑曰 臣之兄已代父侯矣 有如卒 子當代 亞夫何說侯乎 然旣已貴 如負言 又何說餓死 指示我 許負指其口曰 有從理入口① 此餓死法也 居三歲 其兄絳侯勝之有罪 孝文帝擇絳侯子賢者 皆推亞夫 乃封亞夫 爲條侯 續絳侯後

① 從理入口종리입구

從의 발음은 '종[子容反]'이다. 종리從理(세로 주름), 횡리橫理(가로 주름)
이다.

從音子容反 從理 橫理

코와 광대 사이의 주름을 법령문法令紋이라고 하는데, 이 주름이
입안으로 들어가면 그 사람은 굶어 죽는다는 관상법이 있다.

효문제 후원後元 6년, 흉노가 대대적으로 변방을 침입했다. 이에
종정宗正 유례劉禮[1]를 장군으로 삼아 패상霸上[2]에 주둔시키고,
축자후 서려徐厲[3]를 장군으로 삼아 극문棘門[4]에 주둔시키고, 하
내군수 주아부를 장군으로 삼아 세류細柳[5]에 주둔시켜 흉노에
대비했다.

문제가 스스로 군대를 위문했다. 패상과 극문의 군문軍門에 이르러
곧바로 말을 달려 들어가자 장수 이하 기병들이 맞이하고 전송했
다. 이윽고 세류군에게 갔는데, 군사들과 관리들이 갑옷을 입고 예
리한 병기를 지녔고 활과 쇠뇌를 당기는데[6] 군문에 가득했다. 천
자의 선구先驅가 이르렀으나 들어갈 수가 없었다. 선구가 말했다.

"천자께서 장차 이르실 것이다."

군문 도위都尉가 말했다.

"장군께서 명령하시길 '군중軍中에서는 장군의 명령만 듣지 천자
의 조서는 듣지 않는다.'[7]라고 했습니다."

文帝之後六年 匈奴大入邊 乃以宗正劉禮[1]爲將軍 軍霸上[2] 祝茲侯徐
厲[3]爲將軍 軍棘門[4] 以河内守亞夫爲將軍 軍細柳[5] 以備胡 上自勞軍

至霸上及棘門軍 直馳入 將以下騎送迎 已而之細柳軍 軍士吏被甲 銳

兵刃 彀⑥弓弩 持滿 天子先驅至 不得入 先驅曰 天子且至 軍門都尉曰

將軍令曰 軍中聞將軍令 不聞天子之詔⑦

① 宗正劉禮종정유례

신주 초나라 초대 제후왕이던 원왕元王 유교劉交의 아들이다. '오초칠
국의 난' 이후 제거당한 유무劉戊를 대신해 초왕이 되었다가 3년 만에 죽
고 문왕文王이란 시호를 받는다. 〈초원왕세가〉에 자세히 나온다.

② 霸上패상

정의 《묘기》에서 말한다. "패릉은 곧 패상이다." 살펴보니 패릉성은
옹주 만년현 동북쪽 25리에 있다.

廟記云 霸陵即霸上 按 霸陵城在雍州萬年縣東北二十五里

③ 祝玆侯徐厲축자후서려

신주 〈혜경간후자연표〉에서는 송자후松玆侯 서려라고 한다. 서광의
주석에서 '다른 판본에는 축祝'이라 하고, 《한서》〈제후표〉에도 축자후
라고 한다. 원래 축자후는 여태후 맏동생의 아들 여영呂榮이었는데 여
태후가 죽은 뒤에 바로 제거된다. 그 뒤 무제 원정 원년, 교동강왕의 아
들 유연劉延을 축자후로 봉한다. 서려의 손자 서언徐偃은 무제 건원 원년
에 제후를 박탈당하고, 중간에 서려가 축자후가 되었을 수도 있다. 하지
만 서려는 여태후 4년에 제후가 되어 축자후 여영과 겹치므로 '송자후'
가 맞을 것이다. 《사기지의》에 따르면 축자는 낭야군, 송자는 여강군에

속하여 확연히 다른데, 서려는 송자후가 옳다고 단언한다. 한편 〈혜경간
후자연표〉와 《한서》 〈공신표〉에 따르면 서려는 문제 6년에 죽으므로,
이때 당시 송자후는 아들 도悼가 된다. 〈문제기〉 서광 주석에는 한悍이
라고 한다.

④ 棘門극문

정의 맹강이 말했다. "진秦나라 때의 궁宮이다." 《괄지지》에서 말한다.
"극문은 위수 북쪽 10여 리에 있으며 진왕秦王의 문 이름이다."
孟康云 秦時宮也 括地志云 棘門在渭北十餘里 秦王門名也

⑤ 細柳세류

정의 《괄지지》에서 말한다. "세류창은 옹주 함양현 서남쪽 20리에
있다."
括地志云 細柳倉在雍州咸陽縣西南二十里也

⑥ 彀구

색은 구彀는 당기는 것이다.
彀者 張也

⑦ 軍中聞將軍令不聞天子之詔군중문장군령불문천자지소

색은 《육도》에서 말한다. "군중軍中의 일에서는 군수의 명을 듣지 않
는다."
六韜云 軍中之事 不聞君命

얼마 되지 않아서 주상이 이르렀지만 또 들어갈 수가 없었다. 이에 주상은 사신에게 부절符節을 지니고 가서 장군에게 조서를 내려 "내가 들어가 군사들을 위로하고자 한다."라고 전하게 했다. 주아부는 곧바로 말을 전해서 벽문壁門을 열게 했다. 또 벽문을 지키는 군관이 주상을 따르는 수레와 기병들에게 말했다.

"장군의 규약에 군대 안에서는 말을 달리지 못하도록 하고 있습니다."

이에 천자는 말고삐를 잡고 천천히 갔다. 군영에 이르자 장군 주아부가 병기를 가지고 읍揖하면서 말했다.

"갑옷 입은 군사는 절을 하지 않습니다.[1] 청컨대 군례軍禮로써 뵙겠습니다."

居無何 上至 又不得入 於是上乃使使持節詔將軍 吾欲入勞軍 亞夫乃傳言開壁門 壁門士吏謂從屬車騎曰 將軍約 軍中不得驅馳 於是天子乃按轡徐行 至營 將軍亞夫持兵揖曰 介胄之士不拜[1] 請以軍禮見

[1] 介胄之士不拜개위지사불배

집해 응소가 말했다. "《예기》에서 '갑옷 입은 자는 절하지 않는다.'라고 한다."

應劭曰 禮介者不拜

색은 응소가 말했다. "《좌전》에서 '진晉나라 극극郤克이 세 번 사자에게 숙肅하고 물러났다.'라고 했는데 두예의 주석에 '숙肅은 지금의 의擑(읍)와 같다.'라고 했다. 정중은 《주례》의 '숙배肅拜'에 주석하기를 '다만 고개를 숙이고 손을 내리는 것으로 지금의 의擑가 이것이다.'라고 했다."

應劭云 左傳 晉郤克三肅使者而退 杜預注 肅 若今撎 鄭衆注周禮 肅拜云 但俯
下手 今時撎是

천자는 감동해서 용모를 고치고 수레 앞 횡목에 숙여 기대서[①] 사
람을 시켜 사례하고는 "황제는 장군의 노고를 공경한다."라고 칭
찬하고 예를 마치고 떠났다. 군문을 나서자 신하들은 모두 놀랐
다. 문제가 말했다.

"아! 이 사람은 진정한 장군이로다. 지난번의 패상이나 극문의 군
대는 마치 어린아이의 장난과 같았을 뿐이니 (흉노가) 장차 습격하
면 사로잡힐 것이다. 주아부에 이르러서는 잡거나 침범할 수 있겠
는가."

오래도록 잘했다고 칭찬했다. 한 달 남짓 되어 3군은 모두 해산되
었다.[②] 이에 주아부를 중위中尉에 제수했다.[③]

天子爲動 改容式車[①] 使人稱謝 皇帝敬勞將軍 成禮而去 旣出軍門 群
臣皆驚 文帝曰 嗟乎 此眞將軍矣 曩者霸上棘門軍 若兒戲耳 其將固可
襲而虜也 至於亞夫 可得而犯邪 稱善者久之 月餘 三軍皆罷[②] 乃拜亞
夫爲中尉[③]

① 式車식거

색은 식軾은 수레 앞의 가로목이다. 만약 주상이 공경할 일이 있으면
몸을 숙이고 기대는 것이다.

軾者 車前橫木 若上有敬 則俯身而憑之

② 三軍皆罷삼군개파

신주 서기전 158년 흉노의 묵특선우가 죽자 노상선우가 즉위하여 대대적으로 침입했다. 효문제는 위의 3군으로 국도國都를 지키는 최후의 보루堡壘로 삼았다. 그러나 변방에서 흉노 문제를 해결함으로써 3군을 해산했다.

③ 中尉중위

정의 《한서》〈백관표〉에서 말한다. "중위는 진秦나라 관직이며 경사京師의 순찰을 관장한다. 무제 태초 원년, 이름을 집금오執金吾로 고쳤다." 응소가 말했다. "오吾는 어禦이다. 집금오를 관장해 비상非常을 방어하는 것이다." 안사고가 말했다. "금오金吾는 새의 이름이고 상서롭지 못한 것을 피하는 것을 주관한다. 천자가 출행하면 선도先導를 주관하는 직분으로 비상에 대비한다. 그러므로 이는 새를 잡는 것을 본뜬 것을 관직의 이름으로 삼은 것이다."

漢書百官表云 中尉 秦官 掌徼巡京師 武帝太初元年 更名執金吾 應劭云 吾者 禦也 掌執金吾以禦非常 顏師古云 金吾 鳥名 主辟不祥 天子出行 職主先導 以備非常 故執此鳥之象 因以名官也

효문제가 장차 붕어하려고 할 내 태자를 깨우치며 말했다.
"곧 위급한 일이 있으면 주아부는 참으로 군대를 거느려 맡을 만하다."
문제가 붕어하자 주아부를 제수해 거기장군으로 삼았다.

효경제 3년, 오吳와 초楚가 반역하자 주아부는 중위中尉로서 태위
太尉^①의 직분을 수행하면서 동진하여 오와 초를 공격했다. 이를
기회로 스스로 경제에게 청해 말했다.

"초나라 병사들은 사납고 날래서^② 어울려 예봉을 다투기 어렵습
니다. 원컨대 양梁나라는 놓아두고^③ 그(초나라) 식량 운송로를 끊
으면 곧 제압할 수 있을 것입니다."

경제가 허락했다.

孝文且崩時 誠太子曰 即有緩急 周亞夫眞可任將兵 文帝崩 拜亞夫爲
車騎將軍 孝景三年 吳楚反 亞夫以中尉爲太尉^① 東擊吳楚 因自請上曰
楚兵剽輕^② 難與爭鋒 願以梁委之^③ 絶其糧道 乃可制 上許之

① 太尉태위

정의 《한서》〈백관표〉에서 말했다. "태위는 진나라 관직으로 무사武事
를 관장한다. 무제 원수 4년, 대장군대사마를 설치했다." 곧 지금의 12위
대장군과 병부상서兵部尚書이다.

漢書百官表云 太尉 秦官 掌武[事] 元狩四年置大將軍大司馬 即今十二衛大將
軍及兵部尚書也

신주 전한 때는 아직 군무권을 지닌 태위와 군령권을 지닌 장군의 경
계가 뚜렷하지 않았다. 후한 이후로 태위가 대사마 혹은 사마로 바뀌면
서 업무 영역이 뚜렷해졌다.

② 剽輕표경

색은 《한서》에는 주아부가 회양淮陽(실제로는 형양滎陽)에 이르러 등도위

鄧都尉에게 물어서 이 계획을 꾀하자 아부가 따랐다고 한다. 지금 이곳에서 '자청自請'이라고 한 것은 아마도 이 또한 들은 것이니 의심스럽고 전한 것도 의심스러운데, 《한서》가 그 진실을 얻은 것을 이른 것이다. 剽는 '표[疋妙反]'로 발음하고, 경輕은 거성을 좇아 읽는다.

漢書亞夫至淮陽 問鄧都尉 爲畫此計 亞夫從之 今此云自請者 蓋此亦聞疑而傳疑 漢史得其實也 剽音疋妙反 輕讀從去聲

신주 《한서》〈주아부전〉에 따르면 이때 또 조섭차趙涉遮의 의견에 따라 주아부는 오나라 간첩들의 눈을 피하려고 남쪽 무관武關을 통해 낙양에 이른다. 주아부는 계책을 낸 조섭차를 호군護軍으로 삼는다.

③ 梁委之양위지

색은 양나라는 오나라를 맡아서 그들 군사가 지나갈 수 없도록 하는 것을 이른다. 또한 '뇌餒'로 된 것도 있는데 발음 또한 통한다.

謂以梁委之於吳 使吳兵不得過也 亦有作餒音 亦通

신주 오초 군사들의 주력은 형양으로 가는 길목인 양나라 수도 수양睢陽을 집중적으로 공격하고 있었지만, 주아부는 양나라를 내버려두고 오초의 후방을 노리고 있었다.

태위 주아부가 이미 군사를 형양滎陽에 집결했는데,[①] 오나라가 마침 양나라를 공격하니 양나라는 급히 구원을 요청했다. 태위는 군사를 인솔해 동북쪽의 창읍昌邑[②]으로 달려가 진영을 깊숙이 지켰다.

양나라에서 날마다 사신을 보내 태위에게 구원을 요청했지만 태위는 편의한 곳을 지키며 가려 하지 않았다. 양나라에서 경제에게 글을 올려서 말하자, 경제는 사신을 보내 양나라를 구원하라는 조서를 내렸다. 태위는 조서를 받들지 않고 굳게 성벽을 지키며 나가지 않았다. 그리고 날랜 기병과 궁고후弓高侯[③] 등을 시켜 오초 군대 배후의 식량 보급로를 끊게 했다.

太尉旣會兵滎陽[①] 吳方攻梁 梁急 請救 太尉引兵東北走昌邑[②] 深壁而守 梁日使使請太尉 太尉守便宜 不肯往 梁上書言景帝 景帝使使詔救梁 太尉不奉詔 堅壁不出 而使輕騎兵弓高侯[③]等絶吳楚兵後食道

① 太尉旣會兵滎陽태위이회병형양

신주 〈오왕비열전〉에 따르면 한나라는 황후의 사촌 두영竇嬰을 대장군으로 삼아 형양에 주둔시켰다. 주아부는 주력으로 오초를 맡고, 난포欒布에게 제나라 구원을 맡겼으며, 곡주후曲周侯 역기酈寄에게 조나라를 공격하게 했다.

② 昌邑창읍

신주 창읍은 양나라 수도인 수양 동북쪽에 있다. 그곳은 중원의 큰 늪지 대야택大野澤 남쪽으로 전략적 요충지였다. 창읍을 점거하면 복양濮陽을 통해 황하를 건너 북쪽 조나라에 연결할 수 있었다. 동북쪽으로 제북국이 인접해 있으며 제남국을 통해 제나라로 갈 수 있다. 당시 제나라에서 분국된 4개국이 군사를 일으켜 제나라를 공격하고 있었다. 이처럼 남쪽 양나라를 공격하는 오초를 측면에서 견제하면서 북쪽 봉기

세력과 연계를 차단할 수 있는 위치에 있었다. 이 일대를 먼저 점거한 것은 군사전략을 우선한 주아부의 능력이었다.

③ 弓高侯궁고후

색은 한퇴당이다.

韓積當也

정의 궁고는 창주의 현이다.

弓高 滄州縣也

신주 〈혜경간후자연표〉에 따르면 한퇴당은 흉노에 항복했던 한왕 신信의 서자이다. 훗날 한나라에 다시 항복하여 후가 되었다. 장후莊侯 한퇴당은 문제 말년에 죽었는데, 당시는 아들 한칙韓則이 궁고후였다. 창려昌黎 한씨韓氏의 선조로서 당나라 시인 한유韓愈의 조상이다.

오나라 군사들이 양식이 모자라 굶주리게 되자① 자주 싸움을 걸려고 했지만 (주아부는) 끝내 나가지 않았다. 밤에 군중軍中이 놀랄 정도로 안에서 서로 치고받는 소란이 벌어져서 태위의 장막 아래까지 이르렀다. 태위는 끝까지 누운 채로 일어나지 않았다. 한참 만에 다시 안정되었다.

그 후 오나라 병사들이 진영 동남쪽 모퉁이②에서 소란을 떨자 내위는 서북쪽을 수비하게 했다. 이윽고 그 정예병들이 서북쪽에서 소란을 피웠지만 진영 안으로 들어오지 못했다. 오나라 군사들이 이미 주린 상태에서 곧 군대를 이끌고 철수하자 태위는 정예병을 출동시켜 추격해 대파했다.

吳兵乏糧飢^① 數欲挑戰 終不出 夜 軍中驚 內相攻擊擾亂 至於太尉帳下 太尉終臥不起 頃之 復定 後吳奔壁東南陬^② 太尉使備西北 已而其精兵果奔西北 不得入 吳兵旣餓 乃引而去 太尉出精兵追擊 大破之

① 吳兵乏糧飢오병핍량기

신주 창읍은 사수泗水를 따라 남쪽으로 내려가면 패沛를 거쳐 팽성彭城에 쉽게 닿을 수 있다는 전략적 이점이 있다. 회남 3국, 즉 회남과 형산과 여강국은 오초吳楚의 반한反漢 봉기에 가담하지 않았다. 그래서 오초는 사수와 획수獲水가 만나는 팽성과 그 남쪽 수수睢水 길목인 죽읍竹邑과 부리符离를 통과해야 했다. 주아부는 이를 노려 날랜 기병 등으로써 이들 지역을 공략하여 배후를 끊게 하는 전략을 택했던 것이다.

② 陬추

집해 여순이 말했다. "추陬는 모퉁이다."

如淳曰 陬 隅也

색은 陬의 발음은 '주[子侯反]'이다.

音子侯反

오왕吳王 비濞는 그의 군사들을 버리고 장사 수천 명과 도망쳐 강남의 단도丹徒^①에서 몸을 보전했다. 한나라 군사들은 승리한

여세를 타 마침내 모조리 사로잡고 그 군사들을 항복시키고 오왕에게 천금의 현상금을 걸었다.

한 달 남짓 후에 월나라 사람[2]이 오왕의 머리를 베어 고했다. 무릇 서로 공격하고 수비한 지 3개월만에 오와 초를 무너뜨리고 평정했다. 이에 장수들은 태위의 계책이 옳았다고 시인했다. 그러나 이로 말미암아 양효왕梁孝王과 태위는 틈이 생겼다.

吳王濞棄其軍 而與壯士數千人亡走 保於江南丹徒[1] 漢兵因乘勝 遂盡虜之 降其兵 購吳王千金 月餘 越人[2]斬吳王頭以告 凡相攻守三月 而吳楚破平 於是諸將乃以太尉計謀爲是 由此梁孝王與太尉有卻

① 丹徒단도

색은 〈지리지〉에 따르면 단도현은 회계군에 속한다.

地理志縣屬會稽

정의 《괄지지》에서 말한다. "단도 고성은 윤주 단도현 동남쪽 18리에 있는데, 한나라의 단도현이다."《진태강지지》에서 말한다. "오왕 비濞가 반역하고 단도로 달아나자 월越나라 사람이 이 성의 남쪽에서 살해했다."《서주기》에서 말한다. "진秦나라에서 자의赭衣(죄수)를 시켜 그 땅을 팠기 때문에 단도라고 했다. 땅을 판 곳은 지금의 옛 현 서북쪽 6리에 있다. 단도현 고개 동남쪽은 연달아 뻗어 나가다가 구불구불 굽어 나간 것이 용의 형상이 있다. 그래서 진秦나라에서 땅을 파서 이마를 끊어냈는데 그 너비가 100여 보이고, 또 용의 머리를 껴묻어 그의 형상을 헐어 버렸다. 머리를 묻은 곳은 곧 지금 용호龍湖와 월호月湖라는 두 호수인데, 모두 밭이 되었다."

括地志云 丹徒故城在潤州丹徒縣東南十八里 漢丹徒縣也 晉太康地志云 吳王
濞反 走丹徒 越人殺之於此城南 徐州記云 秦使赭衣鑿其地 因謂之丹徒 鑿處
今在故縣西北六里 丹徒峴東南連亘 盤紆屈曲 有象龍形 故秦鑿絶頂 闊百餘步
又夾阬龍首 以毀其形 阬之所在 即今龍月二湖 悉成田也

비슷한 이야기가 동진東晉 원제元帝의 역사가 실린 《진서》〈원제
기〉에 있다. "처음에 진秦나라 시대에 기氣를 보는 자가 '500년 후에 금
릉金陵에 천자의 기운이 있습니다.'라고 했다. 그래서 시황제가 동쪽으로
유람하다가 그 기운을 누르고자 땅 이름을 말릉秣陵(말 먹이는 릉)으로 고
치고, 북산北山을 깎아서 그 기세를 끊었다." 말릉은 삼국시대 오나라 수
도 건업建業으로 지금의 남경南京이다. 《삼국지》〈오지〉 배송지 주석에
서 "전국시대 초나라 무왕武王이 처음 두었다."라고 한다.

② 越人월인

월인越人은 곧 단도현 사람이다. 월나라가 오나라를 멸했고, 단도
땅은 초나라에 속했다. 진秦나라는 초나라를 멸한 뒤에 36개 군을 두었
는데, 단도현은 회계군에 속했다. 그러므로 단도를 두고 월나라 사람이
라고 한 것이다.

越人即丹徒人 越滅吳 丹徒地屬楚 秦滅楚後 置三十六郡 丹徒縣屬會稽郡 故
以丹徒爲越人也

주아부가 돌아오자 다시 태위 관직에 임명되었다.①
5년 만에 승상으로 승진했는데② 경제가 매우 중하게 여겼다.

경제가 율태자栗太子를 폐할 때[③] 승상이 굳게 간쟁했지만 뜻을 얻지 못했다. 경제는 이로 말미암아 승상과 멀어졌다. 양효왕은 조회할 때마다 늘 태후와 함께하면서 조후條侯(주아부)의 단점을 말했다.

歸 復置太尉官[①] 五歲 遷爲丞相[②] 景帝甚重之 景帝廢栗太子[③] 丞相固 爭之 不得之 不得 景帝由此疏之 而梁孝王每朝 常與太后言條侯之短

① 復置太尉官부치태위관

신주 오초칠국 반란 때 주아부는 임시 태위였다. 승전하고 돌아온 그를 위해 정식으로 태위 관직을 다시 둔 것을 말한다. 주아부가 승상이 되자 태위부는 다시 없어졌다.

② 五歲 遷爲丞相오세 천위승상

신주 주아부가 승상이 된 때를 〈한홍이래장상명신연표〉에서는 경제 7년 6월 을사라고 말한다. 《한서》〈백관표〉에도 마찬가지다. 그러나 《한서》〈경제기〉에서는 2월에 태위부를 폐지했다고 해서 주아부가 2월에 승상이 되었음을 암시하고 있다. 《사기》〈경제기〉에서는 2월 을사일에 승상이 되었다고 적시하고 있다.

③ 景帝廢栗太子경제폐율태자

신주 태자는 율희栗姬의 아들 유영劉榮이다. 경제의 장자이고 어머니는 율희인데, 태자로 책립되었다가 폐해지고 임강왕臨江王으로 봉해졌다. 자세한 것은 〈외척세가〉와 〈오종세가〉에 있다. 이는 주아부 승상 임명과 어긋난다. 〈한흥이래제후왕연표〉와 〈양효왕세가〉에서 태자를 폐한 것은 11월이어서 주아부의 승상 임명보다 빠르기 때문이다. 그 잘못은 〈양효왕세가〉의 주석에서 설명하기로 한다.

두태후竇太后가 말했다.

"황후의 오라비 왕신王信[①]이 제후가 되면 좋겠소."

경제가 거절하면서 말했다.

"처음에 남피南皮와 장무후章武侯[②]는 선제께서 제후로 삼지 않으셨는데 신臣이 즉위한 후에 제후가 되었습니다. 왕신은 봉해지지 못할 것입니다."

두태후가 말했다.

"군주는 각각 시대에 따라 행할 뿐이오.[③] 두장군竇長君은 살아 있을 때 끝내 후가 되지 못했고 죽은 뒤에 그 아들 팽조彭祖가 도리어[④] 후작을 얻었는데, 나는 매우 한스럽게 여기오. 황제는 빨리 왕신을 후로 삼으시오."

경제가 말했다.

"청컨대 승상과 서로 논의해 보겠습니다."

승상과 논의하자 주아부가 말했다.

"고황제께서 약속하시기를 '유씨劉氏가 아니면 왕위를 얻지 못하고 공功이 없으면 후작을 얻지 못한다. 약속과 다르게 하면 천하가 함께 공격할 것이다.'라고 했습니다. 지금 왕신이 비록 황후의 오라비지만 공이 없는데 후작으로 삼으면 약속과 다른 것입니다.”

경제는 말없이 있다가 (봉작을) 그만두었다.

竇太后曰 皇后兄王信^①可侯也 景帝讓曰 始南皮章武侯^②先帝不侯 及臣
即位乃侯之 信未得封也 竇太后曰 人主各以時行耳^③ 自竇長君在時 竟
不得侯 死後乃(封)其子彭祖顧^④得侯 吾甚恨之 帝趣侯信也 景帝曰 請
得與丞相議之 丞相議之 亞夫曰 高皇帝約 非劉氏不得王 非有功不得侯
不如約 天下共擊之 今信雖皇后兄 無功 侯之 非約也 景帝默然而止

① 왕신王信

<u>신주</u> 경제의 황후 왕씨의 오빠다. 옛날에는 남자 형제를 형兄이라고
했다. 왕중王仲은 연왕이던 장도臧荼의 손녀 장아臧兒와 결혼하여 자녀
셋을 낳았는데 첫째가 신信이고, 둘째가 효경황후인 왕지이며, 셋째가
경제의 후궁 왕아후王兒姁이다. 〈외척세가〉에 있다.

② 남피장무후南皮章武侯

<u>집해</u> 신찬이 말했다. “남피후는 두팽조竇彭祖인데 태후 오라비의 아들
이다. 장무후는 태후의 아우 광국廣國이다.”

瓚曰 南皮 竇彭祖 太后兄子 章武侯 太后弟廣國

③ 人主各以時行耳인주각이시행이

<u>색은</u> 군주는 각각 그때에 마땅한 일을 행하는 것이지 일일이 법에 따
를 필요가 없다는 것이다.

謂人主各當其時而行事 不必一一相法也

정의 인주人主는 '인생人生'으로 되어 있기도 하다.

人主作人生

④ 顧고

색은 허신은 《회남자》에 주석하여 "고顧는 반反(도리어)이다."라고 했다.

許慎注淮南子云 顧 反也

그 뒤 흉노왕 유서로徐盧 등 5명이 항복해 왔는데, 경제는 그들을 후작으로 삼아서 뒤에도 따라오게 권장하려고 했다. 승상 주아부가 말했다.

"저들은 그 군주를 배신하고 폐하에게 항복했는데, 폐하께서 후로 삼으신다면 무엇으로 사람의 신하가 되어 절개를 지키지 않는 자를 꾸짖겠습니까?"

경제가 말했다.

"승상의 의견을 채용할 수 없소."

이에 유서로 등을 모두 열후列侯로 봉했다.[①] 주아부는 이로 인해 병을 핑계로 사직했는데 경제 중3년(경제10)에 병으로 승상에서 면직되었다.

其後匈奴王[唯]徐盧等五人降 景帝欲侯之以勸後 丞相亞夫曰 彼背其主降陛下 陛下侯之 則何以責人臣不守節者乎 景帝曰 丞相議不可用 乃悉封[唯]徐盧等爲列侯[①] 亞夫因謝病 景帝中三年 以病免相

① 唯徐盧等爲列侯 유서로등위열후

《한서》〈공신표〉에 의하면 유서로는 용성후容城侯에 봉해졌다.

功臣表唯徐盧封容城侯

본문과 달리 경제 중3년 때는 흉노왕 7명이 항복하여 후로 봉해

진다. 〈혜경간후자연표〉에 자세히 기록하고 있다.

얼마 뒤 경제는 금중禁中(대궐 안)에 있으면서 조후(주아부)를 불러

음식을 하사했는데, 조후에게만 크게 저민 고기①를 놓고 자른

고기는 없었다. 또 젓가락을 놓아두지 않았다. 조후는 마음속으

로 불평하고 상석尙席을 돌아보면서 젓가락을 가져오라고② 했다.

경제가 바라보고 웃으면서 말했다.

"이것으로는 그대의 것으로 모자라오?③"

조후는 관을 벗고 사죄했다. 주상이 일어나자 조후는 그에 따라

종종걸음으로 나갔다. 경제가 눈으로 전송하면서 말했다.

"이렇게 앙앙대는 자는 어린 군주의 신하가 될 수 없을 것이다.④"

頃之 景帝居禁中 召條侯 賜食 獨置大胾① 無切肉 又不置櫡 條侯心不

平 顧謂尙席取櫡② 景帝視而笑曰 此不足君所乎③ 條侯免冠謝 上起 條

侯因趨出 景帝以目送之曰 此怏怏者非少主臣也④

---

① 胾자

위소가 말했다. "胾치는 크게 저민 것이다. '발음은 치[側吏反]'이다."

韋昭曰 胾 大臠也 音側吏反

색은 臠의 발음은 '언[李轉反]'이다. 저민 고기를 이른다.

臠音李轉反 謂肉臠也

② 尙席取櫡상석취저

집해 응소가 말했다. "상석은 주석主席이다."

應劭曰 尚席 主席者

색은 고씨는 《여복잡사》를 살펴보고 "육상六尙과 상석尙席은 군용 장막을 관장한다."라고 했다. 櫡의 발음은 '저筯'이다. 《한서》에는 '저箸'로 되어 있다. 저는 먹을 때 사용하는 것이다. 유후留侯(장량)가 이르기를 "앞의 젓가락을 빌려 헤아리겠습니다."라고 했다. 《예기》에서 "국물의 채소를 건질 때 협梜(젓가락)을 사용한다."라고 했다. 협梜도 젓가락 종류이다. 그러므로 정현이 "지금 사람은 저를 협이라 한다."라고 말한 것이 이것이다.

顧氏按輿服雜事云六尚 尚席 掌武帳帷幔也 櫡音筯 漢書作箸 箸者 食所用也 留侯云借前箸以籌之 禮曰羹之有菜者用梜 梜亦箸之類 故鄭玄云今人謂箸爲 梜 是也

③ 此不足君所乎차부족군소호

집해 맹강이 말했다. "크게 저민 고기에 젓가락이 없는데, 이것이 그대가 가진 것에 불만이 아닌가 하여 싫어하고 원망한 것이다." 여순이 말했다. "고의로 그대의 식사 도구를 갖추지 않은 것이 아니라 우연한 실수일 뿐이다."

孟康曰 設胾無筯者 此非不足滿於君所乎 嫌恨之 如淳曰 非故不足君之食具也 偶失之耳

색은 젓가락을 놓지 않은 것은 나의 뜻이 아닌데, 그대는 부족한 것이 있느냐는 말이다. 그러므로 여순은 "고의로 그대의 식사 도구를 갖추지 않은 것이 아니라 우연한 실수일 뿐이다."라고 했는데, 당연하다. 그래서 경제가 보고 웃었다. 만약 본래 갖추지 못하게 했다면 마땅히 따로 이야기를 했지만 웃음 짓지는 않았을 것이다. 맹강과 진작은 비록 옛사람의 속마음을 탐색했으나, 또한 그 실상을 알지 못했다. 고씨顧氏도 맹강의 설명과 같다. 또 위무제(조조)가 순욱荀彧에게 빈 그릇을 하사한 것을 인용했는데, 각 기록의 설명이 다르다.

言不設箸者 此蓋非我意 於君有不足乎 故如淳云非故不足君之食具 偶失之耳 蓋當然也 所以帝視而笑也 若本不爲足 當別有辭 未必爲之笑也 孟康晉灼雖 探古人之情 亦未必能得其實 顧氏亦同孟氏之說 又引魏武賜荀彧虛器 各記異 說也

신주 조조는 한나라를 바꾸는 데 뜻이 있었지만, 순욱은 한나라를 부흥하는 데 뜻이 있었다. 그래서 조조가 위공魏公으로 봉해지려는 순간에 두 사람은 충돌할 수밖에 없었다. 조조가 순욱에게 빈 그릇을 내리자 순욱은 조조의 뜻을 알고 자살한다. 《삼국지》〈위지 순욱〉전 배송지 주석에 나온다.

경제의 말을 통해서는 단순한 실수인지 고의인지 판단하기 어렵다. 읽는 자의 판단에 맡길 뿐이다. 다만 《한서》〈주아부〉전에는 "차비부족군소호此非不足君所乎"라고 했는데 "이것은 그대의 것으로 모자란 것이 아니오?"라는 뜻이니, 경제의 고의임이 드러난다.

④ 非少主臣也비소주신야

신주 어린 군주는 당시 태자로 뒤에 무제가 될 유철劉徹을 가리킨다.

태자의 교체를 반대하고 태자 외숙의 제후 봉작을 반대한 주아부를 다시 임용하지 않겠다는 경제의 뜻이 담긴 말이다.

얼마 후 조후의 아들은 아버지를 위해 공관工官 상방尙方[1]에서 갑옷과 방패 500벌[2]을 사서 장례를 준비했다. 그런데 인부를 고용해서 힘든 일을 시키고도 임금을 주지 않았다. 이에 고용된 자가 구매한 것을 천자의 기물[3]을 도둑질한 것으로 알고 화가 나서 아들을 고변하는 글을 올렸는데, 사건이 조후까지 연결되어 번졌다.[4] 글이 주상에게 보고되자 주상은 사건을 관리에게 내렸다. 관리가 장부를 가지고 조후를 문책했는데[5] 조후는 대답하지 않았다. 경제가 꾸짖으며 말했다.

"나는 쓰지 않겠다.[6]"

居無何 條侯子爲父買工官尙方[1] 甲楯五百被[2] 可以葬者 取庸苦之 不予錢 庸知其盜買縣官器[3] 怒而上變告子 事連汙[4]條侯 書旣聞上 上下吏 吏簿責[5]條侯 條侯不對 景帝罵之曰 吾不用也[6]

① 工官尙方공관상방

집해 서광이 말했다. "상尙은 다른 판본에는 '서西'로 되어 있다."

徐廣曰 一作西

색은 공관은 곧 상방尙方의 공工인데 물건을 제작하는 곳으로 상방尙方에 속한다. 그러므로 공관상방이라고 했다.

工官即尙方之工 所作物屬尙方 故云工官尙方

상방은 궁중 물품을 제작하는 부서이고 그 관직 이름이다.

② 甲楯五百被갑순오백피

[집해] 서광이 말했다. "被의 발음은 '피披'이다." 살펴보니 여순이 말했다. "공관은 관명이다." 장안이 말했다. "피被는 구具이다. 500개의 갑옷과 방패를 구비한 것이다."

徐廣曰 音披 駰案 如淳曰工官 官名也 張晏曰被 具也 五百具甲楯

③ 縣官器현관기

[색은] 현관縣官은 천자를 말한다. 국가를 일컫는 까닭에 현관이라고 하며, 하나라 관직에 왕기王畿 안의 현을 곧 국도國都라고 했다. 왕이라는 사람은 천하의 관리이므로 현관이라고 한다.

縣官謂天子也 所以謂國家爲縣官者 夏(家)[官]王畿内縣即國都也 王者官天下 故曰縣官也

④ 汙오

[색은] 汙의 발음은 '오[烏故反]'이다.

汙音烏故反

⑤ 簿責부책

[집해] 여순이 말했다. "장부로써 그의 정황을 문책한 것이다."

如淳曰 簿問責其情

⑥ 吾不用也오불용야

집해 맹강이 말했다. "너의 대답을 쓰지 않고 죽이고자 한 것이다." 여순이 말했다. "아마 옥리는 그가 다시 권력을 잡을 것을 두려워해서 감히 기를 꺾어 욕보이지 못했다."

孟康曰 不用汝對 欲殺之也 如淳曰 恐獄吏畏其復用事 不敢折辱

색은 맹강과 여순이 이미 두 해석을 갖췄는데, 대안大顏(안유진)은 맹강의 설명이 뜻을 얻었다고 했다. 요찰은 또 별도로 따로 하나의 해석을 말했다. "경제는 이 관리가 주아부를 똑바로 취조하지 못했다고 꾸짖고 임용하기에 부족하다고 여겼다. 그러므로 주아부를 불러서 별도로 정위에게 보내 책문하게 했다."

孟康如淳已備兩解 大顏以孟說爲得 而姚察又別一解 云帝責此吏不得亞夫直辭 以爲不足任用 故召亞夫別詣廷尉 使責問

이에 불러서 정위廷尉에게 내려보냈다.① 정위가 꾸짖었다.

"군후君侯께서는 반역하고자 했소?"

주아부가 말했다.

"신이 기물을 산 것은 장례 기물인데 어찌 반역이라고 하시오."

관리가 말했다.

"군후는 비록 지상에서는 반역하고자 하지 않았다고 해도 곧 지하에서 반역하고자 했을 따름이오."

관리가 수모를 주는 것이 더욱 심했다. 애초에 관리가 조후를 체포했을 때 조후는 자살하려고 했으나 부인夫人이 막았다. 이 때문에 죽지 못하고 마침내 정위에게 들어가게 되었다. 이로 인해 5일간

> 먹지 않다가 피를 토하고 죽었다. 봉국은 없어졌다.
>
> 召詣廷尉[1] 廷尉責曰 君侯欲反邪 亞夫曰 臣所買器 乃葬器也 何謂
> 反邪 吏曰 君侯縱不反地上 即欲反地下耳 吏侵之益急 初 吏捕條侯
> 條侯欲自殺 夫人止之 以故不得死 遂入廷尉 因不食五日 嘔血而死
> 國除

① 召詣廷尉소예정위

정의 경제는 조후가 취조에 대답하지 않는 것을 보고 이에 따라 꾸짖어 책망하며 "나는 너를 쓰지 않을 것이다."라고 했다. 그래서 불러서 정위에게 보내 무겁게 죄를 조사하게 한 것이다. 나머지 설명은 모두 잘못된 것이다.

景帝見條侯不對簿 因責罵之曰 吾不任用汝也 故召詣廷尉 使重推劾耳 餘說皆非也

> 봉국이 없어진 지 1년 뒤[1] 경제는 이에 다시 강후 주발의 다른 아들 주견周堅을 봉해 평곡후平曲侯로 삼고 강후의 후사를 계승하게 했다.
>
> 19년, 주견이 죽고 시호를 공후共侯라고 했다.
>
> 아들 건덕이 후작을 대신하고 13년, 태자태부太子太傅가 되었다.
>
> 주금酎金(제후들이 조정의 세사에 바치는 금전)의 불선함에 연좌되었는데 무제 원정 5년, 죄가 있는 것으로 판명되어 봉국이 없어졌다.[2]

조후는 끝내 굶어 죽었다. 그가 죽은 뒤 경제는 왕신王信을 봉하여 개후蓋侯로 삼았다.[3]

絕一歲[1] 景帝乃更封絳侯勃他子堅爲平曲侯 續絳侯後 十九年卒 諡爲 共侯 子建德代侯 十三年 爲太子太傅 坐酎金不善 元鼎五年 有罪 國除[2] 條侯果餓死 死後 景帝乃封王信爲蓋侯[3]

① 絕一歲절일세

신주 〈고조공신후자연표〉에 의하면 주건이 평곡후가 된 것은 경제 후 원년이다. 그렇다면 주아부는 《한서》 〈공신표〉대로 문제 후3년에 후가 되고 경제 중6년에 죽은 것이 맞는다는 말이다.

② 有罪 國除유죄 국제

집해 서광이 말했다. "여러 제후가 주금酎金에 걸려 후작을 잃은 것은 모두 원정 5년에 있었던 일이다. 다만 이 이야기의 문구는 바뀐 것이 있 는 듯하다."

徐廣曰 諸列侯坐酎金失侯者 皆在元鼎五年 但此辭句如有顚倒

색은 이미 "주금의 불선에 걸렸다."라고 하고, 다시 "원정 5년에 죄가 있어서 봉국이 없어졌다."라고 한 것은 거듭 죄가 있는 듯하기에 '전도顚倒' 라고 했다. 《한서》에서는 "태자태부가 되었다가 주금에 걸려 관직에서 면직되었다. 뒤에 죄가 있어 봉국을 잃었다."라고 했는데, 그 문장은 또 착오이다. 살펴보니 《한서》 〈공신표〉에서 사건에 연루되어 관직에서 면직 되고, 원정 5년에 이르러 주금에 걸려 또 후작을 잃었다고 한다. 두 사서 인 《사기》와 《한서》의 기록이 서로 같지 않기 때문이다.

旣云坐酎金不善 復云元鼎五年有罪國除 似重有罪 故云顛倒 而漢書云爲太子
太傅 坐酎金免官 後有罪 國除 其文又錯也 按 表坐免官 至元鼎五年坐酎金又
失侯 所以二史記之各有不同也

신주 《사기》〈고조공신후자연표〉에서는 단지 원정 5년에 주금에 걸려
봉국을 잃었다고만 한다. 《한서》〈공신표〉도 마찬가지이다.

③ 封王信爲蓋侯봉왕신위개후

신주 〈혜경간후자연표〉에서는 왕신이 제후가 된 것을 경제 중 5년이라
고 한다. 주아부가 정말로 경제 중 6년에 죽었다면 이는 주아부가 승상
에서 물러난 다음에 왕신을 봉했다는 말이 된다. 《한서》〈은택표〉의 기
록도 경제 중 5년이라고 한다.

태사공은 말한다.

강후 주발은 처음 포의布衣(평민)였을 때 시골의 소박한 사람으로
서 재능은 보통사람에 지나지 않았다. 고조를 따라 천하를 평정
하고 장상將相의 지위에 있게 되었다. 여씨呂氏들이 난을 일으키
려 하자 주발은 국가의 어려움을 바로잡아 다시 바르게 했다. 비
록 이윤伊尹이나 주공周公이라도 무엇을 더했겠는가! 주아부가 군
사를 쓸 때는 위엄의 무거움을 지녔고 갈날을 굳게 잡았으니 사
마양저司馬穰苴[①]인들 어찌 더할 수 있겠는가! 자신에게 만족하여
배우지 않았고[②] 절의를 지켰지만 겸손하지 않아서[③] 궁핍하고 곤
궁하게 인생을 마쳤구나. 슬프도다

太史公曰 絳侯周勃始爲布衣時 鄙樸人也 才能不過凡庸 及從高祖定
天下 在將相位 諸呂欲作亂 勃匡國家難 復之乎正 雖伊尹周公 何以加
哉 亞夫之用兵 持威重 執堅刃 穰苴^①曷有加焉 足己而不學^② 守節不
遜^③ 終以窮困 悲夫

① 穰苴양저

신주 춘추시대 제나라 경공景公 때의 병술가이다. 성은 전田이다. 사마
벼슬을 했기에 사마양저라고 한다. 〈사마양저열전〉이 있다.

② 足己而不學족기이불학

색은 주아부는 스스로 자기 지모에 만족하여 자기를 비우고 고인古人
을 배우지 않았다. 그래서 권도의 변화를 체득하지 못해 활동하는 데 거
슬러 어김이 있었다.
亞夫自以己之智謀足 而[不]虛己(不)學古人 所以不體權變 而動有違忤

③ 守節不遜수절불손

색은 수절은 율태자에 대해 간쟁하고 왕신과 유서로 등을 제후로 봉
하지 않은 것을 이른다. 불손은 상석尚席을 돌아보고 젓가락을 가져오라
하고 옥리의 취조에 대답하지 않은 것을 이른 것이 맞다.
守節謂爭栗太子 不封王信[唯]徐盧等 不遜謂顧尚席取箸 不對制獄是也

색은술찬 사마정이 펼쳐서 밝힌다.
강후는 한나라를 도왔으며, 소박하고 돈독했다. 처음 탕군의 동쪽을

공격했고 또한 시향 북쪽을 포위했다. 공격하는 곳은 반드시 빼앗았고 토벌하는 곳은 모두 이겼다. 진희는 항복하여 처단되었고 장도는 봉국이 파괴되었다. 산 사람을 섬기고 죽은 사람을 전송했으며,[1] 공을 미루고 덕을 숨겼다. 열후로 자택에 돌아갔지만 태위는 하옥되었다. 조후가 뒤를 이어 승상이 되었고, 평곡후로 봉해 잇게 했다. 안타깝구나! 어진 장군이여, 부자가 대대로 욕을 당했구나!

絳侯佐漢 質厚敦篤 始擊碭東 亦圍尸北 所攻必取 所討咸克 陳豨伏誅 臧荼破國 事居送往[1] 推功伏德 列侯還第 太尉下獄 繼相條侯 紹封平曲 惜哉賢將 父子代辱

① 事居送往사거송왕

신주 '사거송왕'은 고사성어다. 여기서 산 사람은 고조를 가리키고, 죽은 사람을 전송했다는 것은 주발이 상가에서 퉁소를 불며 상례를 도운 것을 말한다.

[지도 2] 강후주발세가

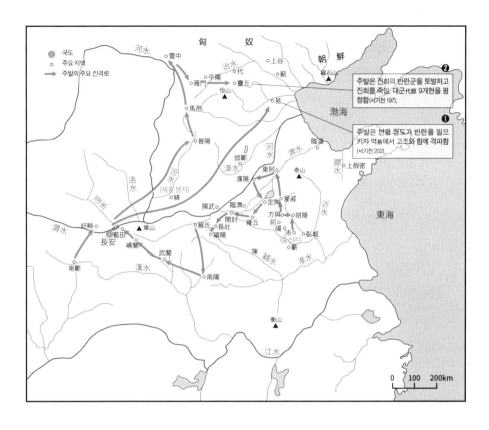

[지도 3] 강후주발세가(연나라 노관의 반란 평정)

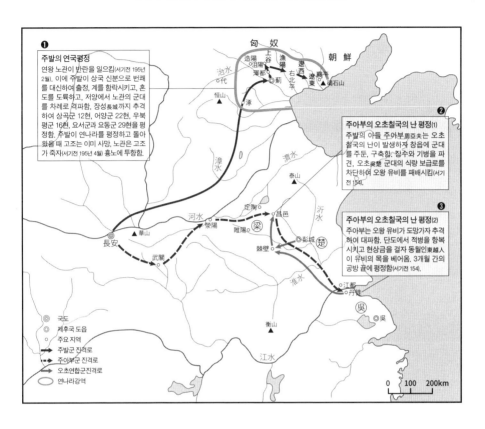

① 주발의 연국평정

연왕 노관이 반란을 일으킴(서기전 195년 2월). 이에 주발이 상국 신분으로 번쾌를 대신하여 출정, 계를 함락시키고, 혼도를 도륙하고, 저양에서 노관의 군대를 차례로 격파함. 장성長城까지 추격하여 상곡군 12현, 어양군 22현, 우북평군 16현, 요서군과 요동군 29현을 평정함. 주발이 연나라를 평정하고 돌아왔을 때 고조는 이미 사망, 노관은 고조가 죽자(서기전 195년 4월) 흉노에 투항함.

② 주아부의 오초칠국의 난 평정(1)

주발의 아들 주아부周亞夫는 오초칠국의 난이 발생하자 창읍에 군대를 주둔, 구축함. 창수와 기병을 파견, 오초吳楚 군대의 식량 보급로를 차단하여 오왕 유비를 패배시킴(서기전 154).

③ 주아부의 오초칠국의 난 평정(2)

주아부는 오왕 유비가 도망가자 추격하여 대파함. 단도에서 적병을 항복시키고 현상금을 걸자 동월인東越人이 유비의 목을 베어옴. 3개월 간의 공방 끝에 평정함(서기전 154).

국도
제후국 도읍
주요 지역
주발군 진격로
주아부군 진격로
오초연합군진격로
연나라강역

0   100   200km

지도   139

사기 제58권 史記卷五十八

양효왕세가 梁孝王世家

사기 제58권 양효왕세가 제28

史記卷五十八 梁孝王世家 第二十八

신주 양효왕 유무劉武(?~서기전 144)는 한문제漢文帝 유항劉恒의 둘째 아들이자 경제景帝 유계劉啓의 동생이다. 어머니는 두태후竇太后이다. 문제 2년(서기전 178) 대왕代王에 봉해졌다가 문제 4년 회양왕淮陽王으로 바뀌었다. 문제 12년 양회왕梁懷王이 후사 없이 죽자 그를 계승해 양왕梁王이 되었다. 7국의 난이 벌어졌을 때 오초吳楚의 군대에 맞서 양나라의 수도 수양睢陽을 끝까지 지켜서 장안을 보호했다. 경제의 뒤를 잇고 싶었지만 병으로 죽었다. 시호는 효왕孝王이다. 그가 세상을 떠난 후 경제는 양국을 다섯으로 나누어 다섯 아들에게 봉해주었다. 그가 만든 양원梁園은 절경이어서 천하의 인재들이 관람했는데, 《서경잡기西京雜記》에 양원의 모습이 잘 묘사되어 있다.

양으로 옮긴 유무

양효왕 무武는 효문황제의 아들이며 효경제와 어머니가 같다. 어
머니는 두태후竇太后이다. 효문제는 모두 4명의 아들을 두었다.
맏이는 태자인데, 바로 효경제이다. 둘째 아들은 무武, 셋째 아들
은 참參, 넷째 아들은 승勝[1]이다.
효문제 즉위 2년, 무武를 대왕代王으로 삼았고,[2] 참參을 태원왕
太原王으로,[3] 승勝을 양왕梁王으로 삼았다.[4]

梁孝王武者 孝文皇帝子也 而與孝景帝同母 母 竇太后也

孝文帝凡四男 長子曰太子 是爲孝景帝 次子武 次子參 次子勝[1] 孝文
帝即位二年 以武爲代王[2] 以參爲太原王[3] 以勝爲梁王[4]

① 勝승

정의 《한서》에서 '승勝'은 '읍揖'으로 되어 있다. 또 이르기를 "여러 희姬
가 대효왕代孝王 참과 양회왕梁懷王 읍을 낳았다."라고 한다. 제희諸姬
라고 말한 것은 여러 첩으로서 비천하기 때문에 역사서에서 성을 쓰지
않았다. 그러므로 '제희'라고 일렀다.

漢書勝 作揖 又云諸姬生代孝王參梁懷王揖 言諸姬者 衆妾卑賤 史不書姓

故云諸姬也

② 以武爲代王이무위대왕

[집해] 서광이 말했다. "중도中都에 도읍했다."

徐廣曰 都中都

[정의] 《괄지지》에서 말한다. "중도 고성은 분주 평요현 서쪽 12리에 있다."

括地志云 中都故城在汾州平遙縣西十二里

③ 以參爲太原王이참위태원왕

[집해] 서광이 말했다. "진양에 도읍했다."

徐廣曰 都晉陽

[정의] 《괄지지》에서 말한다. "병주 태원의 지명은 대명성大明城으로 곧 옛 진양성이다. 지백智伯이 한韓, 위魏와 함께 진양에서 조양자趙襄子를 공격했다고 했는데, 곧 이 성이 맞다."

括地志云 并州太原地名大明城 即古晉陽城 智伯與韓魏攻趙襄子於晉陽 即此城是也

[신주] 조양자는 한韓, 위魏를 끌어들여 지백을 멸했는데 그 후손들은 진晉나라를 셋으로 나누어 가지는 삼가분진三家分晉을 단행했는데, 멸망하고 한韓, 조趙, 위魏 세 나라가 진을 차지한다. 〈진세가〉와 〈조세가〉에 자세히 나온다.

④ 以勝爲梁王이승위양왕

[집해] 서광이 말했다. "수양睢陽에 도읍했다."

徐廣曰 都睢陽

색은 《한서》에는 양왕의 이름을 읍揖이라고 했는데. 아마 옳을 것이다.

살펴보니 경제의 아들 중산정왕中山靖王의 이름을 승勝이라고 했는데,
이것은 《사기》에서 잘못 기록했을 뿐이다.

漢書梁王名揖 蓋是矣 按 景帝子中山靖王名勝 是史記誤耳

정의 《괄지지》에서 말한다. "송주 송성현宋城縣은 송주 남쪽 2리 외성
안에 있는데 본래 한나라의 수양현이다. 한문제가 아들 무武를 대량大梁
에 봉했는데, 그 땅이 낮고 습해서 수양으로 옮겼다. 이 때문에 고쳐서
양梁이라고 한 것이다."

括地志云 宋州宋城縣在州南二里外城中 本漢之睢陽縣也 漢文帝封子武於大
梁 以其卑溼 徙睢陽 故改曰梁也

신주 수양은 수수睢水를 끼고 있어 붙은 이름이며, 춘추전국시대 송나
라 수도이고 현재 상구시商丘市이다. 장수절 설명과 달리 양梁이란 이름
은 한무제 이전부터 있었으며 탕碭과 비슷한 뜻을 가진 양梁으로 고친
것이다.

2년 후에 대왕代王을 회양왕淮陽王[①]으로 옮겼다. 대代 땅을 전부
태원왕에게 주고 칭호를 대왕이라고 했다.

참은 즉위한 지 17년, 효문제 후2년에 죽었는데 시호를 효왕孝王
이라고 했다. 아들 등登이 뒤를 이어 즉위하니, 바로 대공왕代共王
이다.

왕이 된 지 29년, 무제 원광 2년(서기전 133)에 죽었다. 아들 의義가
즉위하니 바로 대왕代王이다.

19년, 한나라 황실에서 관關을 넓혀 상산常山을 경계로 삼고② 대왕
을 옮겨 청하淸河에서 왕으로 삼았다.③ 청하왕은 무제 원정 3년
(서기전 114)에 옮겼다.

二歲 徙代王爲淮陽王① 以代盡與太原王 號曰代王 參立十七年 孝文後
二年卒 諡爲孝王 子登嗣立 是爲代共王 立二十九年 元光二年卒 子義
立 是爲代王 十九年 漢廣關 以常山爲限② 而徙代王王淸河③ 淸河王徙
以元鼎三年也

① 淮陽王회양왕

집해 서광이 말했다. "진陳에 도읍했다."

徐廣曰 都陳

정의 곧 옛 진국陳國 성이다.

即古陳國城也

신주 춘추시대 진陳나라 수도이며, 양나라 수도 수양 서남쪽이다. 홍구
鴻溝와 이어지는 랑탕거蒗蕩渠를 끼고 남쪽 영수潁水로 이어진다. 회수와
수수 사이가 가장 번화하고 요충지이므로 회양이라 불렀으며, 현재 회양
시이다.

② 漢廣關 以常山爲限한광관 이상산위한

신주 무제 원정 3년, 한나라는 13개 주 중에서 동북쪽 병주并州를 직
속으로 하고, 그 동북단에 상산관을 두었다. 함곡관도 옮겨서 낙양 바로
서쪽에 두는데 이것이 신함곡관이다.

③ 王淸河왕청하

집해 서광이 말했다. "청양에 도읍했다."

徐廣曰 都淸陽

정의 《괄지지》에서 말한다. "청양 고성은 패주 청양현 서북쪽 8리에 있다."

括地志云 淸陽故城在貝州淸陽縣西北八里也

애초에 무武가 회양왕이 된 지 10년, 양왕 승勝이 죽자 시호를 양회왕梁懷王이라고 했다. 회왕은 막내아들이어서 문제의 총애가 다른 아들과 달랐다.

그 이듬해에 회양왕 무를 옮겨서 양왕으로 삼았다.

양왕이 처음 양梁에서 왕이 된 것은 효문제 12년이었는데, 양왕이 처음 왕이 되고부터 총 11년이 지났다.①

初 武爲淮陽王十年 而梁王勝卒 諡爲梁懷王 懷王最少子 愛幸異於他子 其明年 徙淮陽王武爲梁王 梁王之初王梁 孝文帝之十二年也 梁王自初王通歷已十一年矣①

---

① 梁王~十一年矣양왕~십일년의

색은 문제 2년, 처음 대代에 봉하고 뒤에 회양으로 옮겼다가 또 양梁으로 옮겼다. 통틀어 셈하면 문제 2년부터 12년에 양으로 옮기기까지 11년이다.

謂自文帝二年初封代 後徙淮陽 又徙梁 通數文帝二年至十二年徙梁爲十一年也

양왕은 14년, 조회에 들어왔다.

17년, 18년, 두 해를 이어 조정에 들어와서 머물다가 그 이듬해에 봉국으로 갔다.

21년, 조회에 들어왔다.

22년, 효문제가 붕어했다.

24년, 조회에 들어왔다.

25년, 다시 조회에 들어왔다. 이때는 경제가 태자를 두지 못할 때였다. 경제는 양왕과 함께 연회를 즐기고 마시면서 일찍이 조용히 말했다.

"천추만세千秋萬歲 뒤에 왕에게 전하겠네."

양왕은 사양했다. 비록 지극한 말이 아닌 것을 알면서도 마음속으로는 기뻤다. 태후도 그러했다.

그해 봄, 오, 초, 제, 조 등 7개 국이 반란을 일으켰다.[①] 오와 초는 먼저 양나라 극벽棘壁[②]을 공격해 수만 명을 살해했다. 양효왕은 수양에서 성을 지키며 한안국韓安國과 장우張羽[③] 등을 대장군으로 삼고 오와 초를 막게 했다. 오와 초는 양나라에 막혀 감히 지나쳐 서쪽으로 가지 못하고 태위 주아부 등과 서로 3개월을 대치했다. 오와 초는 격파되었는데, 양나라가 격파하여 죽이거나 사로잡은 자는 대략 한나라와 같았다.[④]

이듬해 한나라에서 태자를 세웠다. 그 뒤 양나라는 가장 친하고 공이 있었기에, 또 대국大國으로 만들어 천하의 기름진 땅을 차지하게 했다. 땅의 북쪽 영역은 태산泰山을 경계로 했고 서쪽은 고양高陽[⑤]에 이르렀고, 40여 개의 성인데 모두 대부분 큰 현이었다.

梁王十四年 入朝 十七年 十八年 比年入朝 留 其明年 乃之國 二十一年
入朝 二十二年 孝文帝崩 二十四年 入朝 二十五年 復入朝 是時上未置
太子也 上與梁王燕飲 嘗從容言曰 千秋萬歲後傳於王 王辭謝 雖知非
至言 然心內喜 太后亦然 其春 吳楚齊趙七國反^① 吳楚先擊梁棘壁^② 殺
數萬人 梁孝王城守睢陽 而使韓安國張羽^③等爲大將軍 以距吳楚 吳楚
以梁爲限 不敢過而西 與太尉亞夫等相距三月 吳楚破 而梁所破殺虜
略與漢中分^④ 明年 漢立太子 其後梁最親 有功 又爲大國 居天下膏腴
地 地北界泰山 西至高陽^⑤ 四十餘城 皆多大縣

① 吳楚齊趙七國反오초제조칠국반

신주 여기서 제齊는 제나라에서 나누어진 '교서, 교동, 치천, 제남' 4개
국을 가리킨다. 나머지 3개 국을 더하여 7개 국이 반란했다.

② 棘壁극벽

집해 문영이 말했다. "지명이다."

文穎曰 地名

색은 살펴보니 《좌전》 선공 2년, 송나라 화원華元이 대극에서 싸웠다
고 했다. 두예는 양읍 동남쪽에 있다고 했는데, 아마 곧 '극벽'이 맞을 것
이다.

按 左傳宣公二年 宋華元戰于大棘 杜預云在襄邑東南 蓋即棘壁是也

정의 《괄지지》에서 말한다. "대극 고성은 송주 영릉현 서남쪽 70리에
있다."

括地志云 大棘故城在宋州寧陵縣西南七十里

담기양의 《중국역사지도집》에 따르면 양국梁國 수도 수양睢陽 동남쪽에 있다.

③ 韓安國張羽한안국장우

한안국은 전한 중기의 관료로, 자는 장유長孺이다. 본래 양국梁國사람으로 양효왕을 섬겼다. 나중에 조정으로 들어가 어사대부 등을 역임했다. 장우는 초왕에게 간언하다가 죽은 초나라 재상 장상張尙의 아우이다.

④ 梁所破殺虜略與漢中分양소파살로약여한중분

《한서음의》에서 말한다. "양나라에서 오초를 이기고 포로로 잡은 것이 대략 한나라와 같다는 것이다."

漢書音義曰 梁所虜吳楚之捷 略與漢等

⑤ 高陽고양

서광이 말했다. "진류군 어현에 있다." 살펴보니 사마표는 "어현에 고양정이 있다."라고 한다.

徐廣曰 在陳留圉縣 駰案 司馬彪曰 圉有高陽亭也

어현은 진류군에 속한다. 고양은 향명鄕名이다. 사마표를 인용한 주석은 《속한서》〈군국지〉에서 나온 것이다.

圉縣屬陳留 高陽 鄕名也 注引司馬彪者 出續漢書郡國志也

> 양효왕은 두태후의 작은아들인데 그를 사랑해 상을 내린 것이 이루 셀 수 없다. 이에 효왕은 동원東苑[1]을 세웠는데 사방 300여 리이고[2] 너비는 수양성과 같은 70리이다.[3]
>
> 孝王 竇太后少子也 愛之 賞賜不可勝道 於是孝王築東苑[1] 方三百餘里[2] 廣睢陽城七十里[3]

① 東苑동원

[색은] 축築은 세우는 것이다. 《백호통》에서 말한다. "원苑을 동쪽에 세우는 것은 어째서인가? 대개 동방에서 만물이 생기기 때문이다."

築謂建也 白虎通云 苑所以東者何 蓋以東方生物故也

② 方三百餘里방삼백여리

[색은] 대개 그의 사치스러움을 말한 것이지 사실을 말한 것은 아니다. 어쩌면 양국으로 봉해진 지역의 사방일 것이다.

蓋言其奢 非實辭 或者梁國封域之方

[정의] 《괄지지》에서 말한다. "토원兎園은 송주 송성현 동남쪽 10리에 있다. 갈홍의 《서경잡기》에서 '양효왕의 원苑 안에 낙원암, 서용수, 안지, 학주, 부도가 있다. 여러 궁의 전망은 서로 이어지는데 기이한 과일과 아름다운 나무, 신기한 날짐승과 기이한 들짐승이 다 갖추어지지 않은 것이 없다.'라고 했다. 속인들의 말에 양효왕의 죽원竹園이라고 한다."

括地志云 兎園在宋州宋城縣東南十里 葛洪西京雜記云 梁孝王苑中有落猿巖栖龍岫鴈池鶴洲鳧島 諸宮觀相連 奇果佳樹 瑰禽異獸 靡不畢備 俗人言梁孝王竹園也

낙원암落猨巖은 원숭이가 뛰어내리는 바위, 서용수栖龍岫는 용이 깃들어 사는 굴, 안지鴈池는 기러기 모양 연못, 학주鶴洲는 학 모양 모래 톱, 부도鳧島는 오리 모양 섬이다. 《사기지의》에서 말한다. "《태평어람》 159편에 《사기》를 인용하여 '양효왕이 동원 300리를 건축하였으니 이것이 토원兔園이다.'라고 하는데, 지금은 '토원'이라는 구절이 없다."

③ 廣睢陽城七十里광수양성칠십리

소림이 말했다. "광廣은 그 직경이다."《태강지리지》에서 말한다. "성은 사방 13리이다. 양효왕이 이것을 쌓을 때 북치고 노래하고, 음절에 맞춰 드나들고, 뒤와 아래에서 화답하여 부르는 것을 〈수양곡〉이라고 일컬었다. 지금 그 자취를 이어 만들었는데 악가樂家에 〈수양곡〉이 있는 것은 아마 그때 남아 있던 음조를 채택했기 때문일 것이다."

蘇林云 廣其徑也 太康地理記云 城方十三里 梁孝王築之 鼓倡節杵而後下和之者 稱睢陽曲 今踵以爲故 所以樂家有睢陽曲 蓋采其遺音也

큰 궁실을 짓고 복도를 만들어 궁에서 평대平臺까지 30여 리[1]가 연결되었다. 또 천자의 깃발을 하사받아 나갈 때는 수레 1,000대와 기병 1만 명[2]이 따르게 했다. 동서로 달려 사냥할 때도 천자에 견주었는데 나갈 때는 필蹕이라 하고 들어올 때는 경警이라 했다.[3]

大治宮室 爲複道 自宮連屬於平臺三十餘里[1] 得賜天子旌旗 出從千乘萬騎[2] 東西馳獵 擬於天子 出言蹕 入言警[3]

① 平臺三十餘里평대삼십여리

집해 서광이 말했다. "수양에 평대리가 있다." 살펴보니 여순이 말했다. "양나라 동북쪽의 이궁離宮이 있는 곳에 있다." 진작이 말했다. "어떤 이는 설명하기를 성안의 동북쪽 모서리(모퉁이)에 있다고 한다."

徐廣曰 睢陽有平臺里 駰案 如淳曰 在梁東北 離宮所在也 晉灼曰 或說在城中東北角

색은 여순은 "양나라 동북쪽 이궁離宮이 있는 곳에 있다."라고 했다. 살펴보니 지금 성 동쪽 20리 신하新河에 다다라 옛 대臺의 터가 있는데, 높이가 지나치게 높지 않아서 세속에서는 평대라고 했고, 일명 '수죽원脩竹苑'이라고도 했다. 《서경잡기》에 따르면 "낙원암, 부주鳧洲, 안저鴈渚가 있는데, 연결되어 뻗친 것이 70여 리이다."라고 한 것이 이것이다.

如淳云 在梁東北 離宮所在者 按今城東二十里臨新河 有故臺址 不甚高 俗云平臺 又一名脩竹苑 西京雜記云有落猿巖鳧洲鴈渚 連亙七十餘里 是也

② 千乘萬騎천승만기

색은 《한관의》에서 말한다. "천자는 법가法駕 36승, 대가大駕 81승인데, 이를 다 갖추어 천승만기千乘萬騎로 나가는 것이다."

漢官儀曰 天子法駕三十六乘 大駕八十一乘 皆備千乘萬騎而出也

③ 出言蹕 入言警출언필 입언경

색은 《한구의》에서 말한다. "황제의 가마가 움직일 때는 경警이라 일컫고, 궁전을 나갈 때는 필蹕을 전해서 사람의 움직임을 중지시키고 길을 깨끗하게 한다." 출입하는 자는 호문互文으로 할 뿐이고, 들어올 때도 필蹕이 있다는 말이다.

漢舊儀云 皇帝輦動稱警 出殿則傳蹕 止人清道 言出入者 互文耳 入亦有蹕

신주　호문互文은 호사互辭라고도 부르는데, 고대 시문詩文에서 사용하던 일종의 수사修辭 방식이다. 상하 두 구절이나 한 구절의 두 부분이 나뉘는데 서로 호응하는 내용이다. 그래서 둘을 맞추어야 하나의 의미가 된다. 여기서는 황제가 행차할 때 출입하는 자가 가진 통행증이 진짜인지를 맞추는 것을 뜻하는 것으로 보인다. 군주가 행차할 때 미리 단속하여 위험을 제거하고 일반인의 통행을 금지하는 것을 '경필警蹕'이라고 한다.

사방의 호걸들을 초청하고 끌어들여 효산崤山부터 동쪽까지 유세하는 인사들이 이르지 않는 자가 없었으니, 제나라 사람 양승羊勝, 공손궤公孫詭, 추양鄒陽 같은 무리들[1]이다. 공손궤는 기이하고 간사한 꾀가 많아[2] 처음 왕을 만나서 1,000금을 하사받고, 관직은 중위中尉에 이르렀는데[3] 양나라에서 공손장군으로 불렸다.

양나라는 병기를 많이 만들어 쇠뇌와 활과 창이 수십만 개나 되었다. 창고에는 금전이 1억[4] 전이 있었고, 주옥과 보배로운 기물은 경사京師보다 많았다.

招延四方豪桀 自山以東游說之士 莫不畢至 齊人羊勝公孫詭鄒陽之屬[1] 公孫詭多奇邪計[2] 初見王 賜千金 官至中尉[3] 梁號之曰公孫將軍 梁多作兵器弩弓矛數十萬 而府庫金錢且百巨萬[4] 珠玉寶器多於京師

---

① 之屬지속

② 多奇邪計다기사계

색은 《주례》에서 "유기사지인有奇邪之人(기이하고 사악한 자가 있다)"이라고 했는데, 정현은 말했다. "기奇는 괴상하고 정상이 아닌 것으로 속이는 것이다. 奇의 발음은 '긔[紀宜反]'이고, 邪의 발음은 '사斜'이다."

周禮有奇邪之人 鄭玄云奇邪 譎怪非常也 奇音紀宜反 邪音斜也

③ 官至中尉관지중위

신주 〈강후주발세가〉에서 주아부가 역임한 것이 이 중위로 수도의 치안을 책임지는 무관이다. 제후왕이 이를 본떠 공손궤를 중위로 임명하고 공손장군이라고 부른 것은 분수를 넘었음을 가리킨다.

④ 百巨萬백거만

색은 여순이 말했다. "거巨 또한 크다는 것이고 대백만大百萬과 같다." 위소가 말했다. "대백만은 지금의 만만萬萬(억)이다."

如淳云 巨亦大 與大百萬同也 韋昭云 大百萬 今萬萬

29년 10월 양효왕이 조회에 들어왔다. 경제는 사신에게 부절을 가지고 네 마리 말이 끄는 수레①로 양왕을 함곡관 아래서 맞이하게 했다. 조회를 마치고는 이를 계기로 머물게 해 달라고 상소하였는데, 두태후가 친애했기 때문이다. 왕이 들어올 때는 경제를 모시고 가마에 함께 탔고, 나갈 때는 수레를 함께 타고 사냥하면서 상림上林 안에서 새와 짐승을 쏘았다.

양나라 시중侍中과 낭랑과 알자謁者는 출입부에 이름을 적고[2] 천자의 궁문을 드나드는데 한나라 환관들과 다르지 않았다.

二十九年十月 梁孝王入朝 景帝使使持節乘輿駟馬[1] 迎梁王於關下 既朝 上疏因留 以太后親故 王入則侍景帝同輦 出則同車游獵 射禽獸上林中 梁之侍中郎謁者著籍引出入[2]天子殿門 與漢宦官無異

① 乘輿駟馬승여사마

[집해] 등전이 말했다. "단지 사마駟馬를 거느리고 간 것이다." 신찬이 말했다. "승여사마라고 일컫은 것은 수레와 말이 모두 간 것이고, 육마六馬를 부리지 않았을 뿐이라는 말이다. 천자의 부거副車는 사마를 부린다."

鄧展曰 但將駟馬往 瓚曰 稱乘輿駟馬 則車馬皆往 言不駕六馬耳 天子副車駕駟馬

② 著籍引出入착적인출입

[정의] 著의 발음은 '쟉[竹略反]'이다. 적籍은 명부이다. 지금 통행증을 지니고 문을 출입하는 것과 같은 것이다.

著 竹略反 籍謂名簿也 若今通引出入門也

> 11월, 주상이 율태자栗太子를 폐하자[1] 두태후는 마음속으로 효
> 왕을 후사로 삼고자 했다. 대신과 원앙袁盎 등이 경제에게 그만둘
> 것을 설득하니[2] 두태후는 (양왕의) 옹립을 그만두게 했다.[3] 또한
> 마침내 이 때문에 양왕을 후계로 삼으려는 일을 다시 거론하지
> 못했다. 이 일을 비밀로 하여 세상에서는 알지 못했다. 양왕은 곧
> 이별하고 봉국으로 돌아왔다.
>
> 十一月 上廢栗太子[1] 竇太后心欲以孝王爲後嗣 大臣及袁盎等有所關
> 說於景帝[2] 竇太后義格[3] 亦遂不復言以梁王爲嗣事由此 以事秘 世莫
> 知 乃辭歸國

① 十一月 上廢栗太子 십일월 상폐율태자

신주 〈강후주발세가〉에서 살펴본 것처럼 율태자를 폐위한 내용은 다
른 기록들과 충돌한다. 또《사기》와《한서》의 기록도 조금씩 다르다. 이
것에 관해서《신주사기》〈한흥이래제후왕연표〉에서 주석하여 설명해 놓
았는데, 다시 인용하면《사기지의》저자 양옥승은 다음처럼 말했다.

"살핀다. 율태자라고 호칭함은 예의가 아니며, 당시 이런 호칭이 있었
더라도《사기》에서 마땅히 쓰지 않았어야 한다. 또 태자 폐위를, 여기
(〈경제기〉)에서는 겨울이라 말하고 〈제후왕표〉에서는 11월 을축이라고 말
하는데,《한서》〈경제기〉에서는 봄 정월(1월)이라 하고 〈제후왕표〉에는
11월 기유라고 한다. 기록한 월일이 각각 다르다. 나는 모두 잘못되었다
고 여기며 마땅히 '3월 을축'이라고 해야 한다.

어떻게 밝힐 수 있는가? 〈강후주발세가〉에 '경제가 율태자를 폐하자,
승상이 강하게 간하여 못 하게 했으므로 경제가 승상과 멀어졌다.'라고

한다. 승상은 주아부이다. 그는 2월 을사에 승상이 되었으니, 만약 율태자 폐위가 정월 이전이라면 통할 수 없는 말이다. 또 교동왕의 태후를 황후로 삼아 세운 것이 4월 을사에 있고 교동왕을 태자로 삼아 세운 것이 4월 정사에 있으니, 만약 율태자의 폐위가 정월 이전이라면 또 어찌 동궁을 비운 것이 5개월에 이르도록 오래일 수 있는가. 그 잘못은 의심의 여지가 없다."

② 所關說於景帝소관설어경제

색은 원앙이 이르기를 "한나라 황실은 주나라 도道를 본받아 자식을 세웁니다."라고 하여, 곧 간섭할 할 바를 가지고 황제를 설득한 것이다. 일설에서는 관關은 '막는 것'이라고 했다. 일을 이끄는 데 막고 행하지 못하게 설득하는 것이다.

袁盎云漢家法周道立子 是有所關涉之說於帝也 一云關者 隔也 引事而關隔 其說不得行也

③ 義格의격

집해 여순이 말했다. "태자 옹립을 못하게 하달한 것이다."

如淳曰 歧閣不得下

색은 장안이 말했다. "격格은 그만둔 것이다." 복건이 말했다. "격은 태자 옹립을 못하게 한 것을 이른다." 소림은 格의 발음을 '각閣'이라 했고, 주성周成의 《잡자》에서는 "궤각歧閣이다."라고 했다. 《통속문》에서 말한다. "높은 곳에 시렁을 설치해 세우는 것을 궤각이라고 한다." 《사림》에서 발음은 '기紀'이고 또 '궤詭'이다.

張晏云格 止也 服虔云格謂格閣不行 蘇林音閣 周成雜字歧閣也 通俗文云高置立歧棚云歧閣 字林音紀 又音詭也

후계자를 옹립하는 것을 '궤각'이라고 한다.

그해 여름 4월에 주상은 교동왕膠東王을 태자로 삼았다.[①]
양왕은 원앙과 같이 (후계자를) 의논한 신하들을 원망하여 양승, 공
손궤 무리 등과 몰래 사람을 써서 원앙과 의논한 다른 신하 10여
명을 찔러 죽였다. (조정은) 살인자를 뒤쫓았으나 잡을 수 없었다.
이에 경제는 양왕을 의심하고[②] 도적을 추적하니 과연 양나라에
서 시킨 것이었다. 이에 수레가 길에서 서로 이어질 만큼 사신을
보내서 양나라를 거듭 조사하여 공손궤와 양승을 체포했다.
공손궤와 양승은 왕의 후궁에 숨어 있었는데, 사신이 2,000석 관
리[③]를 급하게 꾸짖자 양나라 재상 헌구표軒丘豹[④]와 내사內史 한
안국韓安國이 나아가 왕에게 간했다. 왕은 이에 양승과 공손궤에
게 모두 자살하게 하고 나서 이들을 내주었다.
주상이 이로 말미암아 양왕을 원망했다. 양왕이 두려워 이에 한
안국을 시켜 장공주長公主[⑤]를 통해 태후에게 사죄하게 했다. 그
렇게 한 뒤에 용서받을 수 있었다.
其夏四月 上立膠東王爲太子[①] 梁王怨袁盎及議臣 乃與羊勝公孫詭之
屬陰使人刺殺袁盎及他議臣十餘人 逐其賊 未得也 於是天子意梁王[②]
逐賊 果梁使之 乃遣使冠蓋相望於道 覆按梁 捕公孫詭羊勝 公孫詭羊
勝匿王後宮 使者責二千石[③]急 梁相軒丘豹[④]及內史韓安國進諫王 王
乃令勝詭皆自殺 出之 上由此怨望於梁王 梁王恐 乃使韓安國因長公
主[⑤]謝罪太后 然后得釋

① 上立膠東王爲太子상립교동왕위태자

신주 교동왕은 효경제의 뒤를 이어 황제가 된 무제 유철劉徹이다. 그는 후궁 왕지王娡의 아들로 관도장공주館陶長公主의 사위가 되었고, 어머니 왕지가 황제의 총애를 받음으로써 태자가 되었다.

② 天子意梁王천자의양왕

색은 마음으로 양왕의 자객이라고 의심한 것이다.

謂意疑梁刺之

③ 二千石이천석

신주 제후왕국의 2,000석 관리로는 재상을 비롯하여 몇 명이 있지만, 여기서는 아마 치안을 맡은 위尉를 가리키는 것으로 보인다.

④ 軒丘豹헌구표

정의 성이 헌구軒丘이고 이름이 표豹이다.

姓軒丘 名豹也

⑤ 長公主장공주

신주 문제의 장녀이자 경제의 누나 표嫖이고, 관도장공주라고 한다. 또 당읍후堂邑侯 진오陳午에게 시집가서 '당읍장공주'라고도 한다. 딸 아교阿嬌가 무제의 황후가 되었으나 아들을 낳지 못했다. 이때 무제 유철이 황태자였기 때문에 양왕은 가장 영향력 있는 황태자 장모(장공주)를 통해 태후를 설득한 것이다.

《이십이사차기》에 따르면 공주는 진오가 죽은 뒤 50세 남짓에 미소년 동언董偃을 곁에 두고는 무제에게 잘 보이려고 장문원長門園 땅을 바쳤는데, 무제가 동언을 보고 기뻐하며 주인옹主人翁이라 불렀다고 한다. 그 사실이 《한서》 〈동방삭전〉에 나온다. 그 뒤로 공주들의 부도덕한 행위가 늘어났다고 한다.

경제의 화가 조금 풀리자 이에 글을 올려 조회를 청했다. 함곡관에 이르렀는데 양왕의 신하 모란茅蘭[1]이 왕을 설득해 베를 늘어뜨린 수레[2]를 타고 두 기병을 따라 들어가서 장공주 정원에 숨으라고 했다.[3]

한나라에서 사신을 시켜 왕을 맞이하게 했는데 왕은 이미 함곡관으로 들어왔다고 했다. 수레와 기병들은 모두 밖에 있는데 왕이 있는 곳을 알지 못했다. 태후는 울면서 말했다.

"황제가 내 아들을 죽였구려!"

경제는 근심하고 두려워했는데, 이에 양왕이 대궐문 아래에서 형틀에 엎드려 사죄했다. 그런 뒤에 태후와 경제가 크게 기뻐하고 서로 울면서 다시 옛날과 같이 지냈다. 왕을 따라온 관리들을 불러 모두 함곡관으로 들어오게 했다. 그러나 경제는 왕에게서 더 멀어져서 수레와 가마를 함께 타지 않았다.

上怒稍解 因上書請朝 旣至關 茅蘭[1]說王 使乘布車[2] 從兩騎入 匿於長公主園[3] 漢使使迎王 王已入關 車騎盡居外 不知王處 太后泣曰 帝殺吾子 景帝憂恐 於是梁王伏斧質於關下 謝罪 然後太后景帝大喜 相泣復如故 悉召王從官入關 然景帝益疏王 不同車輦矣

① 茅蘭모란

집해 《한서음의》에서 말한다. "모란은 양효왕의 신하이다."

漢書音義曰 茅蘭 孝王臣

② 布車포거

집해 장안이 말했다. "포거는 베를 늘어뜨린 수레로, 자신을 죽은 사람에 비유한 것이다."

張晏曰 布車 降服 自比喪人

③ 匿於長公主園닉어장공주원

신주 양왕은 장공주의 도움을 받았고, 모란의 건의대로 장공주의 후원에 숨었다. 대궐문 아래에서 형틀에 엎드려 사죄한 것도 장공주의 조언이었을 가능성이 있다.

35년 겨울, 다시 조회에 들어왔다. 상소하여 머물게 해 달라고 했으나 주상은 허락하지 않았다. 봉국으로 돌아와서는 마음이 허전하고 즐겁지 않았다. 북쪽 양산良山①에서 사냥할 때 소를 바친 자가 있었는데, 소의 발이 꺾여서 등 위로 나와② 효왕이 싫어했다.

6월 중, 열병을 앓다가 6일에 죽었다.③ 시호를 효왕④이라고 했다.

三十五年冬 復朝 上疏欲留 上弗許 歸國 意忽忽不樂 北獵良山① 有獻牛 足出背上② 孝王惡之 六月中 病熱 六日卒③ 諡曰孝王④

① 良山양산

색은 《한서》에는 '양산梁山'으로 되어 있다. 《술정기》에서 말한다. "양산良山은 청수清水 사이에 있다." 지금 수장현 남쪽에 양산이 있는데, 복건은 이 산이 맞다고 했다.

漢書作梁山 述征記云 良山際清水 今壽張縣南有良山 服虔云是此山也

정의 《괄지지》에서 말한다. "양산은 운주 수장현 남쪽 35리에 있다." 곧 양효왕이 사냥한 곳이다.

括地志云 梁山在鄆州壽張縣南三十五里 即獵處也

신주 중원의 대야택大野澤 동쪽 구릉지이며 전한 때는 동군, 후한 때는 동평군 소속이었다. 양나라 수도 수양의 동북쪽이다.

② 足出背上족출배상

색은 장안이 말했다. "발은 마땅히 아래에 있어야 몸을 지탱할 수 있다. 지금 발이 등 위로 나왔으니 효왕이 조정을 배반하고 주상을 범했음을 상징한 것이다. 북北은 음陰이다. 또 양산梁山에서 있었던 일이니 명확히 양梁이 된다. 우牛는 축丑의 가축이고, 충衝(반대편)은 6월에 있다. 북방北方의 수는 6이다. 그러므로 6월 6일에 죽은 것이다."

張晏云 足當處下 所以輔身也 今出背上 象孝王背朝以干上也 北者 陰也 又在梁山 明爲梁也 牛者 丑之畜 衝在六月 北方數六 故六月六日薨也

신주 천문에서 별의 반대편을 충衝이라고 한다. 축월은 12월이므로 그 반대는 6월이 된다.

③ 六日卒육일졸

신주 양효왕이 죽은 것은 경제 중 6년이다. 3년 뒤에 경제도 죽는다.

④ 孝王효왕

색은 《술정기》에서 탕탕에 양효왕 무덤이 있다고 한다.

述征記 碭有梁孝王之冢

신주 《후한서》〈원소열전〉과 《삼국지》〈위지 원소전〉 배송지 주석에서 원소袁紹가 조조曹操를 치면서 진림陳琳을 시켜 쓰게 한 격문에는 "조조가 양효왕 무덤을 발굴했다."라는 기록이 있다.

효왕은 자애롭고 효성스러웠으며 태후가 병이 났다는 소식을 들을 때마다 음식을 입에 대지 않았다. 거처해도 편안히 잠자지 않았고 늘 장안에 머물러 태후를 모시고자 했다. 태후도 그를 아꼈다. 양왕이 죽었다는 소식이 이르자 두태후는 곡을 하고 지극히 슬퍼하며 음식을 먹지 않고 말했다.

"황제가 끝내 내 아들을 죽였소!"

경제는 슬퍼하고 걱정이 되어 어찌할 바를 몰랐다. 장공주와 함께 계획해서 이에 양나라를 다섯 나라로 나누어① 효왕의 아들 다섯 명을 모두 왕으로 삼고 딸 다섯 명에게도 모두 탕목읍을 식읍으로 주었다. 이를 태후에게 아뢰자 태후는 달가워했고 황제를 위해 식사를 조금 늘렸다.

孝王慈孝 每聞太后病 口不能食 居不安寢 常欲留長安侍太后 太后亦愛之 及聞梁王薨 竇太后哭極哀 不食 曰 帝果殺吾子 景帝哀懼 不知所爲 與長公主計之 乃分梁爲五國① 盡立孝王男五人爲王 女五人皆食湯沐邑 於是奏之太后 太后乃說 爲帝加壹湌

① 梁爲五國양위오국

색은 장자 매買는 양공왕, 아들 명明은 제천왕, 아들 팽리彭離는 제동왕, 아들 정定은 산양왕, 아들 불식不識은 제음왕이다.

長子買 梁共王 子明 濟川王 子彭離 濟東王 子定 山陽王 子不識 濟陰王

양효왕의 세가와 방계

양효왕 맏아들 매買가 양왕이 되었는데, 바로 공왕共王이다.

아들 명明은 제천왕이 되었고, 아들 팽리彭離는 제동왕이 되었고,

아들 정定은 산양왕이 되었고, 아들 불식不識은 제음왕이 되었다.

양효왕이 죽지 않았을 때 재물이 거만금이었는데 계산해도 이루

다 셀 수가 없었다. 죽음에 이르자 창고에는 황금이 아직 40여

만근이 남아 있었고 기타 재물도 이것만큼이나 되었다.

양공왕 3년, 경제가 붕어했다.

공왕은 즉위한 지 7년 만에 죽고 아들 양襄이 즉위했는데, 바로

평왕平王이다.[①]

梁孝王長子買爲梁王 是爲共王 子明爲濟川王 子彭離爲濟東王 子定

爲山陽王 子不識爲濟陰王 孝王未死時 財以巨萬計 不可勝數 及死 藏

府餘黃金尚四十餘萬斤 他財物稱是 梁共王三年 景帝崩 共王立七年

卒 子襄立 是爲平王[①]

① 是爲平王시위평왕

신주 평왕은 사마천이 《사기》를 지을 때 살아 있었으므로 시호는 후대

인이 덧붙인 것이다.

> 양평왕 양襄[1] 14년, 어머니는 진태후陳太后이다. 공왕의 어머니는
> 이태후李太后인데, 이태후는 평왕의 할머니이다. 그리고 평왕의
> 왕후는 성이 임任이라 임왕후任王后라고 했다. 임왕후는 평왕 양
> 에게 매우 총애를 받았다.
>
> 애초에 효왕이 재위할 때 뇌준罍樽[2]이 있었는데, 1,000금에 해당
> 했다. 효왕이 후세에게 뇌준을 잘 보관하여 남에게 주는 일이 없
> 게 하라고 가르쳤다. 임왕후가 듣고 뇌준을 얻고자 했다. 평왕의
> 할머니 이태후가 말했다.
>
> "선왕께서 뇌준을 남에게 내주지 말라고 명하셨다. 다른 물건
> 이라면 비록 1억의 가치가 되더라도 오히려 네 마음대로 해도
> 된다."
>
> 梁平王襄[1] 十四年 母曰陳太后 共王母曰李太后 李太后 親平王之大母
> 也 而平王之后姓任曰任王后 任王后甚有寵於平王襄 初 孝王在時 有
> 罍樽[2] 直千金 孝王誡後世 善保罍樽 無得以與人 任王后聞而欲得罍
> 樽 平王大母李太后曰 先王有命 無得以罍樽與人 他物雖百巨萬 猶自
> 恣也

① 襄양

색은 《한서》에는 '양讓'으로 되어 있다.

漢書作讓

② 罍樽뇌준

[집해] 정덕이 말했다. "위의 덮개에 구름과 우레의 상을 새겼다."

鄭德曰 上蓋刻爲雲雷象

[색은] 응소가 말했다. 《시경》에 '저 금뢰金罍에 술을 따르네.'라고 했다. 뇌罍는 구름과 우레의 상을 그려서 금金으로 장식한 것이다."

應劭曰 詩云 酌彼金罍 罍者 畫雲雷之象以金飾之

임왕후는 간절히 갖고 싶어 했다. 평왕 양은 곧바로 사람을 시켜서 창고를 열고 뇌준을 가져와 임왕후에게 주었다. 이태후가 크게 노하여 한나라의 사신이 오자 몸소 하소연하고자 했는데, 평왕 양과 임왕후가 가로막으며 문을 닫아걸었다. 이태후는 문을 열려다가 손가락이 끼는 바람에[①] 마침내 한나라의 사신을 만나볼 수 없었다.

이태후는 또한 은밀히 식관장食官長[②]과 낭중郎中 윤패尹霸 등의 인사들과 통간해서 문란했다.[③] 그래서 왕과 임왕후는 이를 빌미로 사람을 시켜 넌지시 이태후를 제지하자, 이태후는 안으로 음란한 행동이 있었으므로 또한 그만두었다. 뒤에 병이 들어 죽었다. 이태후가 병이 들었을 때 임왕후는 일찍이 병문안을 안 했고 죽어서도 상례를 치르지 않았다.

任王后絕欲得之 平王襄直使人開府取罍樽 賜任王后 李太后大怒 漢使者來 欲自言 平王襄及任王后遮止 閉門 李太后與爭門 措指[①] 遂不得見漢使者 李太后亦私與食官長[②]及郎中尹霸等士通亂[③] 而王與任王

后以此使人風止李太后 李太后内有淫行 亦巳 後病薨 病時 任后未嘗
請病 薨 又不持喪

① 措指책지

집해 진작이 말했다. "허신은 조措는 치置(두는 것)라고 했다. 글자를 빌
린 것으로 착笮(눌리다)이다."

晉灼曰 許愼云 措 置 字借以爲笮

색은 措의 발음은 '착迮'이고, 또 '책[側格反]'이다.《한서》〈왕릉전〉에서는
'박책전대迫迮前隊'라고 했는데 모두 이 글자로 되어 있다.《설문》에서는
"착笮은 핍박하는 것이다."라고 했다. 문짝으로 누른 것을 말한 것이다.

措音迮 側格反 漢書王陵傳迫迮前隊 皆作此字 說文云笮 迫也 謂爲門扇所笮

② 食官長식관장

신주 식사를 담당하는 관리의 장長을 말한다.

③ 食官長及郎中尹霸等士通亂식관장급낭중윤패등사통란

정의 장선생은, 구본舊本에는 '사士' 자가 있는데 쓸데없이 덧붙여진 글
자라고 의심하면서도 감히 없애지는 못했다. 그래서 크게 그 글자의 중
심에 붉은 점을 찍었다. 지금 살펴보니 식관장과 낭중 윤패 등은 곧 사인
이며, 태후는 그들과 더불어 간통하여 문란했다고 했으니 그 뜻이 또한
통한다.

張先生舊本有士字 先生疑是衍字 又不敢除 故以朱大点其字中心 今按 食官長
及郎中尹霸等是士人 太后與通亂 其義亦通矣

무제 원삭 연간에 수양 사람 유안반狂狃反[1]은 사람 중에 그 아버지를 모욕하는 자가 있었는데, 회양태수와 객이 수레를 함께 타고 나갔다. 태수와 객이 수레에서 내려 나오자 유안반은 그 원수를 수레 곁에서 죽이고 도망갔다.

회양태수가 노하여 양나라 2,000석 벼슬아치를 꾸짖었다. 2,000석 이하가 유안반을 찾다가 너무 급해져서 유안반의 친척을 체포했다. 유안반은 양나라에 비밀스러운 일이 있음을 알고 곧 변고의 일을 올려, 왕과 할머니가 뇌준을 다툰 상황을 구체적으로 고했다.

元朔中 睢陽人類狃反[1]者 人有辱其父 而與淮陽太守客出同車 太守客出下車 類狃反殺其仇於車上而去 淮陽太守怒 以讓梁二千石 二千石以下求反甚急 執反親戚 反知國陰事 乃上變事 具告知王與大母爭樽狀

① 類狃反 유안반

색은 위소가 말했다. "狃의 발음은 '안岸'이다." 살펴보니 유안반은 사람의 성명이다. '반反'이 다른 판본에는 우友로 되어 있다.

韋昭云狃音岸 按 類狃反 人姓名也 反字或作友

이때 승상 이히가 이를 보고 알게 되었는데 양나라의 장리長吏들을 해치려고 그 글을 천자에게 보고했다. 천자는 관리에게 내려

증거를 물으니 그런 일이 있었다고 했다. 공경들은 양襄을 폐해서 서민으로 삼기를 청원하니 천자가 말했다.

"이태후는 음행이 있었고 양왕 양은 어진 사부師傅가 없었다. 그래서 불의에 빠진 것이다."

이에 양나라의 8개 성을 삭감하고 임왕후를 저자에서 효수토록 했다. 양나라는 아직 10개 성이 남아 있었다.[①] 양왕이 즉위한 지 39년에 죽고 시호를 평왕平王이라고 했다.[②] 아들 무상無傷이 즉위하여 양왕이 되었다.[③]

時丞相以下見知之 欲以傷梁長吏 其書聞天子 天子下吏驗問 有之 公卿請廢襄爲庶人 天子曰 李太后有淫行 而梁王襄無良師傅 故陷不義 乃削梁八城 梟任王后首于市 梁餘尙有十城[①] 襄立三十九年卒 諡爲平王[②] 子無傷立爲梁王也[③]

① 梁餘尙有十城양여상유십성

신주 《사기지의》에서 말한다. "《한서》〈문삼왕전〉에서는 '양왕의 5개 현을 삭감하고 왕태후의 탕목 성양읍成陽邑을 빼앗았는데, 양나라는 아직 8개 성이 남아 있었다.'라고 하여 《사기》와 다르다." 성양은 제음군 속현이다.

② 襄立三十九年卒 諡爲平王양립삼십구년졸 시위평왕

신주 《한서》〈제후왕표〉에 따르면 양왕 양은 40년 동안 재위한다. 태시 원년이고 아들 무상 원년이라고 했다. 《사기》〈한흥이래제후왕연표〉로 계산하면 전임 공왕은 7년에 죽었다. 그때가 건원 4년이었으므로 평왕

양 원년은 건원 5년이다. 건원 5년(서기전 136)부터 천한天漢 4년(서기전 97)까지는 40년이다. 그러므로 저소손이 후대에 덧붙인 기록마저 틀렸다.

③ 子無傷立爲梁王也자무상립위양왕야

신주 《한서》〈제후왕표〉에 따르면 양나라는 왕망王莽이 찬탈하기까지 계속해서 8대까지 명맥을 잇는다.

제천왕 유명劉明은 양효왕의 아들이다. 환읍桓邑[1]의 후侯로서 효경제 중 6년에 제천왕이 되었다.
즉위 7년, 그의 중위中尉를 쏘아 죽인 일에 연루되어[2] 한나라 관리가 죽일 것을 청했는데, 천자는 차마 죽이지 못하고 유명을 폐해서 서인으로 삼았다. 방릉房陵[3]으로 귀양 보내고 땅은 한나라에 편입시켜 군郡으로 삼았다.[4]
濟川王明者 梁孝王子 以桓邑[1]侯孝景中六年爲濟川王 七歲 坐射殺其中尉[2] 漢有司請誅 天子弗忍誅 廢明爲庶人 遷房陵[3] 地入于漢爲郡[4]

---

① 桓邑환읍

색은 〈지리지〉에는 환읍이 빠져 있다.

地理志桓邑闕

② 坐射殺其中尉좌사살기중위

신주 〈한흥이래제후왕연표〉에서는 중부中傅라 하고, 그 주석에는 혹

태부太傅라 했다. 중위는 중앙의 관리이므로 〈한흥이래제후왕연표〉의 내용이 맞을 것이다. 《사기지의》 저자 양옥승도 그렇다고 주장한다. 《한서》 〈무제기〉에서는 태부와 중부를 모두 살해했다고 한다.

③ 房陵방릉

신주 한중군漢中郡 동쪽이다. 춘추시대 초나라가 태동한 지역으로 첩 첩산중이어서 부근의 상용上庸과 더불어 고대의 유배지였다.

④ 爲郡위군

신주 《사기지의》에서 말한다. "제천이 군이 되었는데 《사기》와 《한서》 에 그 소재를 기록하지 않았다. 《수경주》 7편에서 응소의 말을 인용해 '제천은 지금 진류군 제양현이다.'라고 했다. 즉 진류군의 제천국은 여태 후 때의 제천국과는 다른 곳이다."

진류군은 낙양이 있는 하남군 동쪽이고 양국 서쪽이다. 전국시대 위魏 나라 수도 대량大梁이 있던 곳이다. 〈여태후본기〉에 따르면 여태후 때 제 천국은 여국呂國을 고친 이름이다. 《사기지의》에 따르면 여국은 제남군 에 있었다.

제동왕 유팽리劉彭離는 양효왕의 아들로 효경제 중 6년에 제동왕 이 되었다.

29년, 팽리는 교만하고 포악해서 남의 군주 된 예의가 없었다. 어 두워지면 몰래 그의 노복 및 망명한 소년 수십 명과 포악을 행해

도둑질하거나 사람을 죽이고 재물을 빼앗는 일을 즐겨 했다.[1]

죽인 일이 드러난 것만 100여 명인데, 나라 사람들이 모두 알고 있어 감히 밤길을 다니는 자가 없었다. 죽임을 당한 자의 아들이 글을 올려 고발했다. 한나라 관리는 죽일 것을 요청했지만 주상은 차마 죽이지 못하고 서인으로 폐하고 상용上庸으로 귀양 보냈다. 땅은 한나라에 편입시켜 대하군大河郡으로 삼았다.[2]

산양애왕 유정劉定은 양효왕의 아들이다. 효경제 중원中元 6년에 산양왕이 되었다. 9년에 죽고 아들이 없어서 봉국이 없어지고 땅은 한나라에 편입되어 산양군이 되었다.

제음애왕 유불식劉不識은 양효왕의 아들이다. 효경제 중 6년에 제음왕이 되었다.

1년 만에 죽고 자식이 없어 봉국이 없어졌다. 땅은 한나라에 편입되어 제음군이 되었다.

濟東王彭離者 梁孝王子 以孝景中六年爲濟東王 二十九年 彭離驕悍無人君禮 昏暮私與其奴 亡命少年數十人行剽殺人 取財物以爲好[1] 所殺發覺者百餘人 國皆知之 莫敢夜行 所殺者子上書言 漢有司請誅 上不忍 廢以爲庶人 遷上庸 地入于漢 爲大河郡[2] 山陽哀王定者 梁孝王子 以孝景中六年爲山陽王 九年卒 無子 國除 地入于漢 爲山陽郡 濟陰哀王不識者 梁孝王子 以孝景中六年爲濟陰王 一歲卒 無子 國除 地入于漢 爲濟陰郡

① 以爲好이위호

집해 여순이 말했다. "이로써 좋아하고 기뻐하는 일로 삼았다."

如淳曰 以是爲好喜之事

② 爲大河郡위대하군

신주 중원의 대야택大野澤을 중심으로 동북쪽이 대하군, 동남쪽이 산
양군, 서북쪽이 동군, 서남쪽이 제음군이다. 제음군과 남쪽이 양국梁國,
제음과 양국 동쪽이 진류군이다. 대하군은 나중에 동평東平으로 이름을
바꾼다. 즉 원래 확대된 양국은 양, 진류, 제음, 산양, 동평의 중원 일대를
모두 포함하는 큰 나라였다.

태사공은 말한다.
양효왕은 모름지기 친애받은 까닭에 기름진 땅의 왕이 되었고 한
나라의 융성한 때를 만나 백성들은 재물이 넉넉하고 번성했다.
이 때문에 재화를 불려 궁실을 넓히고 수레와 의복도 천자를 본
뜰 수 있었다. 그럼에도 이 또한 분수를 넘는 짓이었다.
太史公曰 梁孝王雖以親愛之故 王膏腴之地 然會漢家隆盛 百姓殷富
故能植其財貨 廣宮室 車服擬於天子 然亦僭矣

양효왕이 용서받은 사연

저선생이 말했다.[1]

신이 낭관郎官이 되었을 때 궁전의 늙은 낭리郎吏로 일 벌이기를 좋아하는 자가 이야기하는 것을 들었다. 가만히 생각해보니 양효왕이 원한을 갖고 불선不善한 짓을 하게 한 것은 궁중 안에서부터 발생한 것이다. 당시 두태후竇太后는 여주女主였으며 작은아들을 사랑했기 때문에 양왕을 태자로 삼고자 했다. 대신들은 그것이 불가한 정상을 제때 바르게 말하지 못하고 두태후의 뜻에 아부하여 소극적으로 처리했고, 사심으로 태후의 뜻에 아첨하여 상을 하사받으려고 했으니 충신이 아니었다. 다 같이 위기후魏其侯 두영竇嬰처럼 바르게 말했다면[2] 어찌 뒷날 재앙이 있었겠는가.

褚先生曰[1] 臣爲郎時 聞之於宮殿中老郎吏好事者稱道之也 竊以爲令梁孝王怨望 欲爲不善者 事從中生 今太后 女主也 以愛少子故 欲令梁王爲太子 大臣不時正言其不可狀 阿意治小 私說意以受賞賜 非忠臣也 齊如魏其侯竇嬰之正言也[2] 何以有後禍

① 褚先生曰저선생왈

《사기지의》에서 말한다. "저선생이 이어 지은 이야기는 삭제할 만하다. 또 오동잎으로 웅應에 봉했다는 것은 〈진세가〉와 다르다. 저선 생은 《한시외전》에서 근거하였는데 그릇되었으며, 《수경주》의 치수濰水 주석과 《한서》 〈지리지〉의 영천군 보성父城 주석을 보고 판단한 것이다. 양나라 문서를 불사르고 돌아와 보고했다는 것은 〈전숙전〉과 다른데 아마 사실이 아닐 것이다. 오직 말한 것은 한나라 제후왕이 절기에 맞춰 조견하는 법으로, 《한서》와 《사기》에 빠진 것을 보충할 만하다."

치수濰水는 회수淮水 지류인 여수汝水 지류이며, 영천군 보성父城은 여 수와 치수 사이에 있다.

② 竇嬰之正言也두영지정언야

두영과 원앙은 모두 주나라에서 아들을 세운 것처럼 해야 하고, 아우를 세우는 것은 합당하지 않다고 했다.

竇嬰 袁盎 皆言如周家立子 不合立弟

경제가 양효왕과 연회 때 만나서 두태후를 모시고 술을 마실 때 경제가 "천추만세 뒤에는 왕에게 전하겠습니다."라고 말하자 태 후가 아주 기뻐하며 달가워했다. 이때 두영이 면전에 있으면서 땅 에 엎드려 말했다.

"한나라 법에는 아들과 적손適孫에게만 전하라고 했는데, 지금 황제께서는 무엇 때문에 아우에게 전해서 고조의 약속을 멋대로 어지럽히려 하십니까."

이에 경제는 묵묵히 아무 말이 없었다. 두태후는 마음으로 달갑지 않았다.

景帝與王燕見 侍太后飮 景帝曰 千秋萬歲之後傳王 太后喜說 竇嬰在前 據地言曰 漢法之約 傳子適孫 今帝何以得傳弟 擅亂高帝約乎 於是 景帝黙然無聲 太后意不說

옛날 (주나라) 성왕成王은 어린 아우와 나무 아래 서서 오동잎 하나를 따서 주면서 말했다.

"내가 너를 등용하여 봉해주겠다.①"

주공周公이 그 말을 듣고 앞으로 나아가 말했다.

"천왕께서 아우를 봉해주는 것은 매우 좋은 일입니다."

성왕이 말했다.

"나는 장난을 쳤을 뿐이오."

주공이 말했다.

"임금이 되어서는 지나친 거동이 있어서는 안 됩니다. 농담은 당치 않습니다. 말씀을 하시면 반드시 실행해야 합니다."

이 때문에 성왕은 어린 아우를 응현應縣에 봉해주었다.②

이후 성왕은 죽을 때까지 감히 농담을 하지 않았으며, 말하면 반드시 실천했다고 한다. 《효경》에 이르기를 "법도가 아니면 말하지 않고 길이 아니면 가지 않는다."라고 했는데, 이는 성인聖人의 법언이다.

이때 주상은 양왕에게 듣기 좋은 말을 하지 않았어야 했다. 양왕은 위로 태후가 두텁게 대우하자 교만하고 어긋난 짓이 날이 갈수록 더했는데 경제에게 자주 듣기 좋은 말을 들었다. 천추만세 후에 양왕에게 전하겠다고 했으나 실제로 행해지지 않았다.

故成王與小弱弟立樹下 取一桐葉以與之 曰吾用封汝[1] 周公聞之 進見 曰天王封弟 甚善 成王曰 吾直與戲耳 周公曰 人主無過舉 不當有戲言 言之必行之 於是乃封小弟以應縣[2] 是後成王没齒不敢有戲言 言必行之 孝經曰 非法不言 非道不行 此聖人之法言也 今主上不宜出好言於 梁王 梁王上有太后之重 驕蹇日久 數聞景帝好言 千秋萬世之後傳王 而實不行

① 取一桐葉以與之 曰 吾用封汝취일동엽이여지 왈 오용봉여

신주 주나라 성왕成王이 아우에게 오동잎을 따서 건넸는데, 오동잎은 홀[圭]을 상징한다. 임금이 신하에게 홀을 건네는 것은 등용을 의미한다. 그 후 신하들은 조회에 들어올 때마다 조복朝服을 갖추고 손에 홀을 들고 임금을 알현했다. 《예기》〈옥조〉에서는 "홀을 천자는 구옥球玉으로, 제후는 상아象牙로, 대부는 어수문죽魚須文竹으로, 사인士人은 대나무로 제작한다."라고 했다.

② 封小弟以應縣봉소제이응현

색은 이 설명은 〈진세가〉와 다르다. 이 사건은 숙우叔虞를 봉한 것과 같다. 저것은 당唐에 봉할 때의 말이고 이것은 응應에 봉할 때의 말인데, 응應도 성왕成王의 아우이니 혹 따로 본 바가 있겠지만 같지는 않다.

此說與晉系家不同 事與封叔虞同 彼云封唐 此云封應 應亦成王之弟 或別有所

見 故不同

정의 《괄지지》에서 말한다. "옛 응성은 옛 응향이며 여주 노산현 동쪽 40리에 있다." 《여씨춘추》에서 "성왕이 오동잎을 다듬어 규圭로 삼아 장난치며 숙우叔虞를 봉했다."라고 하니, 응후應侯라는 것은 잘못이다. 또 《급총고문》에서는 은나라 때 이미 응국이 있었고, 성왕이 만든 것은 아니라고 한다.

括地志云 故應城 故應鄉也 在汝州魯山縣東四十里 呂氏春秋云成王戲削桐葉爲圭 以封叔虞 非應侯也 又汲冢古文云殷時已有應國 非成王所造也

또 제후왕으로서 천자를 알현하는데, 한나라 법에는 모두 네 번 알현해야 했을 뿐이다. 처음 도착해 들어와 소현小見(잠깐 알현)한다. 정월 초하루 아침에 사슴 가죽으로 싼 벽옥碧玉을 올리면서 정월을 축하하고 법규에 따라 알현한다. 3일 뒤에는 제후왕을 위해 주연을 베풀고 금전과 재물을 하사한다. 또 2일 뒤에는 다시 들어와 잠깐 알현하여 작별을 고하고 떠난다. 무릇 장안에 머무는 시간은 20일을 넘지 않는다.

소현小見이라는 것은 금문禁門 안에서 편안하게 알현하고 성중省中(궁중)에서 술을 마시는 것인데, 사인士人이 아니라면 들어가지 못한다.

지금 양왕은 서쪽으로 조회에 들어와 이로 인해 또 반년을 머물렀다. 들어올 때는 천자와 함께 가마를 타고 나갈 때는 함께 수레를 탔다. (경제가) 지나가는 말처럼 대언大言(황위계승)했으나 실제로는 제위를 물려주지 않자 그에게 원망하는 말이 나오고 반역까지 꾀하게 만들었다. 이에 따라 조정에서 근심까지 했으니 또한 사리에 멀지 않겠는가. 큰 현인이 아니면 물러나서 사양할 줄을 모른다. 지금 한나라 의례와 법식에 조현하고 정월을 축하할 때 항상 왕 1명과 제후 4명이 함께 조현하는데 10여 년에 한 번 이른다. 지금 양왕은 늘 해마다 들어와 조현하고 오래도록 머물렀다.

속담에 이르기를 "교만한 자식은 효도하지 않는다."라고 했으니 틀린 말이 아니다. 그러므로 제후왕은 마땅히 어진 스승을 두어 충언忠言하게 해야 한다. 급암汲黯과 한장유韓長孺[1] 등처럼 감히 직언直言으로 지극히 간했다면 어찌 우환이나 해가 있었겠는가.

又諸侯王朝見天子 漢法凡當四見耳 始到 入小見 到正月朔旦 奉皮薦 璧玉賀正月 法見 後三日 爲王置酒 賜金錢財物 後二日 復入小見 辭 去 凡留長安不過二十日 小見者 燕見於禁門內 飮於省中 非士人所得 入也 今梁王西朝 因留 且半歲 入與人主同輦 出與同車 示風以大言而 實不與 令出怨言 謀畔逆 乃隨而憂之 不亦遠乎 非大賢人 不知退讓 今 漢之儀法 朝見賀正月者 常一王與四侯俱朝見 十餘歲一至 今梁王常 比年入朝見 久留 鄙語曰驕子不孝 非惡言也 故諸侯王當爲置良師傅 相忠言之士 如汲黯韓長孺[1]等 敢直言極諫 安得有患害

① 汲黯韓長孺급암한장유

신주 급암은 한무제 때 직간하는 강직한 신하였는데 '와치臥治'라는 고사성어를 남긴 목민관이기도 하다. 《한서》〈급암열전〉에 자세히 나온다. 한장유는 앞서 양효왕을 모셨던 한안국을 가리킨다.

대개 듣건대 양왕은 서쪽으로 들어와 조회하여, 두태후를 배알하고 또 황제를 편안하게 배알했으며, 경제와 함께 태후를 앞에 모시고 앉아서 화기애애한 이야기를 나누었다고 한다. 태후가 경제에게 말했다.

"내가 듣자니 은나라 도道는 친한 이를 친하게 하고, 주나라 도는 존귀한 이를 존귀하게 하는 것이라고 하는데[1] 그 의의는 하나요. 양효왕을 등용해 안거安車와 대가大駕를 맡겼으면 하오."

경제는 자리에서 무릎을 꿇고 몸을 일으키면서 말했다.

"그렇게 하겠습니다."

술자리를 끝내고 나가서 경제는 원앙과 여러 대신 가운데 경술經術에 통달한 자를 불러서 말했다.

"태후의 말씀이 이와 같은데 무엇을 말하는가?"

蓋聞梁王西入朝 謁竇太后 燕見 與景帝俱侍坐於太后前 語言私說 太后謂帝曰 吾聞殷道親親 周道尊尊[1] 其義一也 安車大駕 用梁孝王爲寄 景帝跪席舉身曰 諾 罷酒出 帝召袁盎諸大臣通經術者曰 太后言如是 何謂也

① 殷道親親 周道尊尊은도친친 주도존존

색은 은나라 사람은 질質(같은 바탕)을 숭상하는데 친친親親은 그 아우를 친하게 하여 주는 것을 말한다. 주나라 사람은 문文(꾸밈)을 숭상하는데, 존존尊尊은 조祖의 정체正體(적장자)를 높이는 것을 말한다. 그러므로 그의 아들을 세워서 그 조상을 높인다.

殷人尙質 親親 謂親其弟而授之 周人尙文 尊尊 謂尊祖之正體 故立其子 尊其

祖也

모두 대답했다.

"태후의 의중은 양왕을 세워 황제의 태자로 삼고 싶은 것입니다."

경제가 그 정상을 묻자, 원앙 등이 대답했다.

"은나라 도를 친친이라 한 것은 아우를 세운다는 뜻입니다.[1] 주나라 도를 존존이라 한 것은 자식을 세운다는 뜻입니다. 은나라 도는 질質인데 질은 하늘을 본받아 그 친한 이를 친하게 한다는 뜻입니다. 그러므로 아우를 세웁니다. 주나라 도는 문文이고 문은 땅을 본받는데, 존尊은 공경하는 것이어서 그 본래 시조를 공경한다는 뜻입니다. 그러므로 맏아들을 세웁니다. 주나라 도는 태자가 죽으면 적손適孫을 세웠고, 은나라 도는 태자가 죽으면 그의 아우를 세웠습니다."

경제가 말했다.

"공公들은 어떻게 생각하는가?"

皆對曰 太后意欲立梁王爲帝太子 帝問其狀 袁盎等曰 殷道親親者 立弟[1] 周道尊尊者 立子 殷道質 質者法天 親其所親 故立弟 周道文 文者法地 尊者敬也 敬其本始 故立長子 周道 太子死 立適孫 殷道 太子死 立其弟 帝曰 於公何如

① 殷道親親者 立弟은도친친자 입제

신주 은나라는 형제계승이 원칙이었다. 그래서 형제가 다할 때까지 형제들이 잇다가 형제가 다하면 다음 후손으로 넘어간다. 이는 다분히 북방민족들의 특징인 막내 계승의 원칙과 일맥상통하는 면이 있다.

모두가 대답했다.

"지금 한나라 황실은 주나라를 본받았는데,[①] 주나라 도는 아우를 세우지 않고 마땅히 아들을 세웁니다. 그러므로《춘추》에서 송선공宋宣公을 그르다고 한 것입니다. 송선공이 죽자 아들을 세우지 않고 아우에게 주었습니다. 아우가 국가를 받고 죽으면 반복해서 형의 아들에게 주었습니다. 아우의 아들이 (후사를) 다투어 우리가 마땅히 아버지의 후사를 대신해야 한다고 여기고 곧 형의 아들을 찔러 죽였습니다. 이 때문에 국가는 어지러워지고 재앙이 그치지 않았습니다. 그래서《춘추》에 이르기를 '군자는 정도를 지키는 것을 크게 여기니 송나라의 재앙은 선공이 만든 것'이라고 했습니다.[②] 신이 청컨대 태후를 뵙고 아뢰겠습니다."

원앙 등이 들어가 태후를 알현하고 물었다.

"태후께서는 양왕을 세우고자 하신다고 말씀하셨는데 양왕이 곧 임종하면 누구를 세우고자 하십니까?"

태후가 말했다.

"나는 다시 황제의 아들을 세울 것이다."

皆對曰 方今漢家法周[①] 周道不得立弟 當立子 故春秋所以非宋宣公 宋宣公死 不立子而與弟 弟受國死 復反之與兄之子 弟之子爭之 以爲我

當代父後 即刺殺兄子 以故國亂 禍不絶 故春秋曰 君子大居正 宋之禍

宣公爲之^② 臣請見太后白之 袁盎等入見太后 太后言欲立梁王 梁王即

終 欲誰立 太后曰 吾復立帝子

① 漢家法周한가법주

신주 주나라는 화덕火德으로 은나라를 이겼다고 여겨서 붉은색을 숭

상했다. 한나라 역시 화덕으로 일어났다고 하여 붉은색을 숭상했다.

② 宋之禍宣公爲之송지화선공위지

신주 송선공의 이름은 역力이다. 송나라 13대 군주로, 서기전 747년부

터 서기전 729년까지 19년 재위했다. 자기 아들 여이與夷에게 계승시키지

않고 아우 목공穆公 화和에게 자리를 계승하게 했다. 목공은 다시 조카

상공傷公 여이與夷에게 물려주었다. 10년 뒤 화독華督이 상공을 죽이고

목공의 아들 풍馮을 세우니 그가 장공莊公이다. 풍이 살던 정나라와 다

툼이 약간 있긴 했지만 풍에게 살해당한 것은 아니다. 〈송미자세가〉에 따

르면 오히려 군자(공자)는 송선공을 칭찬한다. 《춘추공양전》에서는 송선

공을 비난한다. 사마천의 평에 나온다.

원앙 등은 송선공이 바르게 세우지 않아서 재앙이 생기고 재앙과

어지러움이 5대 후까지 끊이지를 않았으며, 작은 것을 차마 못해

서 대의가 해를 입은 정상을 태후에게 보고했다. 태후는 이에 말을

이해하고 곧 양왕에게 봉국으로 돌아가도록 했다. 그러나 양왕은 그 의론이 원앙과 여러 대신에게서 나왔다는 소식을 듣고 원망하여 사람을 시켜 원앙을 살해하고 오도록 했다. 원앙이 자객을 돌아보며 말했다.

"내가 이른바 원장군袁將軍이다. 그대는 잘못이 없는가?"

자객이 말했다.

"맞소!"

찌르고 그 검을 두었는데 검이 몸에 박혀 있었다. 그 검을 살펴보니 새로 만든 것이었다.

장안長安 안에서 칼을 제작하는 공인工人을 심문했는데, 공인이 말했다.

"양나라 낭郎 아무개①가 와서 이 검을 만들었습니다."

이로써 알게 되었고 그 일이 드러났으며, 사자를 발동해 그를 쫓아 체포했다. 유독 양왕이 죽이고자 했던 대신은 10여 명이었는데, 심문관이 근본을 추궁하자 모반의 단서가 자못 드러났다.

태후는 식음을 전폐하고 밤낮으로 울기를 그치지 않았다. 경제는 매우 걱정이 되어 공경과 대신에게 묻자 대신들은 경술經術에 통달한 관리를 보내 다스리게 하면 풀어질 것이라고 했다.

袁盎等以宋宣公不立正 生禍 禍亂後五世不絶 小不忍害大義狀報太后 太后乃解說 即使梁王歸就國 而梁王聞其義出於袁盎諸大臣所 怨望 使人來殺袁盎 袁盎顧之曰 我所謂袁將軍者也 公得毋誤乎 刺者曰 是 矣 刺之 置其劍 劍著身 視其劍 新治 問長安中削屬工 工曰 梁郎某子① 來治此劍 以此知而發覺之 發使者捕逐之 獨梁王所欲殺大臣十餘人

> 文吏窮本之 謀反端頗見 太后不食 日夜泣不止 景帝甚憂之 問公卿大
> 臣 大臣以爲遺經術吏往治之 乃可解

① 梁郎某子양랑모자

색은 양나라 낭郎이라고 했는데 이는 효왕의 관속이다. 아무개는 역사에서 그의 성명을 잃은 것이다.
謂梁國之郎 是孝王官屬 某子 史失其姓名也

신주 자객의 임무는 비밀이 생명인데, 자객 스스로 양나라 누구인지 밝히고 또 장안에서 검을 만들어 임무를 행했다는 것은 삼척동자도 안 할 일이다. 저소손의 말대로 궁전의 일 만들기 좋아하는 자가 한 말일 뿐일 것이다.

> 이에 전숙田叔[①]과 여계주呂季主를 보내 다스리게 했다. 이 두 사람은 모두 경술에 통달하고 대례를 알았다. 이들은 돌아오다가 패창구霸昌廐[②]에 이르러 양나라의 모반과 관련된 공술서를 가져다 모조리 불태우고 단지 빈손으로 와서 경제에게 보고했다. 경제가 말했다.
> "어떻게 되었는가?"
> 대답했다.
> "양왕은 알지 못했습니다. 일을 꾸민 것은 유독 그가 총애하는 신하 양승羊勝과 공손궤公孫詭의 무리가 한 짓일 뿐입니다. 삼가

죽음을 받게 했으며 양왕은 아무 탈이 없습니다."

於是遣田叔^①呂季主往治之 此二人皆通經術 知大禮 來還 至霸昌廄^②
取火悉燒梁之反辭 但空手來對景帝 景帝曰 何如 對曰 言梁王不知也
造爲之者 獨其幸臣羊勝公孫詭之屬爲之耳 謹以伏誅死 梁王無恙也

① 田叔전숙

신주 전숙은 조나라 형성陘城 출신으로 제나라 전씨들의 후예이다. 효
경제 때 양효왕의 보복사건을 맡아 조사했다. 뒤에 노나라 재상으로 임명
되었다. 《사기지의》에서 간파한 것처럼 〈전숙열전〉과 내용이 달라서 전숙
이 정말로 이렇게 했는지 의심스럽다. 〈양효왕세가〉와도 어긋난다.

② 霸昌廄패창구

정의 《괄지지》에서 말한다. "한나라 패창구는 옹주 만년현 동북쪽 38리
에 있다."

括地志云 漢霸昌廄在雍州萬年縣東北三十八里

신주 말을 길러 보관하는 마구간이다.

경제는 기뻐하며 말했다.

"급히 달려가 태후를 배알해야겠다."

태후는 이 소식을 듣고 곧 일어나 앉아서 식사했고 기력을 회복
했다. 그래서 "경술을 통달해서 고금의 대례를 알지 못한다면

삼공三公이나 좌우의 근신近臣이 되지 못한다. 식견이 부족한 사람은 마치 대롱 속으로 하늘을 보는 것과 같다.”라고 하는 것이다.

景帝喜說 曰急趨謁太后 太后聞之 立起坐湌 氣平復 故曰 不通經術知古今之大禮 不可以爲三公及左右近臣 少見之人 如從管中闚天也

색은술찬 사마정이 펼쳐서 밝힌다.

　문제의 작은아들을 양나라로 옮겨 봉했다. 태후가 품어서 아끼니 널찍하게 수양睢陽을 건축했다. 깃발을 세우고 드나들 때 경필警蹕하니 위세는 천자를 본떴다. 오초를 막는 데 공이 있었지만 공손궤와 양승의 더러운 꾀를 썼다. 두영은 올바르게 건의했고 원앙은 겁박당해 몸을 잃었다. 한나라는 양의 옥사를 다그쳐 사신의 수레가 길에서 서로 이어졌다. 화는 교만한 자식에서 생겨 이처럼 미쳐 날뛰게 만드는구나! 비록 다섯 나라로 나뉘었어도 끝내 번창하지 못했구나.

文帝少子 徙封於梁 太后鍾愛 廣築睢陽 旌旒警蹕 勢擬天王 功扞吳楚 計醜孫羊 竇嬰正議 袁盎劫傷 漢窮梁獄 冠蓋相望 禍成驕子 致此猖狂 雖分五國 卒亦不昌

[지도 4] 양효왕세가

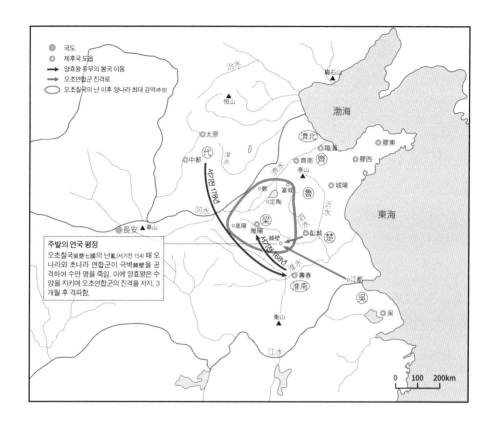

주발의 연국 평정

오초칠국吳楚七國의 난亂(서기전 154) 때 오나라와 초나라 연합군이 극벽棘壁을 공격하여 수만 명을 죽임. 이에 양효왕은 수양을 지키며 오초연합군의 진격을 저지, 3개월 후 격파함.

사기 제59권 史記卷五十九

오종세가 五宗世家

사기 제59권 오종세가 제29

史記卷五十九 五宗世家第二十九

색은 경제景帝의 아들은 14명이다. 한 사람은 무제武帝이고 나머지
13명은 왕이 되었다. 《한서》에는 '경십삼왕景十三王'이라고 일렀다. 여기
서 '오종五宗'이라고 이름 붙인 것은 13명이 왕이 되었는데, 그들 어머니
가 다섯 사람이라 동모同母를 종宗으로 했기 때문이다.

景帝子十四人 一武帝 餘十三人爲王 漢書謂之景十三王 此名五宗者 十三人爲
王 其母五人 同母者爲宗也

신주 경제의 아들은 14명인데 그중 한 명은 무제이고 나머지 13명이 왕이
되었다. 그 어머니는 모두 다섯 명이다. 율희栗姬 소생이 유영劉榮, 유덕
劉德, 유알우劉閼于이다. 정희程姬 소생이 유여劉餘, 유비劉非, 유단劉端
이다. 가부인賈夫人 소생이 유팽조劉彭祖, 유승劉勝이다. 당희唐姬 소생이
유발劉發이다. 왕부인王夫人 소생이 유월劉越, 유기劉奇, 유승劉乘, 유순
劉舜이다. 이들에 대한 기사가 '오종세가'이다.

율희의 세 아들

효경황제의 아들은 모두 13명이 왕이 되었다. 이들의 어머니는 다섯 명이며 어머니가 같은 자를 종친宗親으로 했다.

율희栗姬의 아들은 영榮과 덕德과 알우關于[1]이다.

정희程姬의 아들은 여餘와 비非와 단端이다.

가부인의 아들은 팽조彭祖와 승勝이다.

당희唐姬의 아들은 발發이다.

왕부인 아후兒姁[2]의 아들은 월越과 기寄와 승乘과 순舜이다.

孝景皇帝子凡十三人爲王 而母五人 同母者爲宗親 栗姬子曰榮德關于[1] 程姬子曰餘非端 賈夫人子曰彭祖勝 唐姬子曰發 王夫人兒姁[2]子曰越寄乘舜

① 關于알우

[색은] 關의 발음은 '알遏'이다. 《한서》에는 '우于' 자가 없다.

關音遏 漢書無于字

② 兒姁아후

姁의 발음은 '후-[況羽反]'이다. 아후는 부인夫人의 이름이며, 왕황후 (왕미인) 동생이다.

況羽反 兒姁 夫人名也 王皇后之妹也

하간헌왕河閒獻王 덕德[1]은 효경제 전원前元[2] 2년(서기전 157)에 황자로서 하간왕이 되었다. 유학을 좋아해 잠깐 옷을 입더라도 반드시 유자儒者의 차림을 했다. 그래서 산동의 유자들 중 그를 따라 유학하는 자들이 많았다.

26년에 죽고,[3] 아들 공왕共王 불해不害가 즉위했다.

4년에 죽고, 아들 강왕剛王 기基가 계승하여 즉위했다.

12년에 죽고 아들 경왕頃王 수授[4]가 계승하여 즉위했다.

河閒獻王德[1] 以孝景帝前[2]二年用皇子爲河閒王 好儒學 被服造次必於儒者 山東諸儒多從之游 二十六年卒[3] 子共王不害立 四年卒 子剛王基代立 十二年卒 子頃王授[4]代立

---

① 河閒獻王德하간헌왕덕

《한서》에서 말한다. "대행령大行令이 〈시법〉에서 총명예지聰明睿智함을 헌獻이라고 합니다'라고 아뢰었다."

漢書云 大行令奏 諡法曰聰明睿智曰獻

하간국은 조나라를 나누어 설치한 제후왕국이다. 응소가 주석하여 "두 하천 사이에 있어서 하간이라 불렀다."라고 했고, 하작은 "그 두 물줄기는 호타하虖沱河와 호타별하이다."라고 했다. 춘추시대에서 전국시대 중기까지 연나라와 중산국이 나누어 소유했다. 조나라가 중산국을 멸하자 전국시대 말기에는 거의 조나라 땅이 되었다.

② 前전

신주 한무제가 연호를 기년紀年으로 사용하기 전에 연대를 표시하는 방법의 하나이다. 문제 때는 앞 시기를 둘로 나누어 '전원前元', 뒷 시기를 '후원後元'이라고 했다. 경제 때는 세 시기로 나누어 '전원前元', '중원中元', '후원後元'이라고 했다. 원문은 그냥 전前, 중中, 후後로만 되어 있다.

③ 二十六年卒이십육년졸

집해 《한명신주》에서 말한다. "두업杜業이 아뢰기를 '하간헌왕은 경술經術에 밝게 통달하고 덕과 행실을 쌓아 천하의 영웅호걸과 모든 유자儒者가 모두 붙좇습니다. 효무제 때 헌왕은 조회에 들어 잠깐 옷을 입어도 반드시 인의仁義로써 했습니다. 오책五策으로 질문했는데, 헌왕은 번번이 막힘없이 대답했습니다. 효무제가 화를 내면서 힐난하고 헌왕에게 이르기를 「탕왕은 70리로, 문왕文王은 100리로 (천하를 잡았으니) 왕은 힘쓰라.」 라고 했습니다. 헌왕은 그 뜻을 알고 돌아가 곧 멋대로 술을 마시고 음악을 들었으며, 이로 인해 생을 마쳤습니다.'라고 했다."

漢名臣奏 杜業奏曰 河間獻王經術通明 積德累行 天下雄俊衆儒皆歸之 孝武帝時 獻王朝 被服造次必於仁義 問以五策 獻王輒對無窮 孝武帝艴然難之 謂獻王曰 湯以七十里 文王百里 王其勉之 王知其意 歸即縱酒聽樂 因以終

색은 '문이오책問以五策'을 주석한다. 살펴보니 《한서》에는 조서를 내려 30여 가지의 일을 대책으로 물었다. '피복조차被服造次'에 대해 살펴보니 안사고는 말했다. "옷을 입는 것인데 항상 그 거처에 알맞게 한다는

말이다. 조차造次는 향하고 행하는 바가 모두 유자儒者를 본떴다는 말
이다."

注問以五策 按 漢書詔策問三十餘事 被服造次 按 小顔云被服 言常居處其中
也 造次 謂所向所行皆法於儒者

④ 頃王授경왕수

색은 《한서》에서 말한다. "수授의 시호를 경頃이라고 했다. 頃의 발음
은 '경傾'이다."

漢書云授謚頃 音傾也

임강①애왕 알우闕于는 효경제 전원 2년, 황자로서 임강왕이 되
었다.
2년에 죽고 후사가 없어서 봉국은 없어지고 군이 되었다.
임강민왕 영榮은 효경제 전원 4년, 황태자가 되었으나 4년 만에
폐해지고 옛 태자로서 임강왕이 되었다.
臨江①哀王闕于 以孝景帝前二年用皇子爲臨江王 三年卒 無後 國除爲
郡 臨江閔王榮 以孝景前四年爲皇太子 四歲廢 用故太子爲臨江王

---

① 臨江임강

신주 지금 호북성 강릉시 일대이다. 한나라 때 남군이며, 춘추전국
시대 초나라 수도 영郢이다. 삼국시대 조조와 손권이 격돌한 '적벽대전'
이 그 동쪽에서 벌어졌으며, 또 손권과 유비가 격돌한 '이릉대전'은 그

서쪽에서 벌어졌다. 강릉부터 무창까지 거대한 늪지인 운몽택雲夢澤이 있다. 유방은 진평의 계책에 따라 운몽택에 놀러간다고 핑계대고 한신韓信을 잡았다.

4년,① (문제)묘廟 가장자리②를 침범해서 궁宮을 만든 일에 걸려 주상이 영榮을 불렀다. 영이 행차하면서 강릉 북문에서 조제祖祭를 지내고③ 수레에 오르자 수레 굴대가 부러지며 수레가 부서졌다. 강릉의 부로들이 눈물을 흘리면서 몰래 말했다.

"우리 왕은 돌아오지 못할 것일세!"

四年① 坐侵廟壖垣② 爲宮 上徵榮 榮行 祖於江陵北門③ 既已上車 軸折 車廢 江陵父老流涕竊言曰 吾王不反矣

① 四年사년

신주 《사기지의》에서 말한다. "임강왕 유영은 4년이 없다. 〈제후왕표〉와 〈오종세가〉에서 유영이 4년에 자살했다고 하는데, 그릇된 것이다. 살펴보니 《사기》〈경제기〉에서 '중원 2년 3월에 임강왕을 불러서 왔는데, 중위부중 안에서 죽었다.'라고 한다. 《한서》〈경제기〉에서 '중원 2년 3월에 임강왕 유영이 태종묘太宗廟(문제묘) 땅을 침범한 일에 걸려 소환되어 중위에 왔다가 자살했다.'라고 한다. 《한서》〈제후왕표〉에서 '유영이 선 지 3년 만에 자살했다.'라고 한다. 〈경제13왕전〉에서 '임강왕이 되어 3년 만에 자살했다.'라고 한다. 〈지리지〉에 '남군은 경제 중원 2년에 다시 예전대로 되돌렸다.'라고 한다."

② 壖垣연원

색은 복건이 말했다. "궁 밖의 남은 땅이다." 고야왕이 말했다. "담 밖에 말이 다니는 안쪽의 밭이다." 壖의 발음은 '연[人椽反]'이고, 또 발음이 '연軟'이고, 또 발음이 '난[奴亂反]'이다. 연원壖垣은 담 밖의 짧은 담이다.

服虔云宮外之餘地 顧野王云牆外行馬內田 音人椽反 又音軟 又音奴亂反 壖垣
牆外之短垣也

③ 祖於江陵北門조어강릉북문

색은 살펴보니 조祖는 행신行神(길의 신)인데 길을 나서며 제사한다. 그러므로 조祖(길제사)라 했다. 《풍속통》에서 말한다. "공공씨共工氏 아들 수修는 멀리 나가서 놀기를 좋아했다. 그래서 조신祖神으로 제사한다." 또 최호崔浩는 "황제黃帝의 아들 누조累祖는 멀리 나가서 놀기를 좋아하다가 길에서 죽었다. 그래서 행신으로 여겼다."라고 하는데, 또 무엇에 근거했는지 알지 못하겠다. 아마 그 조라고 이른 것을 보고 누조累祖라고 여긴 것이라면 그른 것이다. 제계帝系와 본기本紀에 의거하면 누조는 모두 황제의 비妃라고 말했으니 행신이 될 까닭은 없다. 또 《빙례》에서 "길을 나설 때 처음으로 길의 신에게 술과 포로 제사한다."라고 했을 뿐이다. 살펴보니 지금 제례는 길의 신(軷)에게 제사 지낼 때는 길에 흙으로 제단을 만들고 누런 숫양이나 혹은 개를 사용해 그 피를 왼쪽 바퀴에 바른다고 한다.

按 祖者行神 行而祭之 故曰祖也 風俗通云共工氏之子曰修 好遠遊 故祀爲祖
神 又崔浩云黃帝之子累祖 好遠遊而死於道 因以爲行神 亦不知其何據 蓋見其
謂之祖 因以爲累祖 非也 據帝系及本紀皆言累祖黃帝妃 無爲行神之由也 又聘
禮云出祖釋軷 祭酒脯 而已 按 今祭禮 以軷壤土爲壇於道 則用黃羘或用狗 以

其血衃左輪也

정의 《형주도부》에서 말한다. "한나라 임강민왕 유영劉榮이 처음으로 강릉성江陵城에 도읍했는데, 묘당 가장자리를 침범하고 궁宮을 만든 일에 걸려 소환되었다. 성의 북쪽 문을 나가는데 수레의 굴대가 부러졌다. 연로한 장로들이 함께 눈물을 흘리면서 말하기를 '우리 왕은 돌아오지 못할 것일세!'라고 했다. 질도郅都에게 심문을 당하고 두려워서 목을 매고 죽었다. 이후로부터 북문은 그대로 두고 열지 않았는데 아마도 유영을 위해 길 끝으로 여긴 것이 아니겠는가."

荊州圖副云 漢臨江閔王榮始都江陵城 坐侵廟壖地爲宮 被徵 出城北門而車軸折 父老共流涕曰 吾王不反矣 旣而爲郅都所訊 懼而縊死 自此後北門存而不啓 蓋爲榮不以道終也

신주 《모시정의毛詩正義》에서 말한다. "《모시정의》에서 '조이사발 음주어기측자祖而舍軷 飮酒於其側者(길의 신에게 제사 지낼 때 그 곁에서 술을 마시는 것)'라고 한 것은 길의 신에게 제사 지낼 때 술과 포를 진설하는 것이 마땅하다는 것이니 사발舍軷은 곧 석발釋軷이다.

《의례儀禮》〈빙례기聘禮記〉에서 '길을 나설 때 처음 길의 신에게 제사하는데 술과 포로 제사하고 그 곁에서 술을 마신다.[出祖釋軷 祭酒脯 乃飮酒於其側]'라고 했는데, 그 주석에 '조祖는 시작이다. 빙향聘享(제후국이 천자국을 방문할 때 연회를 베풀어 주는 것)의 예를 받고 나라의 문을 나서면 수레와 말을 멈추고 발軷에게 술과 포의 제물을 올리니 길의 시작을 위해서이다.'라고 했다.

《시경》에서 '발軷은 길의 제사이다.'라고 했는데 길의 신에게 제사 지내는 것을 말하고, 《좌전》에는 '발은 산을 넘고 내를 건넌다.[軷涉山川]'라고 했으니 그렇다면 발軷은 산행山行길을 주관하는 신의 이름이다.

길은 험한 것을 어렵게 여긴다. 그래서 흙을 쌓아 산의 형상을 만들어 그 위에 희생을 놓기도 하는데, 사신이 된 자가 노신을 위해 술과 포로 제사 지내며 기도하여 고하는 것이다. 남아 있는 경대부卿大夫는 이때 그곳에서 전별하고 그 곁에서 술을 마신다. 제례祭禮가 끝나면 수레에 올라 제물을 수레로 치고 가서 마침내 출발하여 근교에서 유숙한다. 그 희생은 개나 양이면 된다고 했다."

유영은 도착해서 중위부中尉府로 나아가 조사를 받았다. 중위부의 질도郅都[1]가 왕을 책망하며 신문하자 왕은 두려움에 자살하고 말았다. 남전藍田에 장사를 지냈는데 제비 수만 마리가 흙을 물고 와서 무덤 위에 놓으니 백성들은 애처롭게 여겼다. 영은 가장 나이가 많았는데[2] 죽고 후손이 없어서 봉국은 없어지고 땅은 한나라에 편입되어 남군이 되었다.

이상 세 나라 첫 왕은 모두 율희 아들이다.

榮至 詣中尉府簿 中尉郅都[1]責訊王 王恐 自殺 葬藍田 燕數萬銜土置冢上 百姓憐之 榮最長[2] 死無後 國除 地入于漢 爲南郡 右三國本王皆栗姬之子也

---

① 郅都질도

신주 질도는 전한 때 유명한 혹리酷吏이다. 혹독하여 '창응蒼鷹(보라매)'이라는 별명까지 있었다. 경제가 사건을 정위廷尉가 아닌 중위부의 질도에게 넘긴 것은 다분히 고의성이 짙다. 유영이 죽었다는 소식을 들은 두태후는 대노했고, 두태후의 미움을 산 질도는 나중에 끝내 두태후에 의해 처형당한다. 그 행적은 〈혹리열전〉에 있다.

② 榮最長영최장

정의 안사고가 말했다. "유영劉榮이 실제로 가장 나이가 많았는데 전傳이 앞선 두 왕보다 뒤에 있는 것은 그가 태자에서 폐해진 뒤에 곧 왕이 되었기 때문이다."

顔師古云 榮實最長 而傳居二王後者 以其從太子廢後乃爲王也

정희의 세 아들

노공왕 유여劉餘는 효경제 전원 2년에 황자로서 회양淮陽[①]의 왕이
되었다.

2년, 오초의 반역을 격파한 뒤 효경제 전원 3년에 옮겨서 노왕
魯王이 되었다. 그는 궁실을 짓고 공원을 만들어 개와 말을 키우
는 것을 좋아했다.[②] 말년에는 음악을 좋아하고 문장이나 말 잘하
는 사람을 좋아하지 않았다. 사람됨이 어눌했다.

26년에 죽고, 아들 광光이 계승해서 왕이 되었다.[③] 처음에는 음악
과 수레와 말을 좋아했고 만년에는 절약하고 인색해서[④] 오직 재
물이 부족할까 봐 걱정했다.

魯共王餘 以孝景前二年用皇子爲淮陽[①]王 二年 吳楚反破後 以孝景前
三年徙爲魯王 好治宮室苑囿狗馬[②] 季年好音 不喜辭辯 爲人吃 二十六
年卒 子光代爲王[③] 初好音輿馬 晚節嗇[④] 惟恐不足於財

① 淮陽회양

[신주] 춘추시대 진陳나라 땅인데, 춘추시대 말기에 초나라가 진나라를
멸했다. 전국시대 말기 초나라 경양왕은 수도 영郢이 진秦나라에 함락

된 후 도읍을 진으로 옮기기도 했다. 전한 때 회양국淮陽國을 설치했다.

② 好治宮室苑囿狗馬호치궁실원유구마

신주 사치를 즐겼던 노공왕이 역사에 기여한 공로가 있는데, 공자의 옛집을 헐어 궁실을 넓히려다 고문서들을 발견한 것이다. 이로 인해 고문학古文學이 일어나 유학의 한 갈래를 형성한다.

③ 子光代爲王자광대위왕

신주 《한서》〈제후왕표〉에 따르면 광光의 시호는 안安이고, 노왕 세가는 왕망王莽이 한나라를 찬탈할 때까지 계속 이어진다.

④ 晩節嗇만절색

정의 만절晩節은 말년의 때와 같다. 색嗇은 '탐하고 아낀다'는 뜻이다.
晩節猶言末年時 嗇 貪悋也

강도역왕 유비劉非①는 효경제 전원 2년, 황자로서 여남왕汝南王이 되었다.② 오초가 반란을 일으켰을 때 유비는 15세였는데, 수완과 능력이 있어서 글을 올려 오나라를 공격할 것을 청원했다. 경제는 유비에게 장군의 인수를 내려서 오나라를 공격하게 했다. 오나라가 격파되고 나서 2년, 옮겨서 강도왕江都王으로 삼아 오나라의 옛 지역을 다스리게 했다.③ 군사에 공이 있어서 천자의 깃발을 하사했다. 무제 원광 5년, 흉노가 대거 한나라로 쳐들어와 노략질하자, 유비는 글을 올려 흉노를 공격하기를 원했으나 주상은 허락하지 않았다.
유비는 기개와 힘 있는 사람을 좋아해서 궁관을 축조하고 사방의
호걸들을 불러 모았으며 교만하고 사치가 심했다.

江都易王非^① 以孝景前二年用皇子爲汝南王^② 吳楚反時 非年十五 有
材力 上書願擊吳 景帝賜非將軍印 擊吳 吳已破 二歲 徙爲江都王 治吳
故國^③ 以軍功賜天子旌旗 元光五年 匈奴大入漢爲賊 非上書願擊匈奴
上不許 非好氣力 治宮觀 招四方豪桀 驕奢甚

① 易王非역왕비

　색은　살펴보니《시법》에서 "옛것을 고치기 좋아하는 것을 역易이라 한다."
라고 했다.

按 諡法好更故舊曰易也

② 爲汝南王위여남왕

　신주　여남국은 회양국 남쪽인데 나중에 여남군이 된다. 회수淮水와 여
수汝水를 낀 비옥한 지역으로, 춘추시대 중기까지 서쪽에 있던 초나라는
이 일대 수많은 소국들을 합병하여 강대해진다.

③ 徙爲江都王 治吳故國사위강도왕 치오고국

　신주　〈형연세가〉에 따르면 옛 오나라 수도가 강도江都인데 장강 북쪽
의 광릉군 남쪽에 있었다. 따라서 오나라의 이름을 강도국으로 고친 것
이다. 오왕의 반란 이후 남쪽의 오군과 회계군 등은 직속이 아니라 한나
라에 군으로 편입되었을 것이다.

왕이 된 지 26년에 죽고 아들 건建이 즉위하여 왕이 되었으나 7년에 자살했다. 회남왕과 형산왕이 모반할 때,[①] 건은 그 계획을 어느 정도 들었다. 자신의 나라는 회남과 가까워서 아마 하루아침에 (군사를) 일으키면 병탄당할까 봐 두려워했다. 그래서 몰래 병장기를 만들었고, 때때로 그 아버지가 하사받은 장군의 인수를 차고 천자의 깃발을 싣고 나갔다.

역왕易王이 죽어 장례가 끝나지 않았는데도 건은 평소에 좋아했던 역왕의 애첩 미인 요희淖姬[②]를 밤에 사람을 시켜 맞이하고 상복을 입는 관사에서 더불어 간음했다.

立二十六年卒 子建立爲王 七年自殺 淮南衡山謀反時[①] 建頗聞其謀 自以爲國近淮南 恐一日發 爲所幷 即陰作兵器 而時佩其父所賜將軍印 載天子旗以出 易王死未葬 建有所說易王寵美人淖姬[②] 夜使人迎與姦服舍中

① 淮南衡山謀反時회남형산모반시

<신주> 고조의 아들인 회남왕 유장劉長이 유배길에 죽자, 문제는 16년에 그 세 아들을 각각 왕으로 봉했는데 회남왕 유안劉安, 형산왕 유발劉勃, 여강왕 유사劉賜였다. 오초칠국의 난 이후 충성스러웠던 여강왕을 제북왕으로 옮겨 포상하고, 남쪽 여강왕을 회수 북쪽 형산왕으로 옮겼다. 무제 원수元狩 원년(서기전 122), 회남왕과 형산왕은 모반하다 자살하고 봉국은 없어진다.

② 淖姬요희

집해 소림이 말했다. "淖의 발음은 니뇨泥淖(진흙)의 '뇨淖'이다."

蘇林曰 淖音泥淖

색은 정씨는 '탁卓'으로 발음한다고 했다. 소림은 니뇨泥淖의 '뇨淖'라고 했는데, '요[女教反]'이다. 요淖는 성이다. 제齊에 요치淖齒가 있으니 이것이다. 또 《한서》에서 말한다. "유건은 역왕이 총애하던 요희 등 10인을 불러서 함께 상복을 입는 관사에서 간음했다."

鄭氏音卓 蘇林音泥淖之淖 女教反 淖 姓也 齊有淖齒是 又漢書云建召易王所
愛淖姬等十人 與姦服舍中

정의 淖의 발음은 '요[女孝反]'이다.

淖 女孝反

회남왕의 일이 발각되기에 이르렀는데 그 당여黨與(그 무리)를 처벌한 일은 자못 강도왕 유건에게 미쳤다. 유건이 두려워하고 이로 인해 사람을 시켜 많은 금전을 가지고 가게 해서 그 옥사獄事를 끊어내려고 일삼았다. 또 무당굿을 믿고 사람을 시켜 망령된 말로 사당에서 기도했다.

유건은 또 그의 누나 및 여동생과 모조리 간통했다.[1] 일이 이미 알려지자, 한나라 공경들은 유건을 체포해 치죄하도록 청했다. 천자는 차마 하지 못하고 대신을 시켜 나아가 왕을 심문하게 했다. 왕은 범한 바를 자복하고 마침내 자살했다.[2] 봉국은 없애고 땅은 한나라로 편입하여 광릉군廣陵郡으로 삼았다.

及淮南事發 治黨與頗及江都王建 建恐 因使人多持金錢 事絶其獄

> 而又信巫祝 使人禱祠妄言 建又盡與其姊弟姦^① 事旣聞 漢公卿請捕
> 治建 天子不忍 使大臣即訊王 王服所犯 遂自殺^② 國除 地入于漢 爲廣
> 陵郡

① 姊弟姦자제간

《한서》에서 유건의 여동생 유징신劉徵臣은 개후蓋侯의 며느리가
되었는데, 역왕의 상중喪中에 돌아와 유건과 다시 더불어 간통했다고
한다.

漢書云建女弟徵臣爲蓋侯子婦 以易王喪來歸 建復與姦也

사마정의 주석처럼, 여기의 '자제姊弟'는 《한서》를 따라 '여제女弟'
라고 해야 맞을 것이다. 개후는 〈외척세가〉와 〈강후주발세가〉에 나오는
왕신王信으로, 무제의 외삼촌이다.

② 遂自殺수자살

〈한흥이래제후왕연표〉에 따르면 원수 2년에 자살한다. 회남왕
등이 자살한 이듬해다.

> 교서우왕^① 유단劉端은 효경제 전원 3년, 오초칠국이 반란을 일으
> 켰다가 무너진 뒤 유단은 황자로서 교서왕膠西王이 되었다. 유단
> 은 사람됨이 남을 해치고 이깃난 짓을 잘했으며 또 음위陰痿^②
> 가 있어서 한 번이라도 부인婦人을 가까이하면 수개월을 앓았다.

한 소년을 총애해서 낭郎으로 삼은 적이 있었는데, 낭이 되고 얼마 지나서 후궁들과 난잡하자, 유단은 사로잡아 죽이고 그 아들과 어머니도 죽였다.

자주 주상의 법을 범하자 한나라 공경들은 여러 차례 단을 처단할 것을 청했는데, 천자는 형제의 일이라 차마 하지 못했다. 이에 단이 하는 짓이 더욱 심해졌다.

膠西于王[1]端 以孝景前三年吳楚七國反破後 端用皇子爲膠西王 端爲人賊戾 又陰痿[2] 一近婦人 病之數月 而有愛幸少年爲郎 爲郎者頃之與後宮亂 端禽滅之 及殺其子母 數犯上法 漢公卿數請誅端 天子爲兄弟之故不忍 而端所爲滋甚

① 于王우왕

색은 살펴보니《광주서》〈시법〉에서 "능히 그의 덕을 넉넉하게 하는 것을 우于라 한다."라고 했다.

按 廣周書諡法云 能優其德曰于

② 陰痿음위

정의 痿의 발음은 '위[委危反]'이다. 부녀자와 교합할 수 없는 것이다.

委危反 不能御婦人

신주 남자의 성기가 위축되는 병이다. 성교가 불능함을 나타낸 것이다.

담당관리가 다시 청해 그의 봉국을 삭감해 태반이 없어졌다. 유단은 마음속으로 화가 나서 마침내 재산을 살피지① 않았다. 창고는 무너져 비가 다 새고 재물들은 거만금이나 썩었는데도 끝내 거두어 옮기지 않았다. 관리를 시켜 조세나 부세를 거두지 말라고 했다.

유단이 호위병들을 모두 떠나게 하고② 그의 궁문을 봉하고 한 문으로만 나가 유람했다. 자주 성명을 바꾸고 포의布衣로 다른 군국郡國을 찾아가곤 했다.③

有司再請削其國 去太半 端心慍 遂爲無訾省① 府庫壞漏盡 腐財物以巨萬計 終不得收徙 令吏毋得收租賦 端皆去衛② 封其宮門 從一門出游 數變名姓 爲布衣 之他郡國③

---

① 訾省자성

[집해] 소림이 말했다. "재물을 기록한 바도 없고 살펴서 기록한 바도 없는 것이다."

蘇林曰 爲無所訾錄 無所省錄

[정의] 안사고가 말했다. "자訾는 재물이다. 성省은 살피는 것이다. 재물을 기록하고 살피지 않았다는 말이다."

顔師古云 訾 財也 省 視也 言不能視錄資財

② 去衛거위

[색은] 숙위宿衛하는 사람을 두지 않는 것을 이른다.

謂不置宿衛人

③ 之他郡國지타군국

제후왕이 조정의 허락 없이 멋대로 다른 군국을 가는 것은 중대 범죄이므로 처벌되고 폐위될 수도 있다.

재상과 2,000석 관리로 부임한 자가 한나라의 법을 받들어 다스 리면 유단은 번번이 그들의 죄를 찾아내서 알리고, 죄가 없는 자 도 술수[藥]로 속여서 죽였다. 거짓을 지니고 잘 표변하는① 까닭 에, 고집은 간쟁을 막기에 충분했고 지모는 못된 짓을 꾸미기에 충분했다.

재상과 2,000석 관리들이 교서왕의 명에 따라 다스리면 한나라 는 법으로 얽어맸다. 그러므로 교서는 작은 나라지만 2,000석 중 에 죽거나 해침을 당한 자가 매우 많았다.

相二千石往者 奉漢法以治 端輒求其罪告之 無罪者詐藥殺之 所以設 詐究變① 彊足以距諫 智足以飾非 相二千石從王治 則漢繩以法 故膠西 小國 而所殺傷二千石甚衆

① 究變구변

구究는 끝을 다함이다. 그러므로 곽박은 "구究는 궁진窮盡이다." 라고 말했다.

究者 窮也 故郭璞云究謂窮盡也

왕이 된 지 47년에 죽었는데, 끝내 후사를 계승할 아들이 없어 봉
국은 없어지고 땅은 한나라에 편입되어 교서군^①이 되었다. 이상
세 나라 첫 왕은 모두 정희程姬의 아들이다.

立四十七年 卒 竟無男代後 國除 地入于漢 爲膠西郡^① 右三國本王皆
程姬之子也

① 膠西郡교서군

신주 교서 치소는 완宛인데 그 위치를 정확히 알 수 없다. 아마 고밀현
高密縣이나 그 부근일 것이다. 지금 산동반도 서쪽에 있으며, 나중에 교동
군 등과 합쳐 북해군北海郡이 된다. 자세한 주석은 역시 〈제도혜왕세가〉
에 있다.

가부인과 당희의 아들들

조왕 유팽조劉彭祖는 효경제 전원 2년, 황자로서 광천왕廣川王이 되었다. 조왕 유수劉遂가 반란을 일으켰다가 무너진 뒤 팽조는 광천[1]에서 왕이 되었다.

4년, 옮겨서 조왕이 되었다.

15년, 효경제가 붕어했다.

팽조는 사람됨이 교묘한 말재주로 비루하게 아첨하며 지나치게 공손한 척했으나 마음은 매우 가혹했다.[2] 법률을 좋아하여 궤변으로 사람들에게 상처를 입혔다.[3] 팽조는 안으로 총애하는 희姬와 자손이 많았다.[4]

趙王彭祖 以孝景前二年用皇子爲廣川王 趙王遂反破後 彭祖王廣川[1] 四年 徙爲趙王 十五年 孝景帝崩 彭祖爲人巧佞卑諂 足恭而心刻深[2] 好法律 持詭辯以中人[3] 彭祖多內寵姬及子孫[4]

① 廣川광천

신주 광천국은 처음 전한 때 설치한 신도군信都郡을 말한다. 치소 역시 신도현이다. 《한서》〈지리지〉에 나온다. 조나라 동쪽이고 하간군 남쪽이다. 옛 황하 물줄기인 장수漳水와 청하淸河 사이에 있으며, 전국시대 중기까지 조趙, 연燕, 제齊 3국 세력이 맞부딪치는 곳이었다.

② 刻深각심

색은 해치는 것이 깊고 인은仁恩이 없다는 것을 이른다.

謂刻害深 無仁恩也

③ 詭辯以中人궤변이중인

색은 거짓된 변론으로 남을 중상中傷하는 것을 이른다.

謂詭誑之辯 以中傷於人

④ 多內寵姬及子孫다내총희급자손

신주 《한서》〈제후왕표〉에 따르면 팽조는 63년 동안 재위하고 무제 태시 4년(서기전 93)에 죽었다. 시호는 경숙敬肅이지만 시호와 달리 잔인하고 욕심이 많고 간악했다. 후계자는 경왕頃王 창昌 자손 24명이 후侯로 봉해진다.

재상과 2,000석 관리들이 한나라 법을 받들어 다스리고자 하면 왕가에 해가 되었다. 이런 까닭으로 조정에서 매번 재상과 2,000식 관리들이 이르면, 팽조는 검은 포의布衣를 입고 스스로 가서 맞았으며 2,000석 관리의 관사를 청소하기도 했나.[①] 미혹시키는 일을 많이 늘어놓아 그들을 움직이게 하고, 2,000석 관리들이 실언을 해

조정의 금기를 어기면 그때마다 그것을 기록해 두었다. 2,000석 관리가 법에 따라 다스리고자 하면, 이것으로 협박하고 듣지 않으면 곧 글을 올려 알리고, 간사하게 이익을 취했다고 하여 모함했다.

팽조가 왕이 된 50여 년 동안, 재상과 2,000석 관리들이 2년을 채운 자가 없었고, 번번이 죄를 얻어 떠났다. 죄가 큰 자는 죽었고 작은 자는 형벌을 받았다. 이런 까닭으로 2,000석 관리는 감히 다스리지 못했다.

相二千石欲奉漢法以治 則害於王家 是以每相二千石至 彭祖衣皁布衣 自行迎 除二千石舍① 多設疑事以作動之 得二千石失言 中忌諱 輒書之 二千石欲治者 則以此迫劫 不聽 乃上書告 及汙以姦利事 彭祖立五十餘年 相二千石無能滿二歲 輒以罪去 大者死 小者刑 以故二千石莫敢治

① 除二千石舍제이천석사

색은 유팽조는 스스로 2,000석을 위해 그 관사를 청소하고 맞이한 것을 이른다.

謂彭祖自爲二千石埽除其舍 以迎之也

그래서 조왕은 제멋대로 권력을 행사하고 사신을 보내어 현으로 나가 장사치들의 거래를 독점하게 해서① 나라를 경영하는 조세②를 많이 거두어들였다. 이로써 조왕 집에는 금전이 많았지만, 희姬와 여러 아들에게 주는 것으로 또한 다 썼다.

팽조는 옛날 강도역왕의 총희寵姬이며 왕 유건이 훔쳐 간통했던 요희淖姬를 취해서 희姬로 삼고 매우 아꼈다.

而趙王擅權 使使卽縣爲賈人榷會^① 入多於國經租稅^② 以是趙王家多金錢 然所賜姬諸子 亦盡之矣 彭祖取故江都易王寵姬王建所盜與姦淖姬者爲姬 甚愛之

① 賈人榷會고인각회

집해 위소가 말했다. "평소 두 집이 모여서 사고파는 것을 가賈라 한다. 각榷은 다른 집안은 금지하고 홀로 왕가만 그것을 하게 하는 것이다."

韋昭曰 平會兩家買賣之賈也 榷者 禁他家 獨王家得爲之

색은 榷의 발음은 '각角'이다. 獨의 발음은 '각榷'이다. 술을 독점하는 것을 말한다. 會의 발음은 '쾌僧' 혹은 '괴[古外反]'이다. 장사치들이 매매를 독점해 거래하고 거간꾼이 이익을 취하는 것으로, 지금 화시和市와 같은 것이다. 위소는 각榷을 새김하여 평平이라 했는데, 그 주석과 해설은 뜻을 얻었다.

榷音角 獨音榷 謂酤榷也 會音僧 古外反 謂爲賈人專權買賣之賈 僧以取利 若今之和市矣 韋昭則訓榷爲平 其注解爲得

② 國經租稅국경조세

색은 경經은 일상적인 것이다. 왕가가 국가에서 일상적으로 들이는 조세를 많이 거두어들인 것을 이른다.

經者 常也 謂王家入多於國家常納之租稅也

팽조는 궁실을 꾸미거나 점치는 일[1]을 좋아하지 않고 관리가 하는 일을 하기 좋아했다. 그래서 글을 올려 나라 안의 도적들을 살피는 것을 청원하고, 항상 밤에는 군졸들을 따르게 해서 한단 안에서 샛길을 순시했다.[2] 이에 여러 사신과 지나가는 객들은 팽조의 사악함 때문에 감히 한단에서 머물지 못했다.

그의 태자 단丹은 그 딸(여동생) 및 같은 어머니에게서 태어난 누나와 간통했고[3] 그의 객 강충江充과 틈이 생겼다. 강충은 단을 고발했고,[4] 단은 이 때문에 폐위되었다. 조나라는 다시 태자를 세웠다.[5]

彭祖不好治宮室禨祥[1] 好爲吏事 上書願督國中盜賊 常夜從走卒行徼[2]邯鄲中 諸使過客以彭祖險陂 莫敢留邯鄲 其太子丹與其女及同產姊姦[3] 與其客江充有卻 充告丹[4] 丹以故廢 趙更立太子[5]

[1] 禨祥기상

집해 복건이 말했다. "복을 구하는 것이다."

服虔曰 求福也

색은 살펴보니 《비창》에서 말한다. "기禨는 요상한 징조이다." 《열자》에서 말한다. "형荊나라 사람들은 귀鬼라고 하고, 월越나라 사람들은 기禨라고 한다." 그래서 초나라에서는 귀신을 믿지만 월나라에서는 기상禨祥을 믿는다고 했다.

按 埤蒼云禨 祅祥也 列子云荊人鬼 越人禨 謂楚信鬼神而越信禨祥也

② 行徼행요

색은 위 行의 발음은 '행[下孟反]'이고, 아래 徼의 발음은 '고[工弔反]'이다. 요徼는 교외의 길이고 순찰을 하면서 경계를 살피는 것을 이른다.

上下孟反 下工弔反 徼是郊外之路 謂巡徼而伺察境界

③ 與其女及同產姊姦여기녀급동산자간

신주 《한서》〈강충전〉에서는 "태자단여동산자급왕후궁간란太子丹與同產姊及王後宮姦亂"이라고 한다. 그리하여 왕후궁王後宮이라 하여 《사기》에서 '기녀其女'라 한 것과 기록이 다르다. 〈경십삼왕전〉에서는 '기녀제其女弟'라고 했다. 《사기》의 기록이 약간 애매한데, 아마 《한서》〈강충전〉 기록이 맞을 것으로 보인다.

④ 充告丹충고단

신주 《한서》〈강충전〉에 따르면 강충의 원래 이름은 제齊이고, 자는 차천次倩이다. 여동생이 비파를 잘 타고 가무를 잘 해서 태자 단에게 시집간 인연으로 조왕의 객이 되었다. 조태자와 틈이 생겨 서쪽으로 도망쳐 이름을 충充으로 바꾸고 대궐에 이르러 조태자를 고발했다. 조태자는 위군魏郡 감옥에 갇혔다가 정위廷尉의 취조를 받고 사형을 언도받지만 사면되어 풀려난다.

⑤ 趙更立太子조경립태자

신주 《한서》〈제후왕표〉에 따르면 조왕 세가는 왕망王莽의 찬탈 때까지 이어진다.

중산정왕中山靖王 유승劉勝은 효경제 전원 3년, 황자로서 중산왕이 되었다.[①]

14년, 효경제가 붕어했다.

유승의 사람됨은 술을 즐기고[②] 여자를 좋아해서 아들과 지속枝屬은 120여 명이나 되었다.[③] 항상 형인 조왕趙王 유팽조를 비난했다.

"형님은 왕이 되어 오로지 관리의 일만을 대신합니다. 왕이란 날마다 음악이나 듣고 가무와 여색을 즐기는 것입니다."

조왕도 비난했다.

"중산왕은 무턱대고 종일 음란한 짓을 하고, 천자를 보좌해 백성을 따르게 하지 않으니, 어찌 번신이라 일컫겠는가"

中山靖王勝 以孝景前三年用皇子爲中山王[①] 十四年 孝景帝崩 勝爲人樂[②]酒好內 有子枝屬百二十餘人[③] 常與兄趙王相非 曰 兄爲王 專代吏治事 王者當日聽音樂聲色 趙王亦非之 曰 中山王徒日淫 不佐天子拊循百姓 何以稱爲藩臣

① 爲中山王위중산왕

신주 중산국은 옛 전국시대 중산국이 위치한 중심부로 조나라 북쪽과 하간군 서쪽에 있다. 도읍지는 노노盧奴이다. 《삼국지》〈촉지 선주전〉에 따르면, 촉한 유비劉備는 중산정왕의 후예라고 한다.

② 樂요

정의 樂의 발음은 '요[五敎反]'이다.

樂 五敎反

③ 有子枝屬百二十餘人유자지속백이십여인

신주 〈건원이래왕자후자연표〉에 따르면, 유승의 자식 21명이 후侯로 봉해졌다. 형 조왕 팽조와 더불어 막상막하다. 120명은 아마 아들을 포함하여 딸과 손자 및 외손자 숫자를 가리킨 것으로 보인다.

왕이 된 지 42년 만에 죽고,[①] 아들 애왕哀王 창昌이 왕이 되었다. 애왕은 1년에 죽고, 아들 곤치昆侈가 대신해 중산왕이 되었다.[②] 이상 두 나라 첫 왕은 모두 가부인賈夫人의 아들이다.

立四十二年卒[①] 子哀王昌立 一年卒 子昆侈代爲中山王[②] 右二國本王 皆賈夫人之子也

---

① 立四十二年卒입사십이년졸

색은 살펴보니 《한서》에서 무제 건원建元 3년, 제천왕濟川王과 중산왕 등이 조회에 와서 음악을 듣고 울었다. 천자가 그 까닭을 물으니, 왕은 대신이 헐뜯으니 폐부肺腑가 날마다 멀어진다고 대답했는데, 그의 말이 매우 웅장하고 언사가 간절하며 이치 있는 문장이다. 천자는 형제간의 우호를 더했다. 한나라의 빼어난 번신이라 이를 만하다.

按 漢書建元三年 濟川中山王等來朝 聞樂而泣 天子問其故 王對以大臣內讒 肺腑日疏 其言甚雄壯 詞切而理文 天子加親親之好 可謂漢之英藩矣

신주 《한서》〈경십삼왕전〉에 그 문장이 있다.

② 一年卒 子昆侈代爲中山王일년졸 자곤치대위중산왕

색은 《한서》에서 곤치의 시호는 강왕康王이고 아들 경왕頃王 보輔가 계승했으며, 경왕 손자에 이르러 봉국이 없어졌다고 한다.

漢書昆侈諡康王 子頃王輔嗣 至孫國除也

신주 《한서》〈제후왕표〉에서 애왕의 재위 기간을 2년이라 했다. 중산 왕은 역시 왕망王莽이 한나라를 찬탈할 때까지 이어졌다.

장사정왕은 유발劉發이고 유발의 어머니는 당희唐姬인데, 예전에 정희程姬의 시녀였다. 경제가 정희를 불렀지만 정희는 피하는 바 (월경)가 있어 황제에게 나아가는 것을 원하지 않았다.[1] 그래서 시녀 당아唐兒를 치장시켜 밤에 나가 모시도록 했다.

주상은 취해서 알지 못하고 정희로 생각하고 교접했는데 마침내 임신했다. 합방이 끝나고 나서야 정희가 아닌 것이 드러났다. 아들을 낳게 되자 이로 인해 발發이라고 이름을 지었다.

長沙定王發 發之母唐姬 故程姬侍者 景帝召程姬 程姬有所辟 不願進[1] 而飾侍者唐兒使夜進 上醉不知 以爲程姬而幸之 遂有身 已乃覺非程 姬也 及生子 因命曰發

---

[1] 程姬有所辟 不願進정희유소피 불원진

색은 요씨가 살펴보니 《이아》〈석명〉에서 말한다. "천자나 제후의 여러 첩은 차례로 나아가 모시는데, 월경이 있는 자는 중지하고 모시지 않아도 다시 구설로 삼지 않는다. 그러므로 단丹을 사용해 얼굴에 확실하게 표식을 해 여사女史가 보도록 한다." 왕찰王察의 《신녀부》에서 "웃옷과 치마를 벗고 비녀를 빼며, 그윽하게 드러내 보이고 깃 달린 비녀를 꽂는다.[脫桂裳 免簪笄 施玄昀 結羽釵]"라고 했다. 적昀은 곧 〈석명〉에서 일컬은 바이다. 《설문》 에서 말한다. "반姅(월경)은 여자의 더러운 것이다." 《한율》에서 말한다. "월경 의 변화를 보면 제사를 모시지 못한다." 姅의 발음은 '반半'이다.

姚氏按 釋名云天子諸侯群妾以次進御 有月事者止不御 更不口說 故以丹注面 目昀的爲識 令女史見之 王察神女賦以爲脫桂裳 免簪笄 施玄昀 結羽釵 昀即 釋名所云也 說文云姅 女污也 漢津云見姅變 不得侍祠 姅音半

효경제 전원 2년, 황자로서 장사長沙[1]의 왕이 되었다. 그의 어머 니가 미천한 신분이라 주상의 총애를 받지 못해 보잘것없고 습하 며 가난한 나라[2]에 왕이 되었다.

왕이 된 지 27년 만에 죽고, 아들 강왕康王 용庸이 즉위했다.

강왕은 28년 만에 죽고,[3] 아들 부구鮒鮈[4]가 즉위하여 장사왕이 되었다.

이상 한 나라 첫 왕은 당희의 아들이다.

以孝景前二年用皇子爲長沙王[1] 以其母微 無寵 故王卑溼貧國[2] 立 二十七年卒 子康王庸立 二十八年 卒[3] 子鮒鮈立[4]爲長沙王 右一國本 王唐姬之子也

---

① 長沙장사

신주 전한의 개국공신 오예吳芮를 봉해 왕으로 삼았던 곳으로 지금의 호남성 동정호洞庭湖 남쪽에 위치했다.

② 卑溼貧國비습빈국

집해 응소가 말했다. "경제 후원2년 여러 왕이 조회하러 오자, 다시 천자 앞에서 장수를 비는 가무歌舞를 하도록 조령을 내렸다. 장사정왕은 다만 옷소매를 펴고 손을 조금 들어 올렸다. 좌우에서 그의 옹졸함을 비웃자 경제가 괴상하게 여기고 물었다. 대답하기를 '신은 나라의 땅이 협소해서 한 바퀴를 돌기에는 부족합니다.'라고 했다. 이에 경제는 무릉武陵, 영릉零陵, 계양桂陽을 소속시켰다."

應劭曰 景帝後二年 諸王來朝 有詔更前稱壽歌舞 定王但張袖小舉手 左右笑其拙 上怪問之 對曰 臣國小地狭 不足迴旋 帝以武陵零陵桂陽屬焉

신주 무릉과 영릉과 계양은 동정호 서쪽과 남쪽의 광대한 땅이다. 오늘날 호남성 전체라고 생각하면 된다. 응소의 주석에 대해《사기지의》에서는 다음과 같이 말한다. "《태평어람》 574편에서는 잘못하여 응소의 설을《사기》본문이라 했다.《경사문답》에서 '이것은 망령된 말이다. 무릉과 계양은 아울러 일찍이 장사국에 속한 적이 없다. 그리고 영릉은 무제 때에 이르러 처음 군을 두었는데, 어찌 응소가 말한 바와 같겠는가.'라고 했다."

③ 立二十七年卒~二十八年 卒립이십칠년졸~이십팔년 졸

신주 여기와 〈한흥이래제후왕연표〉 기록은 같다. 그러나《한서》〈제후왕표〉에서는 용庸의 시호를 대戴라 했다. 또 정왕 유발의 재위 기간을 28년, 대왕 유용의 재위 기간을 27년이라 하여《사기》와 정반대이다.

④ 朐구

집해 복건이 말했다. "朐의 발음은 '구拘'이다."

服虔曰 朐音拘

왕부인의 네 아들

광천혜왕 유월劉越은 효경제 중원 2년, 황자로서 광천왕廣川王이
되었다.

12년에 죽고, 아들 유제劉齊[1]가 즉위하여 왕이 되었다.

유제에게는 총애하는 신하 상거桑距[2]가 있었다. 이미 죄가 있어
상거를 처벌하려고 하는데 상거가 도망쳤다. 왕이 이로 인하여 상
거의 일족을 사로잡았다. 상거가 왕을 원망하고 이에 천자에게
글을 올려 유제가 같은 어머니에서 낳은 누이와 간통했다고 고발
했다. 이후부터 왕 유제는 자주 천자에게 글을 올려 한나라 공경
과 총애받는 신하 소충所忠 등을 고발했다.[3]

廣川惠王越 以孝景中二年用皇子爲廣川王 十二年卒 子齊[1]立爲王 齊
有幸臣桑距[2] 已而有罪 欲誅距 距亡 王因禽其宗族 距怨王 乃上書告
王齊與同産姦 自是之後 王齊數上書告言漢公卿及幸臣所忠等[3]

① 齊제

색은 《한서》에서 유제劉齊의 시호를 무왕繆王이라 한다. 《시법》에서
"남을 다치게 하고 현명함을 가리는 것을 무繆라고 한다."라고 했다.

漢書齊謚繆王 謚法傷人蔽賢曰繆

② 桑距상거

신주 《한서》에서는 桑을 '승乘'이라고 했다.

③ 漢公卿及幸臣所忠等한공경급행신소충등

색은 살펴보니 《한서》에서 "또 중위 채팽조蔡彭祖를 고발했다."라고 한다. 아들인 유거劉去가 계승했는데, 포학하고 혼란스러운 것에 연좌되어 봉국이 없어졌다.

按 漢書又告中尉蔡彭祖 子去嗣 坐暴虐勃亂 國除也

정의 소충은 성명이다.

所忠 姓名

신주 《한서》〈제후왕표〉에 따르면 유거는 분노하여 희첩을 삶아 죽인 것으로 인해 폐위되고 상용上庸으로 귀양 간다. 한참 뒤에 그의 아우가 다시 왕위를 잇고 왕망이 한나라를 찬탈할 때까지 이어진다.

교동강왕 유기劉寄는 효경제 중원 2년, 황자로서 교동왕이 되었다. 28년에 죽었다.

회남왕이 반역을 꾀할 때, 유기는 은밀히 그 소식을 듣고 몰래 누거와 화살촉①을 제작해 전쟁준비를 하고 회남에서 일어나는 것을 엿보았다. 관리가 회남 사건을 치죄하다가 유기까지 미치게 되었는데, 진술을 늘어놓고 빠져나갔다.② 유기는 주상과 가장 친한

사이였기에③ 마음의 상처가 되었고 병이 나 죽었다. 감히 후사를
계승시키지 못했는데, 주상이 듣게 되었다.

膠東康王寄 以孝景中二年用皇子爲膠東王 二十八年卒 淮南王謀反時
寄微聞其事 私作樓車鏃矢①戰守備 候淮南之起 及吏治淮南之事 辭出
之② 寄於上最親③ 意傷之 發病而死 不敢置後 於是上(問)[聞]

① 樓車鏃矢누거족시

집해 응소가 말했다. "누거樓車는 적국의 군영과 성루의 허와 실을 살
펴보는 것이다."

應劭曰 樓車 所以窺看敵國營壘之虛實也

색은 《좌전》에서 말한다. "누거에 올라서 송나라 사람을 엿보았다."
적국 진영과 성루의 허와 실을 살펴본 것을 이른다. 이순은 《이아》에 주
석하여 "금족金鏃은 쇠로 화살대와 화살촉을 만든 것이다."라고 했다.
족鏃은 《자림》에서 '족[子木反]'으로 발음한다고 했다.

左傳云登樓車以窺宋人 謂看敵國營壘之虛實也 李巡注爾雅金鏃 以金爲箭鏑
鏃 字林音子木反

② 辭出之사출지

집해 여순이 말했다. "끝까지 평계를 대고 이 일에서 빠져나갔다."

如淳曰 窮治其辭 出此事

③ 寄於上最親기어상최친

집해 서광이 말했다. "그의 어머니는 무제 어머니의 여동생이다."

徐廣曰 其母武帝母妹

유기의 어머니 왕부인王夫人은 곧 왕황후의 여동생이며, 주상에게는 이모가 된다. 그러므로 유기를 여러 형제 중 가장 친애했다고 했다.

寄母王夫人即王皇后之妹 於上爲從母 故寄於諸兄弟最爲親愛也

유기에게는 큰아들이 있어 이름을 현賢이라 했는데, 그 어머니가 총애하지 않았다. 작은아들은 이름을 경慶이라 했는데, 그 어머니가 총애하여 유기는 항상 그를 세우려고 했다. 그러나 차례가 아니었고 이로 인한 과실도 있어서 끝내 말하지 못했다.

주상은 애처롭게 여기고, 이에 유현을 교동왕으로 삼아 강왕의 후사를 받들도록 했고, 유경을 옛 형산 땅에 봉해서 육안왕六安王으로 삼았다.[1]

寄有長子者名賢 母無寵 少子名慶 母愛幸 寄常欲立之 爲不次 因有過 遂無言 上憐之 乃以賢爲膠東王奉康王嗣 而封慶於故衡山地 爲六安王[1]

[1] 故衡山地 爲六安王고형산지 위육안왕

〈회남형산열전〉과 《한서》 〈지리지〉를 참고하면, 원래 회남왕 유장의 영지는 구강군, 형산군, 여강군, 예장군의 네 군이었다. 구상은 곧 회남이며, 유장은 세 아들을 각각 회남, 형산, 여강에 봉했다. 장강 남쪽의 예장군은 한나라 직속으로 편입시켰을 것이다. 형산은 회남 서쪽 육안군이고 훗날 안풍군이 된다. 육六과 안풍현安豊縣을 포함하고

있어 육안군이라 했다. 여강은 회남과 육안 남쪽에 있어 장강을 끼고
있다.

교동왕 유현劉賢은 왕이 된 지 14년 만에 죽어, 시호를 애왕哀王이
라 했다.
아들 유경劉慶[1]이 왕이 되었다.
육안왕 유경은 무제 원수 2년, 교동강왕의 아들로서 육안왕이
되었다.[2]
膠東王賢立十四年卒 諡爲哀王 子慶[1]爲王 六安王慶 以元狩二年用膠
東康王子爲六安王[2]

---

[1] 慶경

집해 서광이 말했다. "다른 판본에 또한 '경慶' 자로 되어 있고, 오직
한 판본만 '건建'으로 되어 있다. 당연히 숙부와 이름이 같을 수 없다. 그
래서 서로 이었다고 한 것은 잘못이다."
徐廣曰 他本亦作慶字 惟一本作建 不宜得與叔父同名 相承之誤

신주 〈제후왕표〉에는 대왕戴王 통평通平이라 해서 시호는 비록 후대인
이 덧붙였지만 《한서》 〈제후왕표〉와 기록이 같다. 여기서는 아래 육안왕
에 긴섭되어 베끼는 과성에서 잘못된 것으로 보인다. 《사기지의》에서도
경慶과 건建이란 이름은 모두 잘못이라 한다.

[2] 爲六安王위육안왕

청하애왕 유승劉乘은 효경제 중원 3년, 황자로서 청하[1]의 왕이 되었다.

왕이 된 지 12년 만에 죽었다. 후사가 없어 봉국이 없어지고 땅은 한나라에 편입되어 청하군이 되었다.

清河哀王乘 以孝景中三年用皇子爲清河[1]王 十二年卒 無後 國除 地入 于漢 爲清河郡

① 清河청하

신주 청하국은 조趙나라 동쪽 청하淸河에 닿은 땅을 나누어 설치한 것이며, 전국시대 조나라와 제나라의 경계였다. 또 광천국(신도군) 남쪽이었다.

상산헌왕 유순劉舜은 효경제 중원 5년, 황자로서 상산[1]의 왕이 되었다.

유순은 가장 친애하는 경제의 막내아들인데, 교만하고 게으르면서 음란함이 많아 자주 금법禁法을 범했다. 하지만 주상은 항상 관대하게 용서했다.

왕이 된 지 32년 만에 죽었으며, 태자 유발劉勃이 계승하여 즉위
하고 왕이 되었다.

常山憲王舜 以孝景中五年用皇子爲常山①王 舜最親 景帝少子 驕怠多
淫 數犯禁 上常寬釋之 立三十二年卒 太子勃代立爲王

① 常山상산

신주 고대 융戎과 적狄 땅이고, 또 그들이 세운 중산국의 일부였지만,
전국시대 들어 조趙나라에 의해 점령되었다. 태항산맥 동쪽이고 항산
恒山 남쪽이라서 항산으로 불리던 것을 한문제 휘를 피해 상산常山으로
개칭하고 지역을 확대했다. 이때 상산국은 조나라 북쪽이고 중산국 서쪽
이며, 항산을 경계로 북쪽에 대代가 있다. 도읍은 원지元氏이다.

애초에 헌왕 유순에게 총애받지 못한 희희姬가 있었는데, 장남 유탈
劉稅①을 낳았다. 유탈은 어머니가 총애받지 못한 까닭에 왕에게
도 사랑받지 못했다. 왕후 수脩는 태자 유발劉勃을 낳았다. 왕은
여자가 많았고 총애하던 희희姬가 아들 유평劉平과 유상劉商을 낳
자 왕후도 총애를 하는 일이 드물어졌다.

헌왕의 병이 심해지자 총애받는 희희姬들이 항상 병시중을 든 까닭
에 왕후는 질투해서② 늘 병시중을 들지 않고 번번이 관사로 돌아
갔다. 의원이 약을 올리면 태자 유발은 스스로 약을 맛보지 않았
고 또 병실에 머물러 병시중을 들지도 않았다. 왕이 죽자 왕후와

태자가 곧 이르렀다.

初 憲王舜有所不愛姬生長男梲[1] 梲以母無寵故 亦不得幸於王 王后脩
生太子勃 王內多 所幸姬生子平子商 王后希得幸 及憲王病甚 諸幸姬
常侍病 故王后亦以妒媚[2]不常侍病 輒歸舍 醫進藥 太子勃不自嘗藥 又
不宿留侍病 及王薨 王后太子乃至

① 梲탈

집해 소림이 말했다. "발음은 '탈奪'이다."

蘇林曰 音奪

색은 추씨는 다른 발음으로 '졀[之悅反]'이라고 했다. 소림은 발음을
'탈'이라고 했다. 허신의 《설문해자》와 《자림》에서는 '탈[他活反]'로 발음
하고 글자 부수는 목木이라고 했다.

鄒氏一音之悅反 蘇林音奪 許愼說解字林云他活反 字從木也

② 妒媚투모

색은 媚의 발음은 '모[亡報反]'이다. 추씨본에는 '미媚'로 되어 있다. 곽박
의 《삼창》 주석에서는 "미媚는 장부의 투기이다."라고 했고, 또 이르기를
"투기하는 여인을 모媚라고 한다."라고 했다.

媚音亡報反 鄒氏本作媚 郭璞注三蒼云媚 丈夫妒也 又云妒女爲媚

헌왕은 평소 맏아들 유탈劉梲을 자식으로 세지 않았기 때문에 죽었을 때에도 재물을 나눠주지 않았다. 낭郞이 가끔 태자와 왕후를 설득해 여러 아들에게 명해 맏아들 유탈에게도 재물을 나누어 주게 하라고 했으나, 태자와 왕후는 듣지 않았다. 태자가 계승하여 즉위했지만, 또 유탈을 거두어 보살피지 않았다. 유탈은 왕후와 태자를 원망했다.

한나라 사신이 헌왕의 상喪을 살피러 왔다. 유탈은 스스로 헌왕이 병들었을 때를 말하기를 "왕후와 태자는 (헌왕을) 모시지 않았고, 죽자 6일 만에 관사에서 나왔으며,[1] 태자 유발은 몰래 간음하고 술 마시면서 도박을 즐겼고, 축筑을 치면서 여자들과 함께 수레를 타고 달리면서 성城을 돌고 시장을 나다니며 감옥에 들어가 죄수들을 구경했습니다."라고 했다.

憲王雅不以長子梲爲人數 及薨 又不分與財物 郎或說太子王后 令諸子與長子梲共分財物 太子王后不聽 太子代立 又不收恤梲 梲怨王后太子 漢使者視憲王喪 梲自言憲王病時 王后太子不侍 及薨 六日出舍[1] 太子勃私姦 飮酒 博戲 擊筑 與女子載馳 環城過市 入牢視囚

① 出舍출사

집해 여순이 말했다. "관사는 복사服舍(상복을 입고 지내는 관사)이다."

如淳曰 服舍也

천자는 대행大行 장건張騫[①]을 파견해서 왕후를 취조하고 왕 유발
劉勃을 심문하라고 했다. 이에 유발과 함께한 간사한 증인들을 체
포하라고 청했으나 왕은 또 그들을 숨겼다. 관리가 (증인을) 체포하
려고 찾자 왕 유발은 다급하게 사람을 시켜 매를 치고, 멋대로 한
나라에서 의혹을 받는 죄수들을 내보냈다.

담당관리는 헌왕후 수脩와 상산왕 유발을 처형할 것을 청했다.
주상은 수脩가 평소에 행실이 없어서 유탈劉梲에 의해 죄에 빠졌
고, 유발은 어진 스승이 없었기 때문이라고 하여 차마 처형하지
못했다. 담당관리가 왕후 수를 폐하고 상산왕 유발을 귀양 보내
고 가속들을 방릉房陵에 둘 것을 청하자, 주상이 허락했다.

天子遣大行騫[①]驗王后及問王勃 請逮勃所與姦諸證左 王又匿之 吏求
捕勃大急 使人致擊笞掠 擅出漢所疑囚者 有司請誅憲王后脩及王勃
上以脩素無行 使梲陷之罪 勃無良師傅 不忍誅 有司請廢王后脩 徙王
勃以家屬處房陵 上許之

① 大行騫대행건

색은 살펴보니 이는 장건張騫을 이른 것이다.

按 謂是張騫

신주 흉노 땅을 돌파해 월지에 도착한 그 장건이며, 대행은 사신과 빈
객을 접대하는 관직이다.

유발은 왕이 된 지 수개월 만에 방릉으로 귀양 가고 나라는 단절되었다.

한 달 남짓 되어 천자가 가장 친한 (상산헌왕을) 위해 담당관리에게 조서를 내려 말했다.

"상산헌왕이 요절하고 후后와 첩妾이 불화했으며 적자와 서자가 무고誣告하고 다투다가 모함하는 불의로 인해 봉국이 없어졌으니, 짐은 매우 마음이 아프다. 이제 헌왕의 아들 유평劉平을 3만 호에 봉해서 진정왕眞定王으로 삼고,[①] 아들 유상劉商을 3만 호에 봉해서 사수泗水[②]의 왕으로 삼는다."

勃王數月 遷于房陵 國絶 月餘 天子爲最親 乃詔有司曰 常山憲王蚤天 后妾不和 適孼誣爭 陷于不義以滅國 朕甚閔焉 其封憲王子平三萬戶 爲眞定王[①] 封子商三萬戶 爲泗水王[②]

① 爲眞定王위진정왕

신주 삭번책削藩策에 따라 조나라 북부를 나누어 상산국을 만들었던 것이며, 〈한흥이래제후왕연표〉에서는 상산국을 진정국으로 고쳤다고 한다. 하지만 〈지리지〉에서는 상산군과 진정국이 나란히 있으니 진정국은 상산군 남부만을 포함한다. 나중에 없어져 상산군에 속하게 된다. 진정은 오늘날 하북성 대도시 석가장石家莊이다. 진정국 역시 왕망이 한나라를 찬탈할 때까지 이어진다.

② 泗水사수

정의 사수는 해주이다.

泗水 海州

신주 《한서》〈경십삼왕전〉에 따르면 "무제 원정 3년(서기전 114)에 동해군 남부 3만 호를 떼어 사수국을 세워 사수사왕泗水思王에 유상을 봉했다." 라고 했다. 앞서 교동왕 후손을 교동과 육안에 봉한 것처럼 상산왕 후손 도 상산 인근 진정과 멀리 떨어진 사수에 봉한 것이다. 사수국 역시 왕망 이 한나라를 찬탈할 때까지 이어진다.

진정왕 유평은 무제 원정 4년[1]에 상산헌왕 아들로 진정왕이 되 었다.
사수사왕泗水思王 유상은 무제 원정 4년에 상산헌왕 아들로 사수 왕이 되었다.
11년에 죽고[2] 아들 애왕哀王 유안세劉安世가 즉위했다.
유안세는 11년에 죽고 아들이 없었다.[3] 이에 주상은 사수왕의 후 사가 단절된 것을 가엽게 여기고, 이에 유안세의 아우 유하劉賀[4] 를 세워 사수왕으로 삼았다.
이상 네 나라 첫 왕은 모두 왕부인 아후兒姁의 아들이다. 그 뒤 에 한나라에서 그의 후손들을 더하여 봉해 육안왕과 사수왕의 두 나라로 삼았다. 아후의 자손은 모두 지금까지 6명이 왕이 되 었다.
眞定王平 元鼎四年[1]用常山憲王子爲眞定王 泗水思王商 以元鼎四 年用常山憲王子爲泗水王 十一年卒[2] 子哀王安世立 十一年卒 無子[3] 於是上憐泗水王絶 乃立安世弟賀[4]爲泗水王 右四國本王皆王夫人兒

> 姁子也 其後漢益封其支子爲六安王泗水王二國 凡兒姁子孫 於今爲
> 六王

① 元鼎四年원정사년

신주 진정왕과 사수왕이 봉해진 시기는 〈한흥이래제후왕연표〉와 같다. 《한서》〈제후왕표〉에서는 진정을 원정 3년, 사수를 원정 2년에 봉했다고 하는데, 형제를 따로 봉할 리 없으니 아마 잘못으로 보인다. 더구나 2년은 아직 유발劉勃이 폐출되기 전이다.

② 十一年卒십일년졸

신주 〈한흥이래제후왕연표〉에 따라 10년이라 해야 옳다. '一' 자는 아래 문장에 간섭되어 덧붙여졌을 것이다.

③ 十一年卒 無子십일년졸 무자

신주 《사기》와 《한서》의 두 〈한흥이래제후왕연표〉에 기록된 것처럼 즉위년에 죽었으므로 '十' 자가 덧붙여진 것이다. 다만 《사기》는 후임 유하劉賀 원년을 애왕이 죽은 해에 두었고, 《한서》는 그 이듬해에 원년을 두었다.

④ 安世弟賀안세제하

신주 〈한흥이래제후왕연표〉에서는 유하劉賀를 안세의 아들이라고 했는데 잘못되었다. 후사가 끊어졌으므로 당연히 동생이 이은 것이 맞다.

태사공은 말한다.

고조 때 제후들은 모두 세금을 부과하고[①] 스스로 내사內史 이하의 벼슬을 제수할 수 있었다. 한나라에서는 다만 승상을 임명하고 황금 인장을 사용토록 했다. 제후는 스스로 어사御史와 정위정廷尉正[②]과 박사博士를 제수하여 천자를 본떴다. 오초가 반란을 일으킨 뒤로부터 오종 왕 시대에는 한나라에서 2,000석 관리를 두었고 승상을 없애고 상相이라고 했으며 은銀 인장을 주었다. 제후들은 오로지 조세로 먹을 것을 얻었고 권력을 빼앗겼다. 그 뒤 제후들 중 가난한 자는 간혹 소가 끄는 수레를 타고 다녔다.

太史公曰 高祖時諸侯皆賦[①] 得自除內史以下 漢獨爲置丞相 黃金印 諸侯自除御史廷尉正[②]博士 擬於天子 自吳楚反後 五宗王世 漢爲置 二千石 去丞相曰相 銀印 諸侯獨得食租稅 奪之權 其後諸侯貧者或乘 牛車也

① 賦부

집해 서광이 말했다. "국가에서 나온 것을 모두 왕에게 들이는 것이다."

徐廣曰 國所出有皆入于王也

② 廷尉正정위정

신주 법리와 형옥을 담당하는 관청을 정위라고 하며, 그 최고책임자를 정위정이라고 한다. 줄여서 '정위'라고 한다.

사마정이 펼쳐서 밝히다.

경제의 아들 13명은 오종으로 친목했다. 율희가 폐해지고 나서 임강왕 수레 굴대가 부러졌다. 알우는 일찍 죽고 하간왕은 유생 옷을 차려입었다. 유여는 궁과 정원을 좋아했으며 유단은 말달리며 사냥하는 것을 일삼았다. 강도왕은 재주가 있었으며 중산왕은 편안하고 복이 있었다. 장사국은 땅이 작았으며 교동국은 화살촉을 만들었다. 어진 자는 계승했지만 어긋나고 어지러운 자는 없어졌다. 왕아후 아들 네 명은 왕이었고 나누어져 여섯 나라에 봉해졌구나!

景十三子 五宗親睦 栗姬既廢 臨江折軸 閼于早薨 河閒儒服 餘好宮苑 端事馳逐 江都有才 中山禔福 長沙地小 膠東造鏃 仁賢者代 淳亂者族 兒姁四王 分封爲六

[지도 5] 오종세가

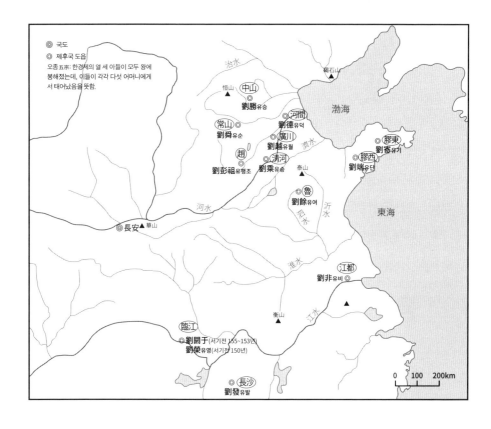

◎ 국도
◎ 제후국 도읍
오종五宗: 한경제의 열 세 아들이 모두 왕에
봉해졌는데, 이들이 각각 다섯 어머니에게
서 태어났음을 뜻함.

治水
碣石山

恒山
中山
劉勝유승
河間
劉德유덕
常山
劉舜유순
廣川
劉越유월
趙
清河
劉彭祖유팽조
劉乘유승
泰山
膠東
劉寄유기
膠西
劉端유단
渤海
東海

河水
魯
劉餘유여
沂水
泗水
長安
華山

淮水
江都
劉非유비

臨江
劉閼于(서기전 155~153년)
劉榮유영(서기전 150년)
衡山

江水

長沙
劉發유발

0 100 200km

사기 제 60 권 史記卷六十

삼왕세가 三王世家

사기 제60권 삼왕세가 제30

史記卷六十 三王世家第三十

신주 〈삼왕세가〉는 무제 유철劉徹의 세 아들 유굉劉閎, 유단劉旦, 유서劉胥에 대한 기록이다. 이들은 무제 원수元狩 6년(서기전 117) 4월 을사일에 각각 제회왕齊懷王, 연자왕燕剌王, 광릉왕廣陵王에 봉해졌다. 〈삼왕세가〉는 무제와 신하들 사이에 왕복한 문서와 제후왕으로 봉하는 책봉문으로 이루어져 있다. 청나라 양옥승梁玉繩은 《사기지의》에서 저소손이 편집해서 끼워넣은 것으로 분석했다. 〈삼왕세가〉는 사마천이 서술한 다른 세가들과 체제가 아주 다르니 저소손이 끼워넣었다는 양옥승의 말이 일리가 있다.

이들은 각각 풍요로운 땅에 봉해졌지만 제왕 유굉은 서기전 110년 세상을 떠났는데, 아들이 없어서 봉국이 없어졌고, 연왕 유단은 무제가 죽고 소제昭帝가 즉위하자 자신이 황제가 되려다가 실패해 자살했고, 유단과 어머니가 같은 유서는 서기전 소제 때와 선제宣帝 때 거듭 저주하다가 서기전 54년 역시 사살하고 봉국은 없어지고 말았다. 무제가 책봉문에서 당부한 바와 달리 행동하다가 모두 불행하게 되었으니 이 또한 역사의 교훈이라고 할 만하다.

제후왕 책봉 논의

"대사마 신 곽거병霍去病^①은 죽음을 무릅쓰고 재배하여 황제 폐하께 상소합니다. 폐하께서 신을 과분하게 인정하여 신 거병을 행군行軍하는 대오 사이에서 임명하셨습니다.^② 마땅히 변방을 전담할 것을 생각하면서 들판에서 죽어 해골 뼈가 드러난다 해도 보답할 길이 없습니다. 이제 감히 다른 의론으로 조정 일에 간섭하게 되었는데, 진실로 폐하께서 천하를 애써 걱정하고 백성을 애처롭게 여겨 자신을 잊으시며, 음식 수를 줄이고 음악을 절제하며 낭郎 인원까지 줄이는 것을 보았기 때문입니다.

大司馬臣去病^①昧死再拜上疏皇帝陛下 陛下過聽 使臣去病待罪行間^② 宜專邊塞之思慮 暴骸中野無以報 乃敢惟他議以干用事者 誠見陛下憂勞天下 哀憐百姓以自忘 虧膳貶樂 損郎員

① 去病거병

색은 곽거병이다.

霍去病也

신주 《사기지의》에서 말한다. "《사기》에는 〈삼왕세가〉가 결락되었는데,

저선생(저소손)은 일 꾸미기 좋아하는 장로를 따르고 조정에서 책봉하는 의론을 취해서 보충했으며, (사마천의) 논평도 거짓으로 붙였다. 그리하여 잘못된 곳이 곳곳에 있다. 원수 6년에 유후俞侯 난분欒賁은 태상이었는데, 태상 신 충忠이라 했다. 공손하公孫賀는 태복이고 어사대부가 아니었다. 이때 장탕張湯이 어사대부로 권력을 잡아서, 그로 인해 공손하는 참여할 수 없다. 그런데 '태복 신 공손하 행 어사대부사'라 했다. 5등작은 성주成周 때 제정되었는데, 춘추시대에 3등이 있었다가 은나라 제도를 따라 백伯, 자子, 남男을 합쳐 하나로 했다고 했다. 그 나머지 월일月日도 어긋나니, 태반은 일 꾸미기 좋아하는 자들이 전한 것으로 말미암아 기록한 오류일 것이다. 또 사마천은 〈자서전〉에서 '세 아들을 왕으로 삼은 것은 문사가 볼만하다.'라고 일컬었고, 세 책문은 무제에 의해 지어진 것이므로 《한서》〈무제기〉에 특히 기록하여 '초작어初作語'라고 했다. 곧 저소손이 보충한 것을 《한서》〈무오자전〉과 비교하면, 자구字句 사이가 대부분 같고 일부 다른 것이 있으니, 어찌 사신史臣이 붓을 쥐고 바꾸는 해를 끼친단 말인가. 억측하면 저선생이 편집한 것은 다 원본에 의거하지 않은 것인가? 그 막힌 이해에 이르면, 단지 역사를 잃어버린 것뿐만 아니라 이야기도 거칠고 얕으며, 《한서》〈무오자전〉과 맞지 않으니 논하기에 부족할 따름이다."

② 待罪行間대죄행간

신주 대죄待罪는 죄를 기다린다는 뜻으로 관리가 자기 직책을 수행하는 것을 겸손하게 이르는 말이다. 행간行間은 군사들이 행군하는 대오隊伍 사이를 말한다.

황자들은 천은에 힘입어 훌륭한 조복을 입고 달려와 배알할 수 있지만 지금까지 작호爵號도 없고 사부관師傅官도 없습니다. 폐하께서 사양하여 돌보지 않으시니 모든 신하가 사사로이 바라만 볼 뿐 감히 직분에 넘는 말을 하지 못하고 있습니다.

신은 간절히 견마犬馬의 마음[1]을 이기지 못해 죽음을 무릅쓰고 원하니, 폐하께서는 담당 관리에게 조서를 내려 한여름 길한 날[2]에 황자들의 지위를 정하시기 바랍니다. 오직 폐하께서 거동하시어 살펴주십시오. 신 곽거병은 죽음을 무릅쓰고 재배하며 황제 폐하께 아룁니다.[3]"

3월 을해일에 어사 신 곽광霍光은 수 상서령尙書令[4]으로서 미앙궁에 아뢰었다. 황제는 제서制書를 내렸다.[5]

"어사에게 하달한다."

皇子賴天 能勝衣趨拜 至今無號位師傅官 陛下恭讓不恤 群臣私望 不敢越職而言 臣竊不勝犬馬心[1] 昧死願陛下詔有司 因盛夏吉時[2]定皇子位 唯陛下幸察 臣去病昧死再拜以聞皇帝陛下[3] 三月乙亥 御史臣光守尙書令[4]奏未央宮 制曰[5] 下御史

① 犬馬心견마심

신주 개나 말처럼 임금과 나라에 충성을 다하여 몸을 바치는 마음을 겸손하게 이르는 말이다. 견마지심犬馬之心과 같다.

② 盛夏吉時성하길시

색은 살펴보니 《명당》〈월령〉에서 "계하季夏(6월) 달에 제후를 봉하고 대관大官을 세운다."라고 한 것이 이것이다.

按 明堂月令云季夏月 可以封諸侯 立大官 是也

③ 聞皇帝陛下문황제폐하

신주 이 상소를 올린 곽거병은 당시 대사마 겸 표기장군이었고, 9월에 죽는다.

④ 御史臣光守尚書令어사신광수상서령

신주 곽광은 곽거병의 배다른 아우이다. 《한서》〈곽광전〉에 따르면 곽광은 이 무렵 상소를 담당하는 비서격인 제조시중諸曹侍中을 지내고 있었다. 여기 '어사'는 시중을 표현한 말일 것이다. 수守는 낮은 품계로 높은 직책을 겸직하는 것이며, 상서령은 조정 문서를 총괄하는 직책이다. 아마 이때 상서령이 없어 곽광이 상서령을 겸직했던 것으로 보인다.

⑤ 制曰제왈

신주 군주가 직접 짓는 문서를 '제서制書'라고 한다.

원수 6년 3월 무신 초하루, 을해일에 어사 겸 상서령인 곽광과 상서승 비非①는 어사에게 하달되었던 답변상소가 도착하자,② 아뢰었다.

"승상 신 장청적莊靑翟,③ 어사대부 신 장탕張湯,④ 태상 신 조충趙充,⑤ 대행령 신 이식李息,⑥ 태자소부 신 임안任安⑦ 등은 종정宗正의 사무를 시행하는데⑧ 죽음을 무릅쓰고 아룁니다.

六年三月戊申朔 乙亥 御史臣光守尙書令丞非① 下御史書到② 言 丞相
臣靑翟③御史大夫臣湯④太常臣充⑤大行令臣息⑥太子少傅臣安⑦行宗
正事⑧昧死上言

① 守尙書令丞非수상서령승비

색은 살펴보니 문서를 아뢰는 것은 상서령尙書令의 관위官位에 있는데
역사에서 앞서 그 이름을 빠뜨렸을 뿐이다. 상서승 비非는 혹시 상서의
좌우 승丞일 것이고 비非는 그 이름일 것이다.

按 奏狀有尙書令官位 而史先闕其名耳 丞非者 或尙書左右丞 非其名也

신주 상서령은 곽광이 임시로 겸직한 것이다.

② 下御史書到하어사서도

신주 대신이나 관리가 올린 상소는 상서尙書를 거쳐 궁중어사에게 전
달되어 군왕에게 올라가며, 하명은 그 반대를 거친다. 여기서는 무제가
어사에게 하달한 것이 상서를 통해 대신에게 전해지고, 다시 대신이 올
린 상소가 상서를 통해 궁중어사에게 전달된 것이다. 따라서 '하어사
서도下御史書到'의 구두점은 '하어사下御史, 서도書到'가 되어야 정확하
며 '서書'는 대신들의 상소를 가리킨다. 상소는 대부분 비서인 어사나
시중이 군주 옆에서 들고 읽는다.

③ 靑翟청적

색은 장청적이다.

莊青翟也

④ 湯탕

색은 장탕이다.

張湯

⑤ 充충

색은 아마 조충일 것이다.

蓋趙充也

⑥ 息식

색은 이식이다.

李息

⑦ 安안

색은 임안이다.

任安也

⑧ 行宗正事행종정사

신주 제후왕의 임명 등 황실 종친을 관리하는 것이 종정의 임무이다. 그래서 종정의 사무를 시행한다는 표현을 썼다.

대사마 곽거병霍去病은 상소하기를 '폐하께서 신을 과분하게 인정하여 신 거병을 행군行軍하는 대오 사이에서 임명하셨습니다. 마땅히 변방을 전담할 것을 생각하면서 들판에서 죽어 해골 뼈가 드러난다 해도 보답할 길이 없습니다. 이제 감히 다른 의론으로 조정 일에 간섭하게 되었는데, 진실로 폐하께서 천하를 애써 걱정하고 백성을 애처롭게 여겨 자신을 잊으시며, 음식 수를 줄이고 음악을 절제하며 낭郞 인원까지 줄이는 것을 보았기 때문입니다. 황자들은 천은에 힘입었으니 훌륭한 조복을 입고 달려와 배알할 수 있지만 지금까지 작호爵號도 없고 사부관師傅官도 없습니다. 폐하께서 사양하여 돌보지 않으시니 모든 신하가 사사로이 바라만 볼 뿐 감히 직분에 넘는 말을 하지 못하고 있습니다.

신은 간절히 견마犬馬의 마음을 이기지 못하고 죽음을 무릅쓰고 원하니, 폐하께서는 담당관리에게 조서를 내려 한여름 길한 날에 황자들의 지위를 정하시기 바랍니다. 오직 폐하께서 거동하시어 살펴주십시오.'라고 하자, 황제께서는 제서制書를 내리고 '어사에게 하달한다.'라고 말씀하셨습니다.

大司馬去病上疏曰 陛下過聽 使臣去病待罪行間 宜專邊塞之思慮 暴骸中野無以報 乃敢惟他議以干用事者 誠見陛下憂勞天下 哀憐百姓以自忘 虧膳貶樂 損郎員 皇子賴天 能勝衣趨拜 至今無號位師傅官 陛下恭讓不恤 群臣私望 不敢越職而言 臣竊不勝犬馬心 昧死願陛下詔有司 因盛夏吉時定皇子位 唯願陛下幸察 制曰 下御史

신들은 삼가 중 2,000석과 2,000석 신하 공손하公孫賀^① 등과 의
논했습니다. 옛날에 토지를 갈라 국가를 세우고 제후들을 나란히
세워서 천자를 받들게 한 것은 종묘를 높이고 사직을 무겁게 여
겼기 때문입니다. 지금 신 곽거병이 상소한 것은 그 직분을 잊지
않은 것이고 이로 인해 성은을 선양했습니다. 이에 천자께서 겸
양하여 자기 자신을 낮추어 천하를 위해 애쓴다고 아뢰면서 황자
들의 작호爵號와 지위가 없는 것을 염려했습니다.

신 장청적과 신 장탕 등은 의를 받들고 직분을 따랐어야 마땅한
데, 어리석고 몽매해 이 일에 이르지 못했습니다. 바야흐로 지금
은 한여름(5월) 좋은 때이니 신 장청적과 신 장탕 등은 죽음을 무
릅쓰고 황자 신 유굉劉閎^②과 신 유단劉旦과 신 유서劉胥를 제후
왕으로 삼기를 청합니다. 죽음을 무릅쓰고 봉국의 이름을 세울
것을 청원합니다.”

臣謹與中二千石二千石臣賀^①等議 古者裂地立國 竝建諸侯以承天于
所以尊宗廟重社稷也 今臣去病上疏 不忘其職 因以宣恩 乃道天子卑
讓自貶以勞天下 慮皇子未有號位 臣靑翟臣湯等宜奉義遵職 愚憧而不
逮事 方今盛夏吉時 臣靑翟臣湯等昧死請立皇子臣閎^②臣旦臣胥爲諸
侯王 昧死請所立國名

① 賀하

정의 ‘공손하’이다.

公孫賀

集解 서광이 말했다. "다른 판본에는 '변開'으로 되어 있다."

徐廣曰 一作開

제서를 내려서 말했다.

"대개 듣자니 주나라에서는 제후 800명을 봉했는데, 희성姬姓을 아울러 나열했고 누구는 자작子爵, 남작男爵, 부용附庸으로 봉했다고 한다. 《예기》에서 '방계는 제사를 지내지 않는다.'라고 했다. 그런데 제후들을 나란히 세우는 것은 사직을 중요하게 여기기 때문이라고 일렀는데, 짐은 들은 바 없다. 또 하늘은 군주를 위해 백성을 낸 것이 아니다.① 짐이 부덕해서 온 천하가 다스려지지 못했는데 아직 가르침을 이룩하지 못한 자들을 억지로 여러 성을 다스리는 군주로 삼는다면, 곧 보좌하는 신하들을 어떻게 권려勸勵하겠는가.② 다시 그들을 제후의 가家로 나란히 세우는 것을 논의하라!③"

制曰 蓋聞周封八百 姬姓並列 或子男附庸 禮 支子不祭 云並建諸侯所以重社稷 朕無聞焉 且天非爲君生民也① 朕之不德 海内未洽 乃以未教成者彊君連城 即股肱何勸② 其更議以列侯家之③

① 天非爲君生民也천비위군생민야

索隱 《좌전》에서 "하늘이 백성을 내었으니 군주를 세워서 그에게 맡아기르게 했다."라고 한다. 이는 사람을 낳았으니 군장君長을 세워서 맡아

기르게 하는 것일 뿐이지, 하늘이 군주를 위해서 사람을 낳은 것은 아니라는 말이다.

左傳曰天生蒸民 立君以司牧之 是言生人爲立君長司牧之耳 非天爲君而生人也

② 卽股肱何勸즉고굉하권

집해 서광이 말했다. "권勸은 다른 판본에는 '돈敦', 또 다른 판본에는 '욱勖', 또 다른 판본에는 '관觀'으로 되어 있다."

徐廣曰 一作敦 一作勖 一作觀也

색은 황자 등이 나란히 가르침이나 의義를 익히지 못한 것을 이른 것이다. 황자들이 가르침과 의를 익히지 못했는데 억지로 제후왕으로 삼아서 여러 성城 사람들의 군주로 세운다면 대신들을 어떻게 권려할 수 있겠느냐는 말이다.

謂皇子等竝未習教義也 皇子未習教義 而彊使爲諸侯王 以君連城之人 則大臣何有所勸

③ 列侯家之열후가지

신주 봉지封地를 나누어주는 것에 따라 제후왕이 '국'을 소유한다면 그 아래 열후는 '가'를 가진다는 의미이다. 그래서 합쳐서 '국가'라고 하는 것이다. 국國 아래 개념이 가家이다.

3월 병자일에 미앙궁에 아뢰었다.

"승상 신 장청적과 어사대부 신 장탕은 죽음을 무릅쓰고 아룁니다. 신들은 삼가 열후 신 영제嬰齊와 중 2,000석, 2,000석 신 공손하, 간대부諫大夫^① 박사 신 안安 등과 의논했습니다.

엎드려 살피건대 주나라는 제후 800명을 봉했는데 희성을 아울러 줄을 세워 천자를 받들게 했습니다. 강숙康叔은 조상 덕에 현달했고 백금伯禽은 주공周公 때문에 세워졌는데^② 모두가 국가를 세우고 제후가 되어 서로 스승으로 보좌가 되었습니다. 모든 관료는 법을 받들고 각각 그의 직분에 따라 국가를 통솔하는 체계가 갖추어졌습니다.

三月丙子 奏未央宮 丞相臣靑翟 御史大夫臣湯昧死言 臣謹與列侯臣 嬰齊中二千石二千石臣賀諫大夫^①博士臣安等議曰 伏聞周封八百 姬 姓竝列 奉承天子 康叔以祖考顯 而伯禽以周公^②咸爲建國諸侯 以相 傳爲輔 百官奉憲 各遵其職 而國統備矣

① 諫大夫간대부

신주 한나라에서 둔 언관言官이다.

② 康叔以祖考顯 而伯禽以周公立강숙이조고현 이백금이주공립

신주 강숙은 서주 때의 위衛나라 초대 군주이며 무왕의 아우이다. 주공은 조정 일을 도왔기 때문에 그 아들 백금이 노나라 초대 군주가 되었다. 〈위강숙세가〉와 〈노주공세가〉에 자세히 나온다.

생각하면 제후들을 나란히 세우는 것이 사직을 중하게 하는 까닭은 온 천하의 제후들이 각각 그 직분으로 제사의 공물貢物을 바치게 하기 위해서입니다. 방계가 종조宗祖의 제사를 받들지 못하는 것은 예禮입니다. 봉건하여 번국藩國을 지키게 하는 것은 제왕이 덕을 유지하고 교화를 베풀어야 하기 때문입니다.

폐하께서는 천통天統을 잇고 성스러운 계통을 밝게 여기셨으며 어진 이를 높이고 공을 나타내게 해서 없어진 나라를 일으키고 단절된 후사를 계승시키셨습니다. 문종후文終侯 소하蕭何의 후손을 찬酇 땅에 계승시키고① 여러 신하 중 평진후平津侯② 등을 포상하고 격려하셨습니다.

竊以爲竝建諸侯所以重社稷者 四海諸侯各以其職奉貢祭 支子不得奉祭宗祖 禮也 封建使守藩國 帝王所以扶德施化 陛下奉承天統 明開聖緒 尊賢顯功 興滅繼絶 續蕭文終之後于酇① 褒厲群臣平津侯②等

① 蕭文終之後于酇소문종지후우찬

[색은] 소하의 시호가 문종文終이다. 살펴보니 소하는 처음에 패沛의 찬酇 땅에 봉해졌다. 발음은 '찬贊'이다. 뒤에 그의 자손들이 계승하고 남양군 찬酇 땅에 봉해졌다. 발음은 '차嵯'이다.

蕭何謚文終也 按 蕭何初封沛之酇 音贊 後其子續封南陽之酇 音嵯

[신주] 酇은 나라 이름일 때는 '찬'이고, 고을 이름일 때는 '차'이다.

② 平津侯평진후

[색은] 공손홍公孫弘은 평진후이다. 평진은 고성高成의 향鄕 이름이다.

公孫弘平津侯 平津 高成之鄉名

정의 공손홍이 봉해진 평진향은 창주 염산 남쪽 42리에 있다.

公孫弘所封平津鄉 在滄州鹽山南四十二里也

신주 창주는 한나라 때 발해군이다.

또 육친六親의 차례를 밝히고 하늘이 베푼 가속家屬들을 밝게 해서 제후왕들을 군으로 봉하고, 사사로운 은혜로 자제들에게 호읍戶邑을 나누어 주어 받들게 하고, 호칭을 높이고 100여 나라①를 세워주셨습니다.

가家를 식읍으로 주어 황자를 열후로 삼는다면, 곧 존비의 신분이 서로 넘나들고② 열거된 지위가 순서를 잃게 되니, 만세의 계통을 세울 수 없습니다. 신들은 신 유굉③과 신 유단④과 신 유서⑤를 제후왕으로 삼기를 청원합니다."

昭六親之序 明天施之屬 使諸侯王封君得推私恩分子弟戶邑 錫號尊建百有餘國① 而家皇子爲列侯 則尊卑相踰② 列位失序 不可以垂統於萬世 臣請立臣閎③臣旦④臣胥⑤爲諸侯王

---

① 百有餘國백유여국

색은 무제가 널리 은혜를 헤아려 내린 조서로 왕王과 제후왕의 자제들을 나누었다. 그러므로 100여 국이 있다고 이른 것이다.

謂武帝廣推恩之詔 分王諸侯王子弟 故有百餘國

신주 제후왕을 약화하기 위한 목적으로 이른바 봉국을 여럿으로 나누게 하는 '추은령推恩令'을 내렸다.

② 尊卑相踰존비상유

[색은] 제후왕의 아들들이 이미 열후가 되었는데 지금 또 황자皇子를 가家로 봉하여 열후로 삼는다면 이는 존비尊卑의 신분이 서로 뛰어넘는 것이 된다는 말이다.

謂諸侯王子已爲列侯 而今又家皇子爲列侯 是尊卑相踰越矣

③ 閎굉

[색은] 제왕이다. 왕부인의 아들이다.

齊王也 王夫人子

④ 旦단

[색은] 연왕이다. 《한서》에서는 이희李姬의 아들이라고 했다.

燕王也 漢書云李姬子

⑤ 胥서

[색은] 광릉왕이다.

廣陵王也

3월 병자일에 미앙궁에 아뢴 것에 대해 제서를 내려 말했다.

"강숙의 형제가 10명이나 있었지만 유독 높여준 것은 덕이 있는 자를 포상한 것이다. 주공은 하늘의 명을 따라 교제郊祭를 지냈기 때문에 노나라 제사에 흰 소와 붉은 소의 희생①이 있었다. 그러나 여러 공公은 순색의 희생을 사용하지 못하게 해서② 어질고 불초不肖함에 따른 차등이 있게 했다. '높은 산을 우러러보고 큰 길을 가야 한다.'라고 했는데,③ 짐이 이 말을 매우 사모한다. 이런 까닭에 아직 성장하지 못한 자식을 억눌러, 가家를 (제후황이 아닌) 열후로 하는 것이 좋겠다."

三月丙子 奏未央宮 制曰 康叔親屬有十而獨尊者 褒有德也 周公祭天命郊 故魯有白牡騂剛之牲① 群公不毛② 賢不肖差也 高山仰之 景行嚮之③ 朕甚慕焉 所以抑未成 家以列侯可

① 白牡騂剛之牲백모성강지생

[집해] 《공양전》에서 말한다. "노나라는 주공에게 제사를 지내는데 희생으로 흰색의 수소를 사용하고, 노공魯公(백금)에게는 붉은 소를 사용한다." 하휴가 말했다. "흰 소는 은나라의 희생이고, 붉은 소는 등이 붉은 것으로 주나라의 희생이다."

公羊傳曰 魯祭周公 牲用白牡 魯公用騂剛 何休曰 白牡 殷牲也 騂剛 赤脊 周牲也

② 群公不毛군공불모

[집해] 하휴가 말했다. "불모는 순색(흰색)이 아니라는 것이다."

何休曰 不毛 不純色也

③ 高山仰之 景行嚮之고산앙지 경행향지

신주 《시경》〈소아〉 '거할車牽'편의 "높은 산을 우러러보고 큰길을 가야 한다.[高山仰之 景行行之]"에서 나온 말이다. 또한 〈공자세가〉 마지막 사마천의 평에 나온다.

4월 무인일에 미앙궁에 아뢰었다.

"승상 신 장청적과 어사대부 신 장탕은 죽음을 무릅쓰고 아룁니다. 신 장청적 등은 열후列侯와 2,000석 관리, 간대부와 박사 신 경慶 등과 함께 의논했는데, 죽음을 무릅쓰고 아뢰어 황자들을 제후왕으로 삼을 것을 청합니다.

제서를 내리시어 "강숙의 형제가 10명이나 있었지만 유독 높여준 것은 덕이 있는 자를 포상한 것이다. 주공은 하늘의 명을 따라 교제郊祭를 지냈기 때문에 노나라 제사에 흰 소와 붉은 소의 희생이 있었다. 그러나 여러 공公은 순색의 희생을 사용하지 못하게 해서 어질고 불초不肖함에 따른 차등이 있게 했다. '높은 산을 우러러보고 큰길을 가야 한다.'라고 했는데, 짐이 이 말을 매우 사모한다. 이런 까닭에 아직 성장하지 못한 자식을 억눌러, 가家를 열후로 하는 것이 좋겠다라고 하셨습니다.

四月戊寅 奏未央宮 丞相臣靑翟御史大夫臣湯昧死言 臣靑翟等與列侯吏二千石諫大夫博士臣慶等議 昧死奏請立皇子爲諸侯王 制曰 康叔親屬有十而獨尊者 褒有德也 周公祭天命郊 故魯有白牡騂剛之牲 群公不毛 賢不肖差也 高山仰之 景行嚮之 朕甚慕焉 所以抑未成 家以列侯可

신 장청적과 신 장탕과 박사 신 장행將行 등은 엎드려 듣자니 강숙의 형제는 10명이 있었는데, 무왕은 왕위를 계승했고 주공은 성왕을 보필했고 그 나머지 8명도 모두 조상 덕에 존귀해져 대국에 세워졌습니다. 강숙은 나이가 어렸고, 주공은 삼공三公의 지위에 있었고, 백금은 노나라에서 나라를 계승했는데, 대략 작명爵命을 내릴 당시 성인이 아니었습니다. 그러나 강숙은 뒤에 녹보祿父의 난難[1]을 막아냈고, 백금은 회이淮夷의 난亂[2]을 평정했습니다.

臣青翟臣湯博士臣將行等伏聞康叔親屬有十 武王繼體 周公輔成王 其八人皆以祖考之尊建爲大國 康叔之年幼 周公在三公之位 而伯禽據國於魯 蓋爵命之時 未至成人 康叔後扞祿父之難[1] 伯禽殄淮夷之亂[2]

① 祿父之難녹보지난

신주 주무왕이 은나라를 멸하고, 은나라 주紂의 아들 무경녹보를 봉해서 은나라 유민과 그 땅을 다스리게 하고 무왕의 동생 '관, 채, 곽'에게 무경을 돕는다는 명목으로 감시하게 했는데, 이를 '삼감三監'이라 한다. 무왕이 죽고 어린 성왕이 즉위해서 주공 단이 보필했는데 삼감은 주공이 왕위를 빼앗을 것이라는 소문을 퍼뜨리고 무경과 손잡고 난을 일으켰다. 다만 위강숙은 이후로 무경녹보와 삼감이 있던 땅을 합쳐 위衛에 봉해진 것이시, 상소처럼 이들을 막은 것이 아니다.

② 淮夷之亂회이지난

신주 회이淮夷와 서융徐戎의 봉기를 격퇴한 상황은 〈노주공세가〉에 있다.

옛날 5제는 제도를 달리했고, 주나라의 작위는 5등급이었고, 춘추시대의 작위는 3등급이었는데,[①] 모두 시대에 따라 존비의 서열을 정한 것입니다. 고황제께서도 난세亂世를 다스려 바른 것으로 돌아오게 하셨고[②] 지극한 덕을 밝혀 온 세상을 안정시키시고 제후들을 봉하셨는데, 2개 등급의 작위를 두셨습니다.[③] 황자들은 혹 포대기에 싸여 있는 상태에서 제후왕으로 삼아 천자를 받들게 하시고 만세의 법칙으로 삼아 바꾸지 못하게 했습니다.

폐하께서는 몸소 인의를 가까이하시고 성스러운 덕을 몸으로 행하셔서 문文과 무武를 안팎으로 빛내셨습니다. 또 자애롭고 효도하는 행동을 드러나게 하셨고, 현명하고 능력 있는 이들의 길을 넓히셨습니다. 안으로는 덕이 있는 이를 포상하고 밖으로는 강포한 자들을 토벌하셨습니다. 강역 끝 북쪽은 바다에 닿았고,[④] 서쪽은 월지月氏에 이르렀으며,[⑤] 흉노와 서역의 온 나라들이 황제의 군대를 받들었습니다.

昔五帝異制 周爵五等 春秋三等[①] 皆因時而序尊卑 高皇帝撥亂世反諸正[②] 昭至德 定海內 封建諸侯 爵位二等[③] 皇子或在繦褓而立爲諸侯王 奉承天子 爲萬世法則 不可易 陛下躬親仁義 體行聖德 表裏文武 顯慈孝之行 廣賢能之路 內襃有德 外討彊暴 極臨北海[④] 西(湊)[湊]月氏[⑤] 匈奴西域 擧國奉師

① 春秋三等춘추삼등

[집해] 정현이 말했다. "춘추시대에는 주나라의 문文이 변화해서 은나라의 질박함을 좇아 백伯, 자子, 남男을 합쳐 하나로 했다. 곧 은나라의

작위는 3등급인데 공, 후, 백이다."

鄭玄曰 春秋變周之文 從殷之質 合伯子男以爲一 則殷爵三等者 公侯伯也

② 撥亂世反諸正발란세반제정

색은 《춘추공양전》의 문장이다.

春秋公羊傳文

신주 《춘추공양전》 애공 14년 조에 있는 문장이다. 곧 어지러운 세상을 다스리고 모든 것을 바른 데로 돌렸다는 뜻이다.

③ 爵位二等작위이등

색은 왕과 열후를 이른다.

謂王與列侯

④ 極臨北海극림북해

정의 〈흉노전〉에서 "곽거병이 흉노를 정벌하고 북쪽 한해翰海에 다다랐다."라고 했다.

匈奴傳云霍去病伐匈奴 北臨翰海

신주 현재 중국에서는 한해를 몽골고원 동북쪽의 북해北海, 곧 패가이호貝加爾湖로 비정한다.

⑤ 西溱月氏서진월지

정의 溱의 발음은 '진臻'이고 氏의 발음은 '지支'이다. 월지月支에 이르렀다는 월지는 서융의 나라 이름인데 총령산蔥嶺山 서쪽에 있다.

溱音臻 氏音支 至月氏 月氏 西戎國名 在蔥嶺之西也

수레와 병장기 들의 비용을 백성에게 부과하지 않으셨습니다. 나라 창고에 저장된 것을 비우고 원융元戎[1]을 상으로 내리셨습니다. 궁 안의 창고를 열어서 빈궁한 사람들을 보살피고, 수자리 사는 군졸을 절반으로 줄이셨습니다.

다른 민족의 군주들이 그 풍風으로 향하지 않는 자가 없었고, 시류를 따라 우리 뜻에 알맞게 했습니다. 먼 지방의 풍속이 다른 자들도 거듭 통역을 거쳐 조회에 들어오니, 혜택은 사방 밖까지 미쳤습니다. 그러므로 진귀한 짐승이 이르고 아름다운 곡식이 자라나며 하늘이 호응해 매우 빛났습니다.

지금 제후들의 지자支子를 봉해 제후왕[2]에 이르렀는데도 황자를 가家로 봉하여 열후로 삼는다면,[3] 신 장청적과 신 장탕 등이 가만히 엎드려서 어느 쪽을 헤아려보아도 모두 존비의 질서를 잃게 된다고 여기며, 천하가 실망할 것이기에 불가하다는 말입니다. 신들은 신 유굉과 신 유단과 신 유서 등을 제후왕으로 삼을 것을 청합니다."

輿械之費 不賦於民 虛御府之藏以賞元戎[1] 開禁倉以振貧窮 減戍卒之半 百蠻之君 靡不鄕風 承流稱意 遠方殊俗 重譯而朝 澤及方外 故珍獸至 嘉穀興 天應甚彰 今諸侯支子封至諸侯王[2] 而家皇子爲列侯[3] 臣靑翟臣湯等竊伏執計之 皆以爲尊卑失序 使天下失望 不可 臣請立臣閎 臣旦臣胥爲諸侯王

① 元戎원융

집해 《시경》에서 "원융元戎 10대가 앞장서 길을 여네."라고 하는데,

한영韓嬰은 장구章句에서 말했다. "원융은 대융大戎으로, 전차를 말한다. 수레에 대융 10대가 있는데, 바퀴를 명주로 장식하고 말에 갑옷을 입혔으며 형액衡扼(가름대와 멍에) 위에 검과 극戟(베는 창)이 다 있는 것을 말한다. 이름을 함군지거陷軍之車라고도 하는 것은 먼저 무릅쓰고 돌진하여 적진의 행렬과 대오를 먼저 열기 때문이다." 《모시전》에서 말한다. "하후씨는 수레 이름을 구거鉤車라고 했는데, 바르게 선도하는 것이다. 은나라는 인거寅車라고 했는데, 빠르게 선도하는 것이다. 주나라는 원융이라고 했는데, 곧게 선도하는 것이다."

詩云 元戎十乘 以先啓行 韓嬰章句曰 元戎 大戎 謂兵車也 車有大戎十乘 謂車 縵輪 馬被甲 衡扼之上盡有劍戟 名曰陷軍之車 所以冒突先啓敵家之行伍也 毛 傳曰 夏后氏曰鉤車 先正也 殷曰寅車 先疾也 周曰元戎 先良也

② 諸侯王제후왕

색은 교동왕의 아들 유경劉慶을 세워서 육안왕으로 삼았으며, 상산왕의 아들 유평劉平을 진정왕으로 삼고, 아들 유상劉尙을 사수왕으로 삼았다고 한 것이 이것이다.

謂立膠東王子慶爲六安王 常山王子平爲眞定王 子商爲泗水王是也

③ 家皇子爲列侯가황자위열후

색은 당시의 제후왕은 '국國'이라고 일컫고, 열후列侯는 '가家'라고 칭했다. 그러므로 '가황자家皇子(황자를 가로 봉하는 것)'라고 이른 것은 존비尊卑의 질서를 잃은 것이 된다고 했다.

時諸王稱國 列侯稱家也 故云家皇子 爲尊卑失序

4월 계미일에 미앙궁에 아뢰었는데, 상소문이 궁중에 보류되어 하달되지 않았다.

"승상 신 장청적, 태복 신 공손하, 행어사대부사行御史大夫事 태상 신 조충, 태자소부 신 임안은 종정宗正의 사무를 시행하면서 죽음을 무릅쓰고 말씀드립니다. 신 장청적 등이 전에 아뢴 것은 대사마 신 곽거병이 상소한 '황자皇子들에게 작호爵號가 없습니다.'라는 내용이었고, 신이 삼가 어사대부 신 장탕과 중 2,000석, 2,000석 관리와 간대부, 박사 신 경慶 등과 죽음을 무릅쓰고 함께 아뢴 것은 황자 신 유굉 등을 세워서 제후왕으로 삼으라는 내용이었습니다.

폐하께서는 문무를 겸양謙讓하시고 몸소 자신을 절제하시어, 황자들이 아직 교화되지 못했다고 하셨습니다. 군신들의 의론과 유생儒生들이 그의 학술을 일컬을 때, 간혹 그 마음에 맞지 않기도 합니다.

폐하께서는 굳게 사양하여 허락하지 않고 황자를 가家로 봉하여 열후로 삼게 하셨습니다. 신 장청적 등은 간절히 열후 신 소수성蕭壽成① 등 27명과 함께 의논해보니, 모두 존비의 질서를 잃을 것이라고 여겼습니다. 고황제께서 천하를 세우고 한나라 태조太祖가 되어 자손들에게 왕을 시키고 널리 지족支族들이 보좌하게 하셨습니다.

선제先帝의 법칙을 바꾸지 않는 것은 지극한 존귀함을 선포하기 위해서입니다. 신들은 사관史官을 시켜 길한 날을 가리게 하고 예의를 갖추어 올리도록 하겠습니다. 어사에게 여지도輿地圖를 상주하게 하고② 다른 제도들도 모두 지난날 관례와 같이 하기를 청원합니다.”

이에 제서를 내려서 말했다.

“그리 하라.”

四月癸未 奏未央宮 留中不下 丞相臣靑翟 太僕臣賀 行御史大夫事太常臣充 太子少傅臣安行宗正事昧死言 臣靑翟等前奏大司馬臣去病上疏言 皇子未有號位 臣謹與御史大夫臣湯中二千石二千石諫大夫博士臣慶等昧死請立皇子臣閎等爲諸侯王 陛下讓文武 躬自切 及皇子未教 群臣之議 儒者稱其術 或誖其心 陛下固辭弗許 家皇子爲列侯 臣靑翟等竊與列侯臣壽成①等二十七人議 皆曰以爲尊卑失序 高皇帝建天下 爲漢太祖 王子孫 廣支輔 先帝法則弗改 所以宣至尊也 臣請令史官擇吉日 具禮儀上 御史奏輿地圖② 他皆如前故事 制曰 可

① 壽成수성

집해 서광이 말했다. “소하의 현손인 찬후 소수성蕭壽成은 뒤에 태상이 되었다.”

徐廣曰 蕭何之玄孫酇侯壽成 後爲太常也

② 輿地圖여지도

색은 시地를 일러 여輿라고 하는 것은 하늘은 덮어주고 땅은 실어주는 덕이 있기 때문이다. 그러므로 하늘을 일러 ‘개蓋(덮다)’라고 하고, 땅을 일러 ‘여輿(싣다)’라고 한다. 그러므로 지도를 일컬어 ‘여지도’라고 한다. 아마 예로부터 이러한 이름이 있었으며 한나라에서 시작한 것은 아닐 것이다.

謂地爲輿者 天地有覆載之德 故謂天爲蓋 謂地爲輿 故地圖稱輿地圖 疑自古有
此名 非始漢也

4월 병신일에 미앙궁에 아뢰었다.

"태복 신 공손하는 어사대부의 일을 시행함에 죽음을 무릅쓰고
아룁니다. 태상 신 조충이 점을 치고 들어와서 4월 28일 을사일
에 제후왕을 세우는 것이 좋다고 말했습니다. 신은 죽음을 무릅
쓰고 여지도輿地圖를 상주하여 국가를 세우고 이름 지을 바를 청
합니다. 예의 절차는 별도로 아뢰겠습니다. 신은 죽음을 무릅쓰
고 청원합니다."

제서를 내려 말했다.

"황자 유굉을 세워서 제왕齊王으로 삼고, 유단을 연왕燕王으로 삼
고, 유서를 광릉왕廣陵王으로 삼노라."

4월 정유일에 미앙궁에 아뢰었다.

6년[①] 4월 무인 초하루, 계묘일에 어사대부 장탕이 승상에게 어
명을 하달하자, 승상은 중 2,000석 관리에게 하달했고, 2,000석
관리는 군郡의 태수와 제후의 상相들에게 하달했으며, 승서종사
丞書從事[②]들은 담당관리들에게 하달했다. 율령과 같이 따르게
했다.

四月丙申 奏未央宮 太僕臣賀行御史大夫事昧死言 太常臣充言卜入
四月二十八日乙巳 可立諸侯王 臣昧死奏輿地圖 請所立國名 禮儀

別奏 臣昧死請 制曰 立皇子閎爲齊王 旦爲燕王 胥爲廣陵王 四月丁酉
奏未央宮 六年^①四月戊寅朔 癸卯 御史大夫湯下丞相 丞相下中二千石
二千石下郡太守諸侯相 丞書從事^②下當用者 如律令

① 六年육년

집해 서광이 말했다. "일설에서는 '원수'라고 했다."

徐廣曰 一云元狩

② 丞書從事승서종사

신주 군국郡國에서 문서를 관리하는 사람을 가리킨다.

삼왕 책봉문

"유維[1] (원수) 6년 4월 을사일에 황제는 어사대부 장탕에게 종묘에서 아들 유굉劉閎을 세워 제왕齊王으로 삼게 하면서[2] 말씀하십니다."

"아아, 작은아들 굉아![3] 이 청사靑社[4]를 받아라! 짐은 선조를 계승하고 옛 제도를 이어 너의 국가를 세워 동쪽 땅에 봉하니, 대대로 한나라의 울타리가 되어 도와라. 아아, 명심하라! 짐의 조칙에 공손하면 천명은 일상에서 벗어나지 않으리라. 사람이 덕을 좋아하면 밝음보다 더한 빛이 드러난다. 의義로써 꾀하지 않으면 군자들은 게으르게 될 것이다.[5]

너의 마음을 다해서 진실로 그 중심中心을 잡으면 하늘의 복[6]은 끝까지 영원할 것이다. 잘못하고 선을 따르지 않으면 곧바로 네 집과 국가를 흉하게 하고 네 몸을 해칠 것이다. 아아, 국가를 보호하고 백성을 다스리려면 공경하지 않을 수 있겠는가. 왕은 부디 경계할지어다.[7]"

이상 제왕 책문이다.

維[1]六年四月乙巳 皇帝使御史大夫湯廟立子閎爲齊王[2] 曰 於戲 小子 閎[3] 受茲靑社[4]朕承祖考 維稽古建爾國家 封于東土 世爲漢藩輔 於戲 念哉 恭朕之詔 惟命不于常 人之好德 克明顯光 義之不圖 俾君子怠[5]

> 悉爾心 允執其中 天祿⑥永終 厥有愆不臧 乃凶于而國 害于爾躬 於戲
> 保國艾民 可不敬與 王其戒之⑦右齊王策

① 維유

신주 책문, 축문, 제문 등을 쓸 때 날짜에 앞서 쓰는 발어사이다. 축문의 '유세차維歲次' 등이 대표적이다.

② 廟立子閎爲齊王묘립자굉위제왕

신주 고대부터 책봉의 예를 행하는 곳은 조상을 모신 사당이었다. 그것은 중국 예법의 전유물이 아니고 우리 동방에서도 그러했다. 민간에서도 좋은 일이 생기면 조상의 사당에 가서 고하는 것이 바로 그 전통이다. 한나라 역시 예로부터 내려온 전통에 따라 종묘에서 책봉식을 했다.

③ 於戲小子閎어희소자굉

색은 이것은 제왕을 봉한 책문策文이다. 또《무제집》을 살펴보니 이곳의 삼왕책은 모두 무제가 손수 지었다. 於戲는 '오호嗚呼'로 발음하는데, 戲는 혹 '희羲'로도 발음한다.

此封齊王策文也 又按武帝集 此三王策皆武帝手製 於戲音嗚呼 戲或音羲

④ 靑社청사

집해 장안이 말했다. "왕자王者는 다섯 가지 색의 흙으로 태사太社를 만들어서 사방의 제후들을 봉할 때 각각 그 방위색의 흙을 주고, 백모白茅(흰 띠)를 깔아 돌아가서 사社를 세우게 한다."

張晏曰 王者以五色土爲太社 封四方諸侯 各以其方色土與之 苴以白茅 歸以 立社

[색은] 채옹의 《독단》에서 말한다. "황자를 봉해 왕이 되면 천자 태사 太社의 흙을 받는다. 만약 동방에 제후를 봉하면 청토靑土를 갈라주고 흰 띠를 깔아주며, 그것을 받아 사社를 세우는데 이를 '모토茅土'라고 한 다." 제나라는 동방에 있으므로 청사靑社라고 했다.

蔡邕獨斷云 皇子封爲王 受天子太社之土 若封東方諸侯 則割靑土 藉以白茅 授之以立社 謂之 茅土 齊在東方 故云靑社

⑤ 君子怠군자태

[색은] 만약 의로써 꾀하지 않게 되면 군자는 게을러져 돌아와 마음 붙 일 일이 없음을 이른다.

謂若不圖於義 則君子懈怠 無歸附心

⑥ 天祿천록

[신주] 천록은 혹 천복天福이라고도 하며, 하늘이 자손을 계속 주어 잇 게 하여 끊어지지 않게 하는 것을 말한다. 왕조가 계속 이어지게 하는 복을 말한다.

⑦ 王其戒之왕기계지

[집해] 서광이 말했다. "즉위한 지 8년 만에 죽고 후사가 없어서 단절되 었다."

徐廣曰 立八年 無後 絶

[신주] 《한서》〈제후왕표〉에 따르면 시호는 회왕懷王이다.

"유 6년 4월 을사일에 황제는 어사대부 장탕에게 종묘에서 아들 단旦을 세워 연왕燕王으로 삼게 하면서 말씀하십니다."

"아아, 작은아들 단아! 이 현사玄社를 받아라! 짐은 선조를 계승하고 옛 제도를 이어[1] 너의 국가를 세워 북쪽 땅에 봉하니, 대대로 한나라의 울타리가 되어 도와라.

아아! 훈육씨葷粥氏는 늙은이를 학대하는[2] 야수의 마음을 가지고 한나라를 침범해서 노략질하고, 간사한 꾀로 변방의 백성[3]을 핍박했다. 아아! 짐이 장수에게 명해 거느리고 가서 그의 죄를 토벌케 하니 만부장과 천부장 및 32명의 군주가[4] 모두 왔으며, 깃발을 내리고 (항복하자) 군사들은 달아났다.[5]

維六年四月乙巳 皇帝使御史大夫湯廟立子旦爲燕王 曰 於戲 小子旦 受玆玄社 朕承祖考 維稽古[1] 建爾國家 封于北土 世爲漢藩輔 於戲 葷粥氏虐老[2]獸心 侵犯寇盜 加以姦巧邊萌[3] 於戲 朕命將率徂征厥罪 萬夫長 千夫長 三十有二君[4]皆來 降期奔師[5]

---

① 維稽古유계고

색은 저선생이 해석해 말했다. "유維는 헤아림이다. 계稽는 마땅함이다. 옛 도를 따르는 것이 마땅하다는 말이다." 위魏나라 고귀향공高貴鄕公이 말했다. "계稽는 같은 것이다. 고古는 하늘이다. 요임금이 능히 하늘과 함께하는 것을 이른다."

褚先生解云 維者 度也 稽者 當也 言當順古道也 魏高貴鄕公云 稽 同也 古 天也 謂堯能同天

신주 고귀향공은 삼국시대 위나라 황제로, 조조의 증손 조모曹髦이다.

전임 조방曹芳이 실권자 사마사司馬師에게 쫓겨난 뒤에 세워졌으나, 다시 사마사를 이은 그의 아우 사마소司馬昭에게 시해당한다.

② 葷粥氏虐老훈육씨학로

[색은] 살펴보니 〈흉노전〉에 따르면 "그 나라는 장정을 귀하게 여기고 노인을 천시한다. 장정은 기름지고 맛있는 것을 먹고 노인은 그 나머지를 먹는다."라고 하는데, 곧 노인을 학대하는 것이다.

按 匈奴傳曰其國貴壯賤老 壯者食肥美 老者食其餘 是虐老也

③ 邊萌변맹

[색은] 변맹邊甿이다. 위소가 말했다. "맹甿은 백성이다."《삼창》에서 말한다. "변방의 사람을 맹甿이라고 한다."

邊甿 韋昭云 甿 民也 三倉云 邊人云甿

④ 三十有二君삼십유이군

[집해] 장안이 말했다. "당시에 32명의 장수를 포로로 잡았다."

張晏曰 時所獲三十二帥也

[신주] 만부장萬夫長과 천부장千夫長 역시 1만과 1,000락落을 책임지는 흉노의 지도자들이다.

⑤ 降期奔師항기분사

[집해] 여순이 말했다. "그 깃발과 북을 쓰러뜨리고 와서 항복한 것이다."

如淳曰 偃其旗鼓而來降

[색은] 《한서》에서 '군君'은 '수帥'로 되어 있고 '기期'는 '기旗'로 되어 있다.

복건은 "32군중軍中의 장수가 깃발을 내리고 떠나갔다."라고 했다. 여순은 "곧 혼야왕昆邪王이 깃발과 북을 넘어뜨리고 항복한 때를 이른다."라고 했다. 만약 이 뜻과 같다면 32군君은 군대의 장군이 아니라 아마 융적戎狄의 추장들일 터인데 그때 32군君이 와서 항복한 일이 있었을 것이다.

漢書君作帥 期作旗 而服虔云以三十二軍中之將 下旗去之也 如淳云即昆邪王偃旗鼓降時也 若如此意 則三十二君非軍將 蓋戎狄酋帥時有三十二君來降也

훈육씨의 무리가 지역을 옮겨가고 나자[1] 북쪽 주는 편안해졌다.[2] 너는 마음을 다해 원한을 사지 말고 박덕하게 하지 말며[3] 방비를 멈추지[4] 말라. 교화되지 않은 군사를 징발하지 않도록 하라.[5] 아아, 국가를 보호하고 백성을 다스리는데 공경하지 않을 수 있겠는가. 왕은 부디 경계할지어다.[6]"

이상은 연왕의 책문이다.

葷粥徙域[1] 北州以綏[2] 悉爾心 毋作怨 毋俾德[3] 毋乃廢備[4] 非教士不得從徵[5] 於戲 保國艾民 可不敬與 王其戒之[6] 右燕王策

---

① 徙域사역

집해 장안이 말했다. "흉노가 동쪽으로 옮긴 것이다."

張晏曰 匈奴徙東也

신주 극소수는 동쪽으로 갈 수도 있었겠지만, 주요 이동로는 서쪽과 북쪽이었다. 특히 서쪽으로 이동한 흉노는 유럽 역사에서 훈족의 대이동으로 나타나 세계사를 뒤흔든다. 흉노가 이전한 자리에는 후한 시대 선비鮮卑와 오환烏桓이 발흥하기 시작한다.

② 綏유

집해 신찬이 말했다. "유綏는 편안함이다."

臣瓚曰 綏 安也

③ 毋俾德무비덕

집해 서광이 말했다. "비俾는 다른 판본에는 '비菲'로 되어 있다."

徐廣曰 俾 一作菲

색은 박덕하지 말라는 것이다. 소림이 말했다. "비菲는 폐廢이다. 본래 또한 '비俾'로 되어 있고, 비俾는 패敗이다." 공문상이 말했다. "비菲는 얄팍한 것이다."《한서》에는 '비棐'로 되어 있다.

無菲德 蘇林云 菲 廢也 本亦作俾 俾 敗也 孔文祥云 菲 薄也 漢書作棐

정의 俾의 발음은 '비[符味反]'이다.

俾音符味反

④ 廢備폐비

색은 저선생이 해석했다. "군사 준비를 부족함 없이 해서 항상 흉노를 대비하라는 말이다."

褚先生解云 言無乏武備 常備匈奴也

⑤ 非教士不得從徵비교사부득종징

집해 장안이 말했다. "군사는 평소에 훈련되어 있지 않으면 부름에 응하지 않는 법이다."

張晏曰 士不素習 不應召

[색은] 위소가 말했다. "군사는 평소에 배워서 익히지 않았으면 군대의 징발에 따를 수 없다. 그러므로 공자孔子는 '가르치지 않은 사람을 전쟁에 보내면, 이는 백성을 버리는 짓이다.'라고 한 것이 이것이다." 저선생이 해설했다. "'예의를 익히지 않았으면 그 곁에 두지 않는다."

韋昭云 士非素敎習 不得從軍徵發 故孔子曰 不敎人戰 是謂棄之是也 褚先生
解云 非習禮義 不得在其側也

⑥ 王其戒之왕기계지

[집해] 서광이 말했다. "즉위한 지 30년 만에 자살해 봉국이 없어졌다."

徐廣曰 立三十年 自殺 國除

"6년 4월 을사일에 황제는 어사대부 장탕에게 종묘에서 아들 서胥를 세워 광릉왕廣陵王으로 삼게 하면서① 말씀하십니다."

"아아, 작은아들 서야! 이 적사赤社를 받아라! 짐은 선조를 계승하고 옛 제도를 이어 너의 국가를 세워 남쪽 땅에 봉하니, 대대로 한나라의 울타리가 되어 도와라. 옛사람이 말하기를 '대강大江 남쪽② 오호五湖 사이③의 그 사람들 마음은 가볍다. 양주楊洲는 강역을 보위하면서④ 3대(하, 은, 주)에 요복要服⑤이었으며 정사가 미치지 못했다.'라고 했다.

維六年四月乙巳 皇帝使御史大夫湯廟立子胥爲廣陵王① 曰 於戲 小子

胥 受茲赤社 朕承祖考 維稽古建爾國家 封于南土 世爲漢藩輔 古人有
言曰 大江之南^② 五湖之間^③ 其人輕心 楊州保彊^④ 三代要服^⑤ 不及以政

① 爲廣陵王 위광릉왕

신주 한나라에서 유가劉賈를 형왕荊王으로 삼은 이래, 뒤를 이어 오왕
吳王 유비劉濞, 그리고 경제의 아들 강도왕江都王 유비劉非와 그 아들 유건
劉建까지 이어지다가 봉국이 없어져 광릉군이 된다. 오늘날 강소성 중동부
이며, 장강 북쪽과 황해 서쪽에 위치한다. 즉 광릉의 이름은 형→오→강
도→광릉이 되었는데 이곳에 유서를 봉했다. 광릉군은 한나라 13개 주
의 하나인 서주徐州에 속하며, 삼국시대에 조씨曹氏 위나라와 손씨孫氏 오
나라가 이곳을 나누어 가지며 치열한 전투를 수차례 벌인 곳이기도 하다.
앞서 〈형연세가〉와 〈오종세가〉에 있고, 또 〈오왕비열전〉에 자세히 나온다.

② 大江之南대강지남

정의 경구京口의 남쪽에서 형주荊州 이남에 이른 것을 말한다.
謂京口南至荊州以南也

신주 경구는 오늘날 남경 동쪽이니, 즉 장강 입구를 가리킨다. 형주 남
쪽은 삼협三峽 남쪽을 가리킨다.

③ 五湖之間오호지간

색은 살펴보니, 5호湖는 구구호, 조격호, 팽려호, 청초호, 동정호이다. 어
떤 이는 "태호太湖는 500리이다."라고 했다. 그러므로 오호五湖라고 했다.
按 五湖者 具區洮滆彭蠡青草洞庭是也 或曰太湖五百里 故曰五湖也

신주 구구호는 곧 태호를 말하며, 상해와 소주蘇州 서쪽의 거대한 호수이다. 팽려는 현재 파양호播陽湖이다.

④ 保疆보강

집해 서광이 말했다. "다른 판본에는 '강단彊壇'으로 되어 있다." 살펴보니 이기는 "보保는 시恃(믿음)이다."라고 했다.

徐廣曰 一作壇 駰案 李奇曰保 恃也

⑤ 要服요복

신주 고대의 지리개념으로 9복의 하나이며, 수도에서 1,500~2,000리 거리이다.

아아! 너는 마음을 다해 전전긍긍戰戰兢兢[1]하며 이에 은혜를 베풀고 이에 순종하라. 즐겨 노는 일에 빠지지 말고 소인小人을 가까이 하지 말며[2] 법을 따르고 규칙을 따르라. 《상서》에서 '신하는 위엄을 만들지 말고 복을 만들지 말아야 뒤에 부끄러움이 없다.[3]'라고 했다. 아아, 국가를 보호하고 백성을 다스리는데 공경하지 않을 수 있겠는가. 왕은 부디 경계할지어다.[4]"

이상 광릉왕 책문이다.

於戲 悉爾心 戰戰兢兢[1] 乃惠乃順 毋侗好軼 毋邇宵人[2] 維法維則 書云 臣不作威 不作福 靡有後羞[3] 於戲 保國艾民 可不敬與 王其戒之[4] 右廣陵王策

① 戰戰兢兢전전긍긍

신주 거듭 경계하고 조심하라는 뜻이다. 《시경》 〈소아〉 '소민小旻'에 있다.

② 毋侗好軼 毋邇宵人무동호일 무이소인

집해 응소가 말했다. "즐겨 노는 일을 좋아하지 말고 소인을 가까이하지 말라는 뜻이다." 장안이 말했다. "侗의 발음은 '동同'이다."

應劭曰 無好逸游之事 邇近小人 張晏曰 侗音同

색은 侗의 발음은 '동同'이다. 저선생은 해석했다. "음악과 말타기와 사냥을 좋아하지 말라는 뜻이다. 이邇는 가깝게 하는 것이다. 소인宵人은 소인이다." 추씨는 宵를 '속護'으로 읽는데 속護도 소인이라는 뜻이다. 어떤 판본에는 '영인佞人'으로 되어 있다.

侗音同 褚先生解云 無好軼樂馳騁戈獵 邇 近也 宵人 小人也 鄒氏宵音護 護亦小人也 或作佞人

③ 臣不作威 不作福 靡有後羞신불작위 불작복 미유후수

신주 威위는 법으로 강하게 다스리는 것을 말하고, 福복은 용서하여 은혜를 베푸는 것을 말한다. 역사서에 지방관들을 평하면서 간혹 '威福위복'이나 '威惠위혜'로 다스린다는 표현이 나오는데, 바로 이것을 가리킨다. 군주와 그 명령을 받은 자만이 할 수 있는 권한이다. 신하는 감히 할 수 없는 일이다. 여기서 제후왕을 '臣신'이라고 하였으니, 당시 제후왕의 위상을 알 수 있다.

④ 王其戒之왕기계지

서광이 말했다. "왕이 된 지 64년 만에 자살했다."

徐廣曰 立六十四年 自殺

태사공은 말한다.

옛사람의 말에 "사랑하면 그를 부유하게 하려 하고, 친하면 그를 귀하게 하려 한다."라고 했다. 그래서 왕이 된 자는 땅을 주어 봉국을 세우고, 자제들을 봉해 세웠다. 또 친한 이를 친하게 여겨 포상하고 골육들의 순서를 정하여 선조를 존경하고 지족支族들을 귀하게 여긴 까닭에 동성들이 천하에 확대되었다.

이 때문에 형세는 강력해지고 왕실은 안정되었다. 예로부터 지금까지 유래되어 온 것이 오래이다. 다른 것이 있지 않으니 평론할 것도 없다. 연나라와 제나라 일은 채록할 만한 것이 없다. 하지만 세 왕을 봉해 세우는데, 천자는 공손히 겸양하고 군신들이 의를 지켜 그 문장들이 찬란하니 매우 볼만하다. 이 때문에 세가에 붙였다.

太史公曰 古人有言曰愛之欲其富 親之欲其貴 故王者壇土建國 封立子弟 所以襃親親 序骨肉 尊先祖 貴支體 廣同姓於天下也 是以形勢彊而王室安 自古至今 所由來久矣 非有異也 故弗論箸也 燕齊之事無足采者 然封立三王 天子恭讓 群臣守義 文辭爛然 甚可觀也 是以附之世家

저소손의 보충

저선생은 말한다.

신은 다행히 문학文學으로 시랑侍郞이 되어[1] 태사공의 열전을 즐겨보았다. 열전 중에 〈삼왕세가〉의 문장이 볼만하다고 해서 그 세가를 찾아보려 했지만 끝내 구하지 못했다. 나는 옛이야기를 좋아하는 장로長老를 따라 그 삼왕의 봉책서封策書를 갖게 되었다. 그 사적들을 차례로 엮어서 전해 후세의 현명한 군주에게 가리킨 뜻을 보이고자 한다.

褚先生曰 臣幸得以文學爲侍郞[1] 好覽觀太史公之列傳 傳中稱三王世家文辭可觀 求其世家終不能得 竊從長老好故事者取其封策書 編列其事而傳之 令後世得觀賢主之指意

① 以文學爲侍郞이문학위시랑

신주 문학은 현량 추천의 한 과목이다. 시랑은 한나라 낭관郞官의 일종으로 황제를 가까이에서 모시는 신하를 가리킨다.

대개 듣자니 효무제 때 같은 날 아들 셋을 함께 제수하여 왕으로 삼았다. 한 아들은 제나라에 봉하고, 한 아들은 광릉廣陵에 봉하고, 한 아들은 연나라에 봉했다. 각각 자식의 재주와 능력, 토지의 억세거나 부드러움, 백성의 가볍고 두터움이 있기 때문에 책문을 지어 그들을 타이르고 경계하였다. 왕에게 "대대로 한漢나라의 울타리가 되어 도와 국가를 보호하고 백성을 다스리는데 공경하지 않을 수 있겠는가. 왕은 부디 경계할지어다."라고 했다.

대저 현명한 군주가 지은 바는 진실로 견문이 얕은 자가 잘 알 수 있는 것이 아니고, 널리 듣고 잘 기억하는 군자가 아니라면 능히 그 뜻하는 바를 다 이해하지 못할 것이다. 그 책문 순서와 나누고 끊은 것, 문자의 상하 배치, 문장의 첨삭과 장단에 이르기까지, 모두 의미가 있어 사람들은 알 수 없는 것이다. 삼가 진초眞草[1]로 된 조서를 차례로 논하고 아래[2]에 엮는다. 보는 자가 스스로 그 뜻을 알 수 있도록 해설해 놓았다.

蓋聞孝武帝之時 同日而俱拜三子爲王 封一子於齊 一子於廣陵 一子於燕 各因子才力智能 及土地之剛柔 人民之輕重 爲作策以申戒之 謂王 世爲漢藩輔 保國治民 可不敬與 王其戒之 夫賢主所作 固非淺聞者所能知 非博聞彊記君子者所不能究竟其意 至其次序分絶 文字之上下 簡之參差長短 皆有意 人莫之能知 謹論次其眞草[1]詔書 編于左方[2] 令覽者自通其意而解說之

① 眞草진초

신주 초서草書를 말한다. 당시에 초서가 있었는지는 의문이다. 자세한 것은 유희재劉熙載가 지은 《서개書槩》와 위항衛恒이 지은 《사체서세四體書勢》에 있다.

② 左方좌방

신주 옛날에는 글을 오른쪽에서 왼쪽으로 썼기 때문에 '좌방'이라고 하면 아래를 가리킨다.

왕부인은 조趙나라 사람이다. 위衛부인과 함께 나란히 무제의 총애를 받아서 아들 굉閎을 낳았다. 굉이 장차 즉위하여 왕이 되려고 할 때, 그의 어머니는 병이 들었다. 무제가 몸소 문병 와서 물었다.

"아들이 마땅히 왕이 될 것인데 어디에 두고 싶소?"

왕부인이 말했다.

"폐하께서 계시는데 첩이 또 무슨 말을 하겠습니까."

무제가 말했다.

"비록 그렇더라도 바라는 곳을 생각했을 터이니, 어디에서 왕이 되기를 바라오?"

왕부인이 말했다.

"원하건대 낙양雒陽에 두었으면 합니다."

무제가 말했다.

"낙양은 무기창고와 오창敖倉이 있고, 천하의 통로이자 요새이고 한나라의 대도시요. 선제先帝 이래 황자가 낙양에서 왕 노릇을 한 자는 없었소. 낙양 말고 나머지는 모두 좋소."

왕부인이 대답하지 않았다.

무제가 말했다.

"관동의 나라들 중에 제나라보다 큰 곳은 없소. 제나라는 동쪽으로 바다를 등졌고 성곽이 거대한데, 옛날에는 임치만 홀로 그 안이 10만 호였는데 천하의 기름진 땅으로 제나라보다 성대한 곳이 없소."

왕부인은 손으로 머리를 두드리며 사례해 말했다.

"매우 좋습니다."

왕부인이 죽자 무제가 애통해하면서 사자를 보내 절하고 말하게 했다.

"황제는 삼가 사신 태중대부太中大夫^① 명明을 보내 벽옥璧玉 하나를 받들게 해서 부인夫人에게 하사하고 제왕태후齊王太后로 삼노라."

아들 굉은 제왕이 되었으나 나이가 어려 아들이 없었다. 왕으로 즉위했지만 불행하게도 일찍 죽었다. 이에 봉국은 없어지고 군郡이 되었다. 천하 사람들은 제나라는 왕을 하기에 마땅하지 않은 땅이라고 일컫곤 한다.^②

王夫人者 趙人也 與衛夫人竝幸武帝 而生子閎 閎且立爲王時 其母病 武帝自臨問之曰 子當爲王 欲安所置之 王夫人曰 陛下在 妾又何等可言者 帝曰 雖然 意所欲 欲於何所王之 王夫人曰 願置之雒陽 武帝曰 雒陽有武庫敖倉 天下衝阸 漢國之大都也 先帝以來 無了工於雒陽者 去雒陽 餘盡可 王夫人不應 武帝曰 關東之國無大於齊者 齊東負海而城郭大 古時獨臨菑中十萬戶 天下膏腴地莫盛於齊者矣 王夫人以手擊頭 謝曰 幸甚 王夫人死而帝痛之 使使者拜之曰 皇帝謹使使太中大夫^①

明奉璧一 賜夫人爲齊王太后 子閎王齊 年少 無有子 立 不幸早死 國絶
爲郡 天下稱齊不宜王云^②

① 太中大夫태중대부

신주 《한서》〈백관표〉에 따르면 낭중령郎中令 소속의 태중대부 등이
있는데, 봉록은 비比 1,000석으로 의론을 담당했다고 한다.

② 天下稱齊不宜王云천하칭제불의왕운

신주 고조의 맏아들 제도혜왕 유비劉肥의 직계도 제나라 땅에서 끊어
졌고, 유굉도 제나라 땅에서 끊어졌기에 한 말이다.

이른바 "이 흙을 받아라!"라고 했는데, 제후왕에 처음 봉해지는 자
는 반드시 천자의 사社에서 흙을 받아 봉한 땅으로 돌아가 즉위하
고 국가의 사社를 만들어 세시歲時에 제사를 지낸다. 《춘추대전》
에 이르기를 "천자의 나라에는 태사泰社가 있다. 동방은 청靑, 남방
은 적赤, 서방은 백白, 북방은 흑黑, 상방上方(중앙)은 황黃이다."라고
했다. 그러므로 장차 동방에 봉해지는 자는 청토靑土를 받고, 남방
에 봉해지는 자는 적토赤土를 받고, 서방에 봉해지는 자는 백토
白土를 받고, 북방에 봉해지는 자는 흑토黑土를 받고, 중앙에 봉
해지는 자는 황토黃土를 받는다.

각각 그에 해당하는 색깔의 물物(흙)을 취하고 흰 띠로 싸서 봉하여

사社(토지신)를 만든다. 이것이 처음 천자에게 봉함을 받는 의식이다. 이것으로 땅을 주관한다고 여겼다. 그래서 땅을 주관하는 자는 사社를 세우고 그것을 받든 것이다.

"짐은 선조를 계승하고"라고 했는데, 조祖란 선先이고, 고考는 아버지이다. "옛 제도를 이어"라고 했는데, 유維는 헤아리고 생각하는 것이다. 계稽는 마땅하다는 뜻으로, 마땅히 옛날의 법도를 따르라는 것이다.

제나라 지역은 변칙과 거짓이 많고 예의를 익히지 못했다. 그러므로 경계하기를 "짐의 조칙에 공손하면 천명은 일상에서 벗어나지 않으리라. 사람이 덕을 좋아하면 밝음보다 더한 빛이 드러난다. 의義로써 꾀하지 않으면 군자들은 게으르게 될 것이다. 너의 마음을 다해서 진실로 그 중심中心을 잡으면 하늘의 복은 끝까지 영원할 것이다. 잘못하고 선을 따르지 않으면 곧바로 네 집과 나라를 흉하게 하고 네 몸을 해칠 것이다."라고 했다.

제왕의 나라는 좌우가 오직 예의에 의지했으나 불행히도 중년에 일찍 죽었다. 그러나 자신을 온전히 하고 과실이 없었으니 그 책문의 뜻과 같았다.

所謂受此土者 諸侯王始封者必受土於天子之社 歸立之以爲國社 以歲時祠之 春秋大傳曰 天子之國有泰社 東方靑 南方赤 西方白 北方黑 上方黃 故將封於東方者取靑土 封於南方者取赤土 封於西方者取白土 封於北方者取黑土 封於上方者取黃土 各取其色物 裹以白茅 封以爲社 此始受封於天子者也 此之爲土土 主土者 立社而奉之也 朕承祖考 祖者先也 考者父也 維稽古 維者度也 念也 稽者當也 當順古之道也

齊地多變詐 不習於禮義 故戒之曰恭朕之詔 唯命不可爲常 人之好德 能明顯光 不圖於義 使君子怠慢 悉若心 信執其中 天祿長終 有過不善 乃凶于而國 而害于若身 齊王之國 左右維持以禮義 不幸中年早夭 然 全身無過 如其策意

전傳에 "푸른색은 쪽빛에서 나오는 것을 채취하는데 본바탕이 쪽 빛보다 푸르다.①"라고 했는데 교화教化를 그렇게 해야 한다는 말 이다. 멀리 보는 현명한 군주는 밝고 뚜렷하며 유독 식견이 있어 서, 제왕을 경계해 안으로 신중하라고 했다. 연왕을 경계해 원한 을 사지 말고 박덕하게 하지 말라고 했다.② 광릉왕을 경계해 밖에 서 삼가서 위엄과 복을 만들지 말라고 했다.

대저 광릉은 오나라와 월나라 지역에 있어서 그 백성은 총명하지 만 가벼웠다. 그러므로 경계해서 말한 것이다.

"강호 사이의 그 사람들 마음이 가볍다."라고 했는데, 양주楊洲는 국경을 보위함에 삼대 때에는 중국의 풍속과 복식을 따르라고 압 박하고 강요했으나 정치와 교화가 크게 미치지 못해 억지로 따랐 을 뿐이라는 것이다.

"즐겨 노는 일에 빠지지 말고 소인을 가까이하지 말며 법을 따르 고 규칙으로 삼으라."라고 하여, 음악과 말타기와 사냥과 질펀한 향락을 편안히 길게 즐기지 말고 소인을 가까이하지 말라고 했다. 항상 법도를 생각한다면 부끄러움이나 치욕이 없을 것이라는 말 이다.

삼강三江^③과 오호五湖에는 어업과 소금의 이권이 있고 구리 광산이 풍부해서 천하 사람들이 우러러보는 곳이다. 그래서 "신하는 복을 만들지 않는다."라고 하여, 재물이나 폐백을 써서 명성과 명예를 세우려고 사방에서 귀의하는 자들에게 후한 상을 내리지 말라고 한 것이다. 또 "신하는 위엄을 만들지 않는다."라고 하여 경솔하게 대의를 저버리지 말라고 한 것이다.

傳曰靑采出於藍 而質靑於藍^①者 教使然也 遠哉賢主 昭然獨見 誡齊王以愼內 誡燕王以無作怨 無伽德^② 誡廣陵王以愼外 無作威與福 夫廣陵在吳越之地 其民精而輕 故誡之曰江湖之間 其人輕心 楊州葆疆 三代之時 迫要使從中國俗服 不大及以政教 以意御之而已 無伺好佚 無邇宵人 維法是則 無長好佚樂馳騁弋獵淫康 而近小人 常念法度 則無羞辱矣 三江^③五湖有魚鹽之利 銅山之富 天下所仰 故誡之曰臣不作福者 勿使行財幣 厚賞賜 以立聲譽 爲四方所歸也 又曰臣不作威者 勿使因輕以倍義也

① 靑采出於藍 而質靑於藍청채출어람 이질청어람

신주 청출어람靑出於藍이다. 즉 제자가 스승보다 뛰어남을 말한다. 또 새것이 옛것보다 낫다는 말이기도 하다.

② 無伽德무비덕

색은 본래 또한 '비肥'로 되어 있다. 살펴보니 위 책문에 "작비덕作菲德"이라고 했고, 아래에는 "왕에게 덕을 등지지 말라."라고 일렀다. 곧 肥의 발음은 마땅히 '비[扶味反]'이고 또한 발음은 '비匪'이다.

本亦作肥 案 上策云作菲德 下云勿使王背德也 則肥當音扶味反 亦音匪

③ 三江삼강

신주 책문에는 대강大江이라 하여 장강을 가리켰는데, 저소손은 '삼강'
이라 인식했다. 〈하본기〉주석에서 "위소는 송강松江, 전당강錢唐江, 포양
강蒲陽江이라 했고, 《한서》〈지리지〉에는 남강南江, 중강中江, 북강北江이
라 했다."라고 했다. 위소는 오월지역의 강을 일컬었고, 〈지리지〉에서는
태호太湖 주변의 강을 일컬었다.

효무제가 붕어하고 효소제孝昭帝가 비로소 즉위했을 때, 먼저 광릉
왕 유서를 조회에 들게 해 후한 상을 내렸는데 금전과 폐백이 3,000여
만 전의 가치였으며, 땅 100리와 식읍 1만 호를 더해 주었다.
소제가 붕어하고 선제宣帝가 처음 즉위했을 때, 골육의 은혜에 인
연해서 의를 베풀었다. 그래서 본시本始 원년 중원에, 한나라 땅을
분할해서 광릉왕 유서의 네 아들을 모두 봉했다. 한 아들은 조양
朝陽①의 후侯, 한 아들은 평곡平曲②의 후侯, 한 아들은 남리南利③
의 후侯로 삼았고, 광릉왕이 가장 아끼는 작은아들 홍弘을 세워
고밀高密④의 왕으로 삼았다.

會孝武帝崩 孝昭帝初立 先朝廣陵王胥 厚賞賜金錢財幣 直三千餘萬
益地百里 邑萬戶 會昭帝崩 宣帝初立 緣恩行義 以本始元年中 裂漢地
盡以封廣陵王胥四子 一子爲朝陽①侯 一子爲平曲②侯 一子爲南利③侯
最愛少子弘 立以爲高密④王

① 朝陽조양

정의 《괄지지》에서 말한다. "조양 고성은 등주 양현 남쪽 80리에 있다. 응소는 조수朝水의 북쪽에 있다고 했다."

括地志云 朝陽故城在鄧州穰縣南八十里 應劭云在朝水之陽也

신주 남양군에 있다.

② 平曲평곡

정의 〈지리지〉에서 "평곡현은 동해군에 속한다. 또 이르기를 영주 문안현 북쪽 70리에 있다."라고 했다.

地理志云 平曲縣屬東海郡 又云在瀛州文安縣北七十里

③ 南利남리

정의 《괄지지》에서 말한다. "남리 고성은 예주 상채현 동쪽 85리에 있다."

括地志云 南利故城在豫州上蔡縣東八十五里

신주 여남군에 있다.

④ 高密고밀

정의 《괄지지》에서 말한다. "고밀 고성은 밀주 고밀현 서남쪽 40리에 있다."

括地志云 高密故城在密州高密縣西南四十里

신주 교서왕 유단劉端의 후손이 없어 끊어지고 난 다음에 그 자리에 고밀국을 다시 세운 것이다. 《한서》의 〈무오자전〉과 〈제후왕표〉에 따르면 고밀국은 왕망이 한나라를 찬탈할 때까지 이어진다.

그 뒤에 광릉왕 유서는 끝내 위복을 만들어 초왕[1]과 사신을 통했다. 초왕은 선언하였다.

"나의 선조 원왕元王은 고조의 작은 아우로 32개 성에 봉해졌다. 지금은 땅과 읍이 더욱 적어졌는데, 나는 광릉왕과 함께 군사를 일으켜 그를 (황제로) 세우려고 한다. 광릉왕을 주상으로 삼고, 나는 왕으로서 초나라 32개 성을 회복하여 원왕 때와 같게 하겠다." 일이 발각되자 공경과 담당관리들은 주벌하라고 청원했다. 천자는 골육이기 때문에 차마 유서를 법으로 치죄하지 못하고 광릉왕을 치죄하지 말라는 조서를 내렸으며, 다만 악의 수괴인 초왕을 처벌하라고 했다.

전傳에서 이르기를 "쑥은 삼밭 속에서 자라지만 부추기지 않아도 스스로 곧아지고,[2] 흰 모래는 진흙 속에 있게 되면 더불어 모두 검게 된다."라고 했는데, 토지가 교화해서 그렇게 되는 것이다. 그 뒤 광릉왕 유서는 다시 저주하고 모반을 꾀하다가[3] 자살하고 봉국이 없어졌다.

其後胥果作威福 通楚王[1]使者 楚王宣言曰 我先元王 高帝少弟也 封三十二城 今地邑益少 我欲與廣陵王共發兵云 [立]廣陵王爲上 我復王楚三十二城 如元王時 事發覺 公卿有司請行罰誅 天子以骨肉之故 不忍致法於胥 下詔書無治廣陵王 獨誅首惡楚王 傳曰蓬生麻中 不扶自直[2] 白沙在泥中 與之皆黑者 土地敎化使之然也 其後胥復祝詛謀反[3] 自殺 國除

① 楚王초왕

초왕은 유연수劉延壽를 가리킨다. 한고조의 막내동생인 원왕 유교劉交의 현손玄孫인 아버지 절왕節王 유순劉純을 이어 즉위했다. 선제 6년인 지절地節 원년(서기전 69)에 모반하다가 처형되었다.

② 蓬生麻中 不扶自直봉생마중 불부자직

색은 이하 문장은 나란히 《순경자》에 보인다.

已下竝見荀卿子

신주 《순자》〈권학〉에 나오는 문장이다.

③ 其後胥復祝詛謀反기후서부축저모반

신주 《한서》〈무오자전〉에 따르면 유서는 소제 때부터 무당을 불러 저주를 일삼았는데 자기가 제위에 오르기 위해서였다.

연나라의 토지는 메마르고 척박하며 북쪽으로 흉노와 가까워서 그곳 인민은 용감하지만 생각이 모자란다. 그러므로 경계하기를 "훈육씨는 효행이 없어 야수의 마음을 가지고 변방 백성을 침범해서 노략질한다. 짐이 장수에게 명해 거느리고 가서 그의 죄를 정벌케 하니, 만부장과 천부장 및 군주 32명이 모두 왔다. (훈육씨는) 깃발을 내리고 군사들은 달아났다. 훈육씨가 먼 곳으로 지역을 옮겨가니 북쪽 주가 편안해졌다."라고 했다.

"너는 마음을 다해 원한을 시지 말라."라고 했는데, 습속을 좇아 원망하지 말라고 한 뜻이다. "박덕하게 하지 말라."라고 했는데,

연왕에게 덕을 등지지 말라고 한 뜻이다. "방비를 멈추지 말라." 라고 했는데, 군사 준비에 모자람이 없도록 하여 항상 흉노를 방비하라는 뜻이다. "교화되지 않은 군사를 징발하지 않도록 하라." 라고 했는데, 예의를 익히지 않은 자들을 곁에 두지 말라고 한 뜻이다.[1]

燕土境垝 北迫匈奴 其人民勇而少慮 故誡之曰葷粥氏無有孝行而禽獸心 以竊盜侵犯邊民 朕詔將軍往征其罪 萬夫長 千夫長 三十有二君皆來 降旗奔師 葷粥徙域遠處 北州以安矣 悉若心 無作怨者 勿使從俗以怨望也 無偑德者 勿使(上)[王]背德也 無廢備者 無乏武備 常備匈奴也 非教士不得從徵者 言非習禮義不得在於側也[1]

① 言非習禮義不得在於側也언비습예의부득재어측야

신주 무제는 '사士'를 '군사'라고 생각하여 책문에 썼는데, 저소손은 잘못 이해하여 '사인士人'으로 여겼다. 그래서 위와 같이 본뜻에 어긋나게 해설했으니 《사기지의》의 저자 양옥승이 비판한 것이다.

때마침 무제가 연로했는데 태자[1]는 불행하게 죽었고 아직 태자를 세우지 못했다. 그런데 유단이 사신을 보내서 글을 올려 자신이 들어와 장안에서 숙위宿衛를 하겠다고 청했다. 무제가 그의 글을 보고 땅에 팽개치면서 노하여 말했다.

"아들을 낳으면 마땅히 제나라와 노나라처럼 예의 있는 고을에 두어야 하는데, 연나라나 조나라에 두었더니 끝내 다투는 마음 만 있고 양보하겠다는 단서는 보이지 않는구나."

이에 관리에게 즉시 그의 사자를 대궐문 아래에서 목을 베게 했다.

공교롭게도 무제가 붕어하고 소제가 비로소 즉위하자, 유단은 끝 내 원한을 만들고 대신들을 원망했다. 자신이 장자이니^② 즉위하 는 것이 마땅하다면서 제왕의 아들 유택劉澤 등과 함께 모의해 반 역하고^③ 말했다.

"어찌 나에게 아우가 있다고 하겠는가.^④ 지금 즉위한 자는 대장 군의 아들이다."

그래서 군사를 일으키고자 했다. 일이 발각되어 죽임을 당하는 것이 마땅했다. 그러나 소제는 골육이라는 인연으로 은혜를 베 풀어 관대하게 참고, 조사한 것들을 억제하면서 거론하지 못하게 했다.

공경들은 대신들에게 청하게 해서 종정宗正과 태중대부 공호만의 公戶滿意와 어사 2인을 파견했는데, 모두 사신으로 연나라에 가서 넌지시 일깨우도록 한 것이다.^⑤

會武帝年老長 而太子^①不幸薨 未有所立 而旦使來上書 請身入宿衛於 長安 孝武見其書 擊地 怒曰 生子當置之齊魯禮義之鄕 乃置之燕趙 果 有爭心 不讓之端見矣 於是使使即斬其使者於闕下 會武帝崩 昭帝初 立 旦果作怨而望大臣 自以長子^②當立 與齊王子劉澤等謀爲叛逆^③ 出 言曰 我安得弟在者^④ 今立者乃大將軍子也 欲發兵 事發覺 當誅 昭帝 緣恩寬忍 抑案不揚 公卿使大臣請 遣宗正與太中大夫公戶滿意御史二 人 偕往使燕 風喩之^⑤

① 太子태자

신주 무제의 여태자戾太子 유거劉據로 위황후衛皇后 소생이다. 무제 정화 2년, 강충江充의 무고巫蠱(무술로 남을 저주함) 사건으로 모함에 빠져 군사를 일으켜 강충을 죽이고 자신은 자살했다.

② 以長子이장자

신주 당시 유단의 형 여태자와 제왕 유굉이 모두 죽었다. 그러므로 실질적으로 유단이 장자가 된다.

③ 與齊王子劉澤等謀爲叛逆여제왕자유택등모위반역

신주 《한서》〈무오자전〉에 따르면, 중산애왕中山哀王의 아들 유장劉長과 제효왕의 손자 유택劉澤이 모반했다고 한다. 중산애왕은 〈오종세가〉에 나오는 유창劉昌이다. 당시 중산왕 유복劉福의 할아버지뻘로 노인이었다. 제효왕은 〈제도혜왕세가〉에 나오는 도혜왕 유비의 아들이다. 유택 역시 나이가 많았을 것이다. 유택 등은 모두 처형당한다.

④ 我安得弟在者아안득제재자

색은 살펴보니 소제昭帝는 구익부인鉤弋夫人 소생으로 무제가 붕어할 때 나이가 겨우 7~8세였다. 유서와 유단은 일찍 봉해져서 밖에 있었으니 실제 의심을 받은 것은 합당하다. 무제는 나이가 많아진 후에는 간혹 여자를 사랑했으며, 태자를 죽이고 어린아이를 세웠으니, 유서와 유단이 원망하고 의심하는 것을 잠재울 수 없었다. 또한 권신權臣들이 정사를 보좌한다면서 어린 군주를 세워 이익을 탐하려고 마침내 구익부인의 아들을 얻고는 마땅히 밝다고 했다. 이는 실로 부덕父德을 넓히지 않은 것이고, 마침내 자식의 도리를 다하지 않은 것이다. 그러나 개들이 각각 그 주인이 아니면 짖는 것처럼 태중太中이나 종정宗正은 신하의 직분이니 또한 이렇게 하는 것이 마땅하다고 하겠다.

案 昭帝 鉤弋夫人所生 武帝崩時 年纔七八歲耳 胥旦早封在外 實合有疑 然武帝春秋高 惑於內寵 誅太子而立童孺 能不使胥旦疑怨 亦由權臣輔政 貪立幼主之利 遂得鉤弋子當陽 斯實父德不弘 遂令子道不順 然犬各吠非其主 太中宗正人臣之職 又亦當如此

⑤ 宗正與太中大夫~風喩之종정여태중대부~풍유지

색은 종정宗正은 관직 이름으로 반드시 종실宗室에 덕이 있는 자로서 삼는데, 당시 어떤 사람이었는지 알지 못한다. 공호公戶는 성이고 만의滿意는 이름인데 태중대부였다. 이 두 사람에게 시키고 또 시어사侍御史 2인이 있는데, 모두 가서 연왕을 다스리게 한 것이다.

宗正 官名 必以宗室有德者爲之 不知時何人 公戶姓 滿意名 爲太中大夫 是使二人 又有侍御史二人 皆往使治燕王也

연나라에 도착해 각각 다른 날에 번갈아 연왕을 만나 책망했다. 종정宗正은 종실의 유씨들 가속에 대한 호적을 주관하는데, 먼저 연왕을 만나 조사한 것을 열거하여 소제가 실제 무제의 아들이라는 상황을 말했다. 시어사侍御史는 곧 다시 연왕을 만나 바른 법률로 책망하고 물었다.

"왕께서 군사를 일으키고자 한 죄명이 명백하여, 마땅히 연루되었습니다. 한나라에는 바른 법이 있습니다. 왕께서 실낱같이 작은 죄과罪過를 범했더라도 곧 법을 시행해서 곧바로 처단할 뿐이니 어찌 왕에게 관용을 베풀겠습니까."

법조문으로 두려워 떨게 했다. 연왕은 마음이 더 침울해지더니 마음속으로 두려웠다.

공호만의는 경술經術을 익혔는데, 최후에 왕을 만나 고금에 통하는 대의와 국가의 큰 예법을 인용하여 설명하고, 《이아》[1] 의 문장으로 일컬었다.

到燕 各異日 更見責王 宗正者 主宗室諸劉屬籍 先見王 爲列陳道昭帝實武帝子狀 侍御史乃復見王 責之以正法 問 王欲發兵罪名明白 當坐之 漢家有正法 王犯纖介小罪過 即行法直斷耳 安能寬王 驚動以文法 王意益下 心恐 公戶滿意習於經術 最後見王 稱引古今通義 國家大禮 文章爾雅[1]

① 爾雅이아

색은 이爾는 가까움이다. 아雅는 바름이다. 그것은 '정正'에서 기록하여 글자의 뜻과 훈이 바름에 가까웠기에 《이아》라고 했다. 사람들은 서로 계승해 이르기를 "주공周公이 성왕成王을 가르치려고 지었다."라고 했고, 또 이르기를 "자하子夏가 《시경》과 《상서》를 해석하려고 지었다."라고 한다.

爾 近也 雅 正也 其書於止 字義訓爲近 故云爾雅 相承云周公作以教成王 又云 子夏作之以解詩書也

왕에게 말했다.

"옛날에 천자는 반드시 안에 성姓이 다른 대부를 두었는데, 골육을 바로잡기 위해서입니다. 밖에 성姓이 같은 대부를 두었는데, 다른 씨족을 바로잡기 위해서입니다.[1] 주공周公께서 성왕成王을 보좌할 때 그의 두 형제를 죽여서 다스렸습니다. 무제께서 계실 때는 오히려 왕에게 관대했습니다. 지금 소제께서 처음 제위에 올라 나이가 적고 어려서 아직 정사에 임하지 못하고 대신에게 위임하고 계십니다. 옛날에는 처벌할 경우 친척이라고 봐주지 않았기에 천하가 잘 다스려졌습니다. 바야흐로 지금 대신들은 정사를 보필하고 법을 받들어 바르게 집행해서 감히 아부하는 바가 없으니, 아마 왕에게 관대하지 못할 것입니다. 왕은 스스로 삼가서 자신이 죽고 봉국을 없애 천하의 웃음거리가 되지 않도록 하십시오."

이에 연왕 유단이 곧 두려워서 죄를 자복하고 머리를 조아리며 사죄했다. 대신들은 골육 간을 화합시키고자 했고, 법으로 상하게 하는 것을 어려워했다.

謂王曰 古者天子必内有異姓大夫 所以正骨肉也 外有同姓大夫 所以正異族也[1] 周公輔成王 誅其兩弟 故治 武帝在時 尙能寬王 今昭帝始立 年幼 富於春秋 未臨政 委任大臣 古者誅罰不阿親戚 故天下治 方今大臣輔政 奉法直行 無敢所阿 恐不能寬王 王可自謹 無自令身死國滅 爲天下笑 於是燕王旦乃恐懼服罪 叩頭謝過 大臣欲和合骨肉 難傷之以法

[1] 內有異姓大夫~所以正異族也 내유이성대부~소이정이족야

색은 살펴보니 내內를 일러서 성이 다른 대부를 두어 골육을 바로잡는

다고 한 말은 아마 착오일 것이다. 내內는 동성同姓을 합한 말이니 종정
宗正이 이것이다. 외外는 이성異姓을 합한 말이니 태중대부가 이것이다.

按 內云有異姓大夫以正骨肉 蓋錯也 內 合言同姓 宗正是也 外合言異姓 太中
大夫是也

그 뒤 유단은 다시 좌장군 상관걸上官桀[①] 등과 모반하고 선언
했다.

"나는 태자 다음인데 태자가 없으니 내가 마땅히 제위까지 올라
야 했으나 대신들이 함께 나를 억눌렀다.……"

대장군 곽광霍光은 정사를 보좌하면서 공경 및 대신들과 함께 의
논했다.

"연왕 유단은 잘못을 고쳐 올바로 뉘우치지 않고 악을 행하는 것
이 변하지 않았다."

이에 법을 적용해서 곧바로 처단해 주벌을 집행했다. 유단은 자
살하고 봉국은 없어졌으니 그 책문策文이 가리키는 바와 같았다.
담당 관리들은 유단의 처자를 주벌할 것을 청했다. 효소제는 골
육의 친함을 내세워 차마 법을 적용하지 못하고 너그럽게 유단의
처자들을 사면해서 형을 면제하고 서인으로 삼았다.

전傳에 이르기를 "난초 뿌리와 백지白芷(구릿대)라도 쌀뜨물에 적시
면[②] 군자는 (난초를) 가까이하지 않고 서인庶人은 (백지를 약으로) 복
용하지 않는다."라고 했는데, 쌀뜨물에 젖어 그렇게 되었기 때문
이다.

其後旦復與左將軍上官桀^①等謀反 宣言曰我次太子 太子不在 我當立
大臣共抑我 云云 大將軍光輔政 與公卿大臣議曰 燕王旦不改過悔正
行惡不變 於是脩法直斷 行罰誅 旦自殺 國除 如其策指 有司請誅旦妻
子 孝昭以骨肉之親 不忍致法 寬赦旦妻子 免爲庶人 傳曰蘭根與白芷
漸之滫中^②君子不近 庶人不服者 所以漸然也

① 上官桀상관걸

신주 중국 전한 무제부터 소제에 걸친 시기에 무신으로 좌장군을 지
냈다. 무제의 장공주 및 경제정책인 평준平準을 완성한 상홍양桑弘羊과
함께 소제를 보필했다. 하지만 대장군 곽광을 제거하고 연왕을 옹립하려
는 모반으로 죽임을 당했다.

② 蘭根與白芷漸之滫中난근여백지점지수중

집해 서광이 말했다. "수滫는 쌀을 씻은 즙이다. 발음은 '슈[先糾反]'이다."

徐廣曰 滫者 淅米汁也 音先糾反

색은 백지白芷는 향초이다. 芷의 발음은 '지止'이며, 또 '채[昌改反]'로
발음하기도 한다. 漸의 발음은 '잠[子潛反]'이다. 점漸은 적시는 것이다.
수滫는 《예기》의 '수수滫溲'의 '수滫'로 씻는 것을 이르는데, 발음은 '수
[思酒反]'이다.

白芷 香草也 音止 又音昌改反 漸音子潛反 漸 漬也 滫讀如禮滫溲之滫 謂洗也
音思酒反

정의 비록 향초라도 쌀뜨물로 적시면 향기가 회복되지 않는다는 말이
다. 군자는 가까이하려 하지 않고 서인庶人은 몸에 차지 않는 것은 담가서

적서졌기 때문에 그러하다. 유단의 모반에 군자와 서인은 모두 가까이 붙지 않았다.

言雖香草 以米汁漬之 無復香氣 君子不欲附近 庶人不服者 爲漸漬然也 以旦 謀叛 君子庶人皆不附近

선제宣帝가 비로소 즉위해 은혜를 헤아려 덕을 베풀고 본시本始 원년 중에 다시 연왕 유단의 두 아들을 봉했다. 한 아들은 안정 安定①의 후侯로 삼았고, 연나라 옛 태자 유건劉建을 세워 광양 廣陽②의 왕王으로 삼아 연왕의 제사를 받들게 했다.

宣帝初立 推恩宣德 以本始元年中盡復封燕王旦兩子 一子爲安定①侯 立燕故太子建爲廣陽②王 以奉燕王祭祀

---

① 安定안정

[정의] 《한서》〈제후표〉에 따르면 거록군에 있다고 한다.

漢表在鉅鹿郡

② 廣陽광양

[정의] 《괄지지》에서 말한다. "광양 고성은 지금의 유주 양향현 동북쪽 37리에 있다."

括地志云 廣陽故城今在幽州良鄕縣東北三十七里

[신주] 〈형연세가〉에 나오는 연왕 유택의 손자 유정국劉定國이 폐해진 것 은 무제 13년이다. 그 뒤로 무제 24년에 연왕 유단이 봉해지는데, 〈흉노전〉

등에 따르면 연왕의 봉지는 크게 축소되어 옛 연나라 7개 군 중에서 오직 광양군 정도만 남았을 것으로 보인다. 이때도 수도 계薊가 속한 광양군만으로 연왕을 봉하고 광양국이라고 고쳤을 것이다. 《한서》〈제후왕표〉와 〈무오자전〉에 따르면 광양국은 왕망이 한나라를 찬탈할 때까지 이어졌다고 한다.

색은술찬 사마정이 펼쳐서 밝히다.

삼왕을 봉한 것은 옛 역사에 찬연하다. 저소손은 뒤에 보충해서 서책이 존재하게 되었다. 곽거병은 건의했고 장청적은 상소하였다. 천자는 자식의 나이가 어리니 뜻은 현명함을 중요하게 여기는 데 두라고 했다. 태상은 예를 갖춰 제와 연에 세울 것을 청했다. 유굉의 나라는 바다를 등졌고 유단의 사직은 북쪽 땅이었다. 소인을 멀리하라 했고 훈육은 변방으로 멀어졌다. 밝구나! 살펴 경계한 것이여, 따랐더라면 그 허물을 막았을 것을!

三王封系 舊史爛然 褚氏後補 冊書存焉 去病建議 靑翟上言 天子沖挹 志在急賢 太常具禮 請立齊燕 閎國負海 旦社惟玄 宵人不邇 葷粥遠邊 明哉監戒 式防厥愆

[지도 6] 삼왕세가

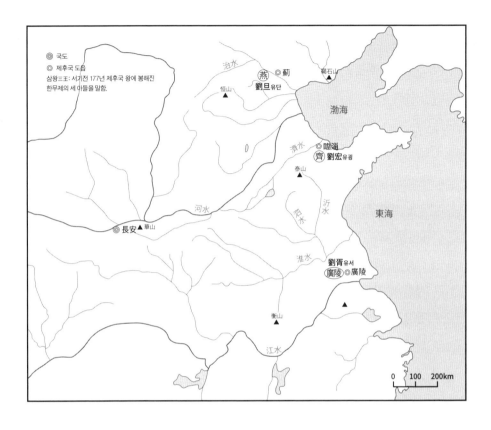

◎ 국도

◎ 제후국 도읍

삼왕三王: 서기전 177년 제후국 왕에 봉해진
한무제의 세 아들을 말함.

治水

薊

燕 劉旦유단

碣石山

渤海

恒山

臨淄

濟水 齊 劉宏유굉

泰山

東海

河水 沂水

泗水

長安 華山

准水 劉胥유서

廣陵 廣陵

衡山

江水

0 100 200km

인명

ㅈ ─────────────────────────●

ㄷ

ㄹ

ㅁ

기타

《신주 사마천 사기》〈세가〉를 만든 사람들

한가람역사문화연구소 사기연구실

이덕일(한가람역사문화연구소 소장, 문학박사)
김명옥(문학박사)
송기섭(문학박사)
이시율(고대사 및 역사고전 연구가)
정　암(지리학박사)
최원태(고대사 연구가)

한가람역사문화연구소는 1998년 창립된 이래 한국 사학계에 만연한 중화사대주의 사관과 일제식민 사관을 극복하고 한국의 주체적인 역사관을 세우려 노력하고 있는 학술연구소이다. 독립운동가들의 역사관 계승 작업을 꾸준히 진행하는 한편《사기》본문 및 '삼가주석'에 한국 고대사의 진실을 말해주는 수많은 기술이 있음을 알고 연구에 몰두했다. 지난 10여 년간 '《사기》 원전 및 삼가주석 강독(강사 이덕일)'을 진행하는 한편 사기연구실 소속 학자들과《사기》에 담긴 한중고대사의 진실을 찾기 위한 연구 및 답사도 계속했다. 《신주 사마천 사기》는 원전 강독을 기초로 여러 연구자들이 그간 토론하고 연구한 결과의 집대성이라고 할 수 있다. 한가람역사문화연구소는《신주 사마천 사기》 출간을 시작으로 역사를 바로세우기 위해 토대가 되는 문헌사료의 번역 및 주석 추가 작업을 꾸준히 이어갈 계획이다.

한문 번역 교정

박종민 유정님 오선이 김효동 이주은 김현석

《사기》를 지은 사람들

본문_ 사마천

사마천은 자가 자장子長으로 하양(지금 섬서성 한성시) 출신이다. 한 무제 때 태사공을 역임하다가 이릉 사건에 연루되어 궁형을 당했다. 기전체 사서이자 중국 25사의 첫머리인 《사기》를 집필해 역사서 저술의 신기원을 이룩했다. 후세 사람들이 태사공 또는 사천이라고 높여 불렀다. 《사기》는 한족의 시각으로 바라본 최초의 중국 민족사라고 할 수 있는데 여기서 사마천은 동이족의 역사를 삭제하거나 한족의 역사로 바꾸기도 했다.

삼가주석_ 배인·사마정·장수절

《집해》 편찬자 배인은 자가 용구龍駒이며 남북조시대 남조 송(420~479)의 하동 문희(현 산서성 문희현) 출신이다. 진수의 《삼국지》에 주석을 단 배송지의 아들로 《사기집해》 80권을 편찬했다.

《색은》 편찬자 사마정은 자가 자정子正으로 당나라 하내(지금 하남성 심양) 출신인데 광문관 학사를 역임했다. 사마천이 삼황을 삭제한 것을 문제로 여겨서 〈삼황본기〉를 추가했으며 위소, 두예, 초주 등 여러 주석자의 주석을 폭넓게 모으고 자신의 견해를 덧붙여 《사기색은》 30권을 편찬했다.

《정의》 편찬자 장수절은 당나라의 저명한 학자로, 개원 24년(736) 《사기정의》 서문에 "30여 년 동안 학문을 섭렵했다"고 썼을 정도로 《사기》 연구에 몰두했다. 그가 편찬한 《사기정의》에는 특히 당나라 위왕 이태 등이 편찬한 《괄지지》를 폭넓게 인용한 것을 비롯해서 역사지리에 관한 내용이 풍부하다.